Rudolf Steiner Taschenbücher aus dem Gesamtwerk

Rudolf Steiner

Soziale Zukunft

Sechs öffentliche Vorträge,
gehalten in Zürich 1919

RUDOLF STEINER VERLAG
DORNACH/SCHWEIZ

Nach vom Autor nicht durchgesehenen Vortragsnachschriften
herausgegeben von der Rudolf Steiner-Nachlaßverwaltung

Ungekürzte Ausgabe nach dem gleichnamigen Band
der Rudolf Steiner Gesamtausgabe
Bibliographie-Nr. 332a, ISBN 3-7274-3325-6
2. Auflage Dornach 1977

Taschenbuchausgabe
1.–10. Tsd. Dornach 1981

Bestell-Nr. 6310

Signet auf Umschlag und Titelseite von Rudolf Steiner

Gesamtherstellung Clausen & Bosse, Leck

ISBN 3-7274-6310-4

INHALT

ERSTER VORTRAG

Zürich, 24. Oktober 1919

Die soziale Frage als Geistes-, Rechts- und Wirtschaftsfrage

Wer heute über die soziale Frage denkt, dem sollte vor Augen stehen, daß diese Frage, nach den Lehren gewaltiger Tatsachen der neueren und neuesten Zeit, nicht mehr aufgefaßt werden kann als irgendeine Parteifrage, als eine Frage, die hervorgeht bloß aus den subjektiven Forderungen einzelner Menschengruppen, sondern daß sie aufgefaßt werden muß als eine Frage, welche das geschichtliche Leben selbst an die Menschheit stellt.

Wenn ich von einschneidenden Tatsachen, die zu dieser Anschauung führen müssen, spreche, so brauche ich ja nur hinzuweisen darauf, wie seit reichlich mehr als einem halben Jahrhunderte die proletarisch-sozialistische Bewegung immer mehr und mehr angewachsen ist. Und man kann ja nach seinen eigenen Anschauungen, nach seinen eigenen Lebensverhältnissen kritisch oder anerkennend, wie immer, zu den Anschauungen stehen, welche in dieser sozialistisch-proletarischen Bewegung zutage getreten sind, man muß sie aber als eine geschichtliche Tatsache hinnehmen, mit der in sachlicher Weise zu rechnen ist. Und wer die schreckensvollen letzten Jahre des sogenannten Weltkrieges ins Auge faßt, der wird sich nicht verhehlen können – wenn er auch da und dort anders geartete Ursachen und Veranlassungen zu diesen Schreckensereignissen sehen muß –, daß die sozialen Forderungen, die sozialen Gegensätze letzten Endes zu einem großen Teile das Furchtbare herbeigeführt haben, und namentlich, daß sich jetzt, wo wir am Ausgange, am vorläufigen Ausgange dieser Schreckensereignisse stehen, klar und deutlich zeigt, wie über einen großen Teil der zivilisierten Welt hin die soziale Frage sich wie ein Ergebnis aus diesem sogenannten Weltkrieg herausgestaltet. Wenn sie sich wie ein Ergebnis aus diesem sogenannten Weltkrieg herausgestaltet, so muß es ja ohne Zweifel auch gelten, daß sie irgendwie in ihm darinnengesteckt hat.

Nun wird aber kaum jemand die in Frage kommende Tatsache richtig beachten, der sie nur ansieht von dem allernächsten, oftmals persönlichen Standpunkte, wie es ja heute so sehr üblich ist, der nicht seinen Horizont erweitern kann über das menschliche Geschehen im allgemeinen. Und diese Erweiterung des Horizontes, das ist es, was angestrebt wird in meinem Buche «Die Kernpunkte der sozialen Frage in den Lebensnotwendigkeiten der Gegenwart und Zukunft» und was insbesondere für die Schweiz ausgebaut werden soll durch die Zeitschrift «Soziale Zukunft», die hier in Zürich erscheint.

Nun muß man sagen, daß zunächst die meisten Menschen, die heute über die soziale Frage sprechen, in ihr ganz naturgemäß eine Wirtschaftsfrage sehen, ja zunächst überhaupt kaum etwas anderes als eine Brotfrage, und höchstens eben noch, das zeigen ja die Tatsachen deutlich, eine Frage der menschlichen Arbeit, eine Brot- und eine Arbeitsfrage. Man muß, wenn man gerade die soziale Frage als eine Brot- und als eine Arbeitsfrage behandeln will, sich klar darüber werden, daß der Mensch dadurch Brot hat, daß die Menschengemeinschaft ihm dieses Brot erzeugt, und daß diese Menschengemeinschaft dieses Brot nur erzeugen kann, wenn Arbeit verrichtet wird.

Aber die Art und Weise, wie gearbeitet werden soll und muß, sie hängt zusammen, im großen und kleinen, mit der Art und Weise, wie die menschliche Gesellschaft, irgendein geschlossenes Gebiet dieser menschlichen Gesellschaft, ein Staatsgebilde zum Beispiel, organisiert ist. Und wer einen etwas weiteren Blick sich aneignet, der wird bald sehen, daß ein Stückchen Brot nicht teurer oder billiger werden kann, ohne daß sich vieles, ungeheuer vieles ändert in der ganzen Struktur des sozialen Organismus. Und wer dann auf die Art und Weise, wie der einzelne mit seiner Arbeit in diesen sozialen Organismus eingreift, seinen Blick richtet, wird sehen, daß, ob der einzelne auch nur um eine Viertelstunde länger oder kürzer arbeitet, dies sich ausdrückt in der Art und Weise, wie die Gesellschaft eines geschlossenen Wirtschaftsgebietes Brot und Geld für den einzelnen hat. Sie sehen daraus: Selbst wenn man die soziale Frage nur als Brot- und Arbeitsfrage betrachten will, man kommt sofort zu einem größeren Horizonte. Von diesem größeren Horizonte in seinen verschiedensten Gebieten möchte ich Ihnen in diesen sechs Vorträgen sprechen. Heute möchte ich mir erlauben, vor allen Dingen eine Art Einleitung zu geben.

Wer die neuere und neueste Entwickelungsgeschichte der Menschheit überblickt, der wird bald bestätigt finden können, was einsichtige Beobachter des sozialen Lebens wirklich eindringlich genug ausgesprochen haben. Aber allerdings nur einsichtige! Es gibt eine Schrift aus dem Jahre 1909, die, man darf sagen, einiges von dem Besten enthält, das aus wirklicher Einsicht in die sozialen Verhältnisse hervorgegangen ist. Es ist die Schrift von *Hartley Withers*, «Money and Credit in England». In dieser Schrift wird etwas unverhohlen zugestanden, das jedem heute vor Augen stehen sollte, der sich anschickt, das soziale Problem überhaupt zu behandeln. Withers sagt unverhohlen: Die Art und Weise, wie heute Kredit-, Vermögens-, Geldverhältnisse im sozialen Organismus figurieren, ist eine so komplizierte, daß es verwirrend wirkt, wenn man in logischer Weise die Funktionen von Kredit, Geld, Arbeit und so weiter im sozialen Organismus zergliedern will, daß es schier unmöglich ist, dasjenige herbeizuholen, was notwendig ist, um die Dinge, die innerhalb des sozialen Organismus in Betracht kommen, wirklich verständnisvoll zu verfolgen. Und was von solch einsichtiger Seite ausgesprochen wird, es wird erhärtet durch das ganze geschichtliche Denken, das wir in der neuesten Zeit verfolgen können über das soziale Problem, über das soziale, namentlich das wirtschaftliche Zusammenarbeiten der Menschen.

Was haben wir denn eigentlich gesehen? Seit das Wirtschaftsleben aufgehört hat, in einer gewissen Beziehung, ich möchte sagen, instinktiv patriarchalisch geordnet zu werden, seit es sich immer komplizierter und komplizierter durch die moderne Technik, durch den modernen Kapitalismus gestaltet hat, seit der Zeit hat man die Notwendigkeit empfunden, über dieses Wirtschaftsleben so nachzudenken, sich solche Vorstellungen zu machen, wie man nachdenkt, wie man sich Vorstellungen macht, sagen wir im wissenschaftlichen Forschen, im wissenschaftlichen Arbeiten. Und man hat gesehen, wie im Laufe der neueren Zeit über die sogenannte Nationalökonomie die Anschauungen heraufgekommen sind, die man genannt hat die Anschauungen der Merkantilisten, der Physiokraten, *Adam Smiths* und so weiter bis auf *Saint-Simon, Fourier, Blanc,* bis auf *Marx* und *Engels* und bis auf die gegenwärtigen. Was hat sich gezeigt in diesem Verlauf des nationalökonomischen Denkens? Man kann seinen Blick richten auf das, was, sagen wir, zum Beispiel die merkantilistische Schule oder die physiokratische Schule der Nationalökonomie war, oder auf das, was *Ricardo*, der Lehrer des Karl Marx, zur Nationalökonomie beigetragen hat, man kann viele andere Nationalökonomen durchschauen, und man wird immer finden: diese Persönlichkeiten richten ihren Blick auf die eine oder die andere Strömung in den Erscheinungen. Von dieser einseitigen Strömung aus suchen sie gewisse Gesetze zu gewinnen, nach denen man das nationalökonomische Leben gestalten soll. Immer hat sich gezeigt: Das, was nach dem Muster der wissenschaftlichen Vorstellungen der neueren Zeit als solche Gesetze gefunden wird, es paßt auf einige nationalökonomische Tatsachen, aber andere nationalökonomische Tatsachen erweisen sich als zu weit, um umfaßt zu werden von diesen Gesetzen. Immer hat sich ergeben: Einseitig waren die Anschauungen, die aufgetreten sind, die allerdings im 17., 18., im Beginn des 19. Jahrhunderts so aufgetreten sind, daß sie den Anspruch erhoben haben, Gesetze zu finden, nach denen man das wirtschaftliche Leben gestalten kann. Dann hat sich etwas sehr, sehr Merkwürdiges ergeben.

Die Nationalökonomie ist gewissermaßen wissenschaftsfähig geworden. Sie wurde eingereiht in unsere offiziellen Universitäts-Hochschulwissenschaften, und man hat versucht, mit dem ganzen Rüstzeug wissenschaftlicher Vorstellungsart auch das ökonomisch-soziale Leben zu durchforschen. Wohin ist man gekommen? Man sehe einmal nach bei *Roscher*, bei *Wagner*, bei anderen, wohin sie gekommen sind: zu einer Betrachtung der wirtschaftlichen Gesetze, die nicht mehr wagt, solche Maximen, solche Impulse auszugestalten, welche nun wirklich in das Wirtschaftsleben formend eingreifen könnten. Man möchte sagen: Kontemplativ, betrachtend ist die wissenschaftliche Nationalökonomie geworden. Zurückgewichen ist sie mehr oder weniger vor dem, was man nennen könnte soziales Wollen. Nicht zu Gesetzen ist sie gekommen, die sich hineinergießen könnten in das menschliche Leben, so daß sie im sozialen Leben gestaltend wirken könnten.

Noch in einer anderen Art hat sich dasselbe gezeigt. Es sind Menschen aufgetreten, die weitherzig, wohlwollend, menschenfreundlich, den Menschen brüderlich gesinnt waren – Fourier, Saint-Simon und ähnliche brauchen nur von diesem Gesichtspunkte aus genannt zu werden. In geistvoller Weise haben sie Gesellschaftsbilder ausgestaltet, durch deren Verwirklichung sie glaubten, daß gesellschaftlich wünschenswerte, sozial wünschenswerte Zustände im Menschenleben herbeigeführt werden könnten. Nun weiß man, wie sich diejenigen, die vor allen Dingen die soziale Frage als eine Lebensfrage heute empfinden, gegenüber solchen Gesellschaftsidealen verhalten. Man frage heute an bei denen, die glauben, in wahrhaft zeitgemäßem Sinne sozialistisch zu denken, was sie von Gesellschaftsidealen, von sozialen Idealen eines Fourier, eines Louis Blanc, eines Saint-Simon denken. Sie sagen, das sind Utopien, das sind Bilder des sozialen Lebens, durch die man den Menschenklassen, die die führenden sind, zuruft: Macht es so und so, dann werden viele Schäden des sozialen Elendes verschwinden. Aber alles das, was an solchen Utopien, so sagt man, ausgedacht wird, das hat keine Kraft, um in den Willen der Menschen hinein sich zu ergießen, das bleibt Utopie. Man kann noch so schöne Theorien, sagt man, aufstellen, die menschlichen Instinkte zum Beispiel der Begüterten werden sich nicht richten nach diesen Theorien; da müssen andere Kräfte eintreten. – Kurz, aufgetreten ist ein durchgreifender Unglaube an soziale Ideale, die aus dem Fühlen, Empfinden und aus der modernen Art von Erkenntnis unter die Menschen gebracht werden.

Das wiederum hängt zusammen mit dem, was sich nun überhaupt im Laufe der neueren Geschichtsentwickelung innerhalb des Geisteslebens der Menschheit zugetragen hat. Man hat ja oftmals betont, daß, was heute als soziale Frage figuriert, im wesentlichen zusammenhängt mit der kapitalistischen Wirtschaftsordnung der neueren Zeit, die sich wiederum in der besonderen Art, wie wir sie heute haben, gestaltet hat durch das Überhandnehmen der neueren Technik und so weiter. Aber man wird all den Dingen, die dabei in Frage kommen, niemals gerecht werden, wenn man nicht etwas anderes noch ins Auge faßt: daß mit der kapitalistischen Wirtschaftsordnung, mit der modernen Kulturtechnik heraufgekommen ist in der Lebensführung der neueren zivilisierten Menschheit eine besondere Art von Weltanschauungsgesinnung, eine Weltanschauungsgesinnung, die große Früchte, bedeutsame, einschneidende Fortschrittsfrüchte insbesondere in Technik und Naturwissenschaft getragen hat, aber von der auch zugleich etwas anderes gesagt werden muß.

Sie werden nicht verkennen, wenn Sie das eine oder das andere aus meinen Schriften verfolgen, daß ich ein Anerkenner, nicht ein Ablehner, ein Kritiker dessen bin, was heraufgekommen ist in der neueren Zeit durch die naturwissenschaftliche Vorstellungsart. Voll anerkenne ich für den Fortschritt der Menschheit, was eingetreten ist durch die kopernikanische Weltanschauung, durch den Galileismus, durch die Erweiterung des Menschheitshorizontes durch Giordano Bruno und andere, viele andere. Allein, was zugleich mit der modernen Technik, mit dem modernen Kapitalismus sich entwickelt hat, das ist: Alte, ältere Weltanschauungen haben sich so verwandelt, daß die neuere Weltanschauung einen stark intellektualistischen, vor allen Dingen einen wissenschaftlichen Charakter angenommen hat.

Man erinnere sich nur – freilich findet man es heute unbequem, solche Tatsachen richtig ins Auge zu fassen –, wie sich das, was wir heute mit Stolz unsere «wissenschaftliche Weltanschauung» nennen, allmählich herausentwickelt hat, man kann das im einzelnen nachweisen, aus alten religiösen, künstlerisch-ästhetischen, sittlichen und so weiter Weltanschauungsströmungen. Diese Weltanschauungsströmungen hatten eine gewisse Stoßkraft für das Leben. Vor allen Dingen eines war diesen Weltanschauungen eigen: sie brachten den Menschen zu dem Bewußtsein von der Geistigkeit seines Wesens. Diese älteren Weltanschauungen, man mag heute stehen zu ihnen wie man will, sie sprachen dem Menschen so von dem Geiste, daß der Mensch fühlte, in ihm lebt geistiges Wesen, das angegliedert ist an das die Welt durchwellende und durchwirkende geistige Wesen. An die Stelle dieser Weltanschauung mit einer gewissen sozialen Stoßkraft, mit einer Stoßkraft für das Leben, trat nun die mehr wissenschaftlich orientierte neue Weltanschauung. Sie hat es zu tun mit mehr oder weniger abstrakten Naturgesetzen, mit mehr oder weniger von dem Menschen bloß abgesonderten Sinneswahrnehmungen, mit abstrakten Ideen und abstrakten Tatsachen. Und man muß diese Naturwissenschaft – man braucht ihr dadurch nicht im geringsten ihren Wert zu nehmen – daraufhin ansehen, was sie dem Menschen gibt, was sie vor allen Dingen dem Menschen so gibt, daß der Mensch die Frage seines eigenen Wesens beantwortet findet. Diese Naturwissenschaft sagt sehr viel über den Zusammenhang der Naturerscheinungen. Sie sagt auch sehr viel über die leiblich-physische Beschaffenheit des Menschen. Aber sie überschreitet ihr Feld, wenn sie irgend etwas aussagen will über das innerste Wesen des Menschen. Sie gibt keine Antwort über das innerste Wesen des Menschen, und sie versteht sich selber schlecht, wenn sie auch nur versucht, eine solche Antwort zu geben.

Nun behaupte ich durchaus nicht, daß dasjenige, was populäres, allgemeines Menschheitsbewußtsein ist, etwa heute schon herausströmte aus naturwissenschaftlichen Lehren. Aber etwas anderes ist wahr, tief wahr: Die naturwissenschaftliche Gesinnung selbst ist hervorgegangen aus einer gewissen Stimmung der modernen Menschenseele. Erkennt man heute das Leben durchdringend, so weiß man, daß sich seit der Mitte des 15. Jahrhunderts und dann immer mehr und mehr in der Stimmung der Menschenseele gegenüber früheren Zeiträumen etwas geändert hat. Man weiß, daß über die ganze Menschheit sich, zuerst über die Städtebevölkerung, dann aber hinaus aufs Land, immer mehr und mehr hinausgegossen hat diejenige Anschauung der Welt, die sich dann nur ausgesprochen hat in der naturwissenschaftlichen Richtung wie in einem Symptom. Man hat es also nicht etwa mit einem bloßen Ergebnis theoretischer Naturwissenschaft zu tun, wenn man von dem spricht, wie heute die Menschenseele gestimmt ist, sondern man hat es mit etwas zu tun, was als innere Seelenstimmung die Menschheit überhaupt überkommen hat seit dem Beginn der neueren Zeit.

Und nun trat das Bedeutsame ein: Diese wissenschaftlich orientierte Weltanschauung, sie kam herauf zugleich mit dem Kapitalismus, zugleich mit der modernen Kulturtechnik. Die Menschen wurden hinweggerufen von ihrem alten Handwerk und an die Maschine gestellt, in die Fabrik hineingepfercht. Neben dem stehen sie, in das sind sie eingepfercht, was nur von mechanischer Gesetzmäßigkeit beherrscht wird, woraus nichts strömt, was zum Menschen selbst einen unmittelbaren Bezug hat. Aus dem alten Handwerk war etwas hervorgequollen, was Antwort gab auf die Frage nach Menschenwert und Menschenwürde. Die abstrakte Maschine gibt keine Antwort. Der moderne Industrialismus ist wie ein mechanisches Gewebe, das um den Menschen herumgesponnen wird, in dem er drinnensteht, das ihm nicht entgegentönt von etwas, an dem er freudig beteiligt ist wie an dem Ergebnis des alten Handwerks.

Und so trat die Kluft zutage zwischen denjenigen, die als industrielle Arbeiterschaft arbeiteten in der modernen Zeit, die an der Maschine in der Fabrik standen, die nicht mehr aus ihrer mechanischen Umgebung heraus den Glauben aufbringen konnten an das, was die alte Anschauung mit der alten Stoßkraft war, die sich davon lossagten, weil sie das Leben damit nicht zusammenbrachten, die sich einzig und allein an das hielten, was im neueren Geistesleben die Welt eben bekommen hat: an die wissenschaftlich orientierte Weltanschauung. Und diese wissenschaftlich orientierte Weltanschauung, wie wirkte sie auf sie? So wirkte sie auf sie, daß sie sich sagten, daß sie immer mehr und mehr fühlten: Was als Weltanschauungs-Wahrheit gegeben werden kann, es sind ja nur Gedanken, Gedanken, die nur eine Gedankenwirklichkeit haben. – Wer mit dem modernen Proletariat gelebt hat, wer da weiß, wie sich die sozialen Empfindungen nach und nach in der neueren Zeit heraufgestaltet haben, der weiß, was ein oft und oft wiederkehrendes Wort in proletarischen, in sozialistischen Kreisen zu bedeuten hat, das Wort Ideologie. Das Geistesleben ist unter den Einflüssen, die ich eben geschildert habe, für die neuere arbeitende Menschheit zu einer Ideologie geworden. Die naturwissenschaftlich orientierte Weltanschauung wurde so aufgenommen, daß die Leute sich sagten: sie liefert nur Gedanken. Die alte Weltanschauung wollte nicht bloß Gedanken liefern; sie wollte den Menschen etwas geben, was ihnen zeigte: Du hängst mit deinem eigenen Geiste an den geistigen Wesenheiten der Welt. Geist dem Geiste, das wollten die alten Weltanschauungen den Menschen geben. Die neuere Weltanschauung gibt nur Gedanken, und vor allen Dingen keine Antwort auf die Frage nach dem eigentlichen Wesen des Menschen. Als Ideologie wurde sie empfunden.

Und so entstand eben die Kluft zu den leitenden, führenden Kreisen, welche sich erhalten hatten die Tradition der alten Überlieferungen, der alten ästhetisch-künstlerischen Weltanschauungen, der religiösen, der sittlichen Weltauffassungen der älteren Zeiten und so weiter.

Das trugen sie weiter, diese führenden Klassen, für ihren ganzen Menschen, während ihr Kopf aufnahm, was wissenschaftlich orientierte Weltanschauung geworden ist. Eine breite Masse der Bevölkerung jedoch konnte nicht mehr irgendeine Neigung, irgendeine Sympathie aufbringen für dieses Überlieferte. Sie nahm als einzigen Inhalt einer Weltanschauung an, was wissenschaftlich orientierte Weltanschauung war. Und sie nahm diese Weltanschauung so an, daß sie sie als Ideologie, als bloßes Gedankengebilde empfand. Man sagte sich: Wirklichkeit ist nur das wirtschaftliche Leben; Wirklichkeit ist nur, wie produziert wird, wie die produzierten Produkte verteilt werden, wie der Mensch konsumiert, wie der Mensch dies und jenes besitzt oder an den anderen abgibt und so weiter. Was im Menschenleben sonst da ist – Recht, Sitte, Wissenschaft, Kunst, Religion –, das ist nur wie ein Rauch, der aufsteigt als Ideologie aus der einzigen Wirklichkeit, aus der wirtschaftlichen Wirklichkeit.

Und so wurde für die breite Masse der Menschheit das Geistesleben zu einer Ideologie. Es wurde zu einer Ideologie, weil vor allen Dingen die leitenden, führenden Kreise nicht verstanden, indem sie das neuere wirtschaftliche Leben sich ausgestalten sahen und sich in dasselbe einlebten, nachzufolgen mit dem Geistesleben diesem kompliziert werdenden Wirtschaftsleben. Sie behielten die Tradition der alten Zeit, ein Geistesleben, das mehr oder weniger so orientiert war, wie es orientiert gewesen war in der alten Zeit. Die breite Masse nahm das neue Geistesleben auf, aber nicht so, daß es ihr etwas gab, was Herz und Seele erfüllte.

Mit einer solchen Weltanschauung, die man als Ideologie empfindet, die man so empfindet, daß man sagt: Recht, Sitte, Religion, Kunst, Wissenschaft sind nur ein Überbau, ein Rauch über dem einzig Wirklichen, über den Produktionsverhältnissen, über der Wirtschaftsordnung – mit einer solchen Weltanschauung läßt sich denken, mit einer solchen Weltanschauung läßt sich nicht leben. Eine solche Weltanschauung, sie mag noch so triumphal, wie sie es auch ist, für die Naturbetrachtung sein, mit einer solchen Weltanschauung wird die Menschenseele ausgehöhlt. Was diese Weltanschauung der Menschenseele zurechtgezimmert hat, das wirkt in den sozialen Tatsachen der neueren Zeit.

Man wird diesen sozialen Tatsachen nicht gerecht, wenn man nur hinblickt auf das, was die Menschen in ihrem Bewußtsein tragen. Aus ihrem Bewußtsein heraus mögen die Menschen sagen: Ach, was redet ihr uns von der sozialen Frage als einer Geistesfrage! Es handelt sich darum, daß die wirtschaftlichen Güter ungleich verteilt sind. Wir streben an die gleiche Verteilung! – Solche Dinge mögen die Menschen in ihrem Oberstübchen bewußt empfinden, aber in den unterbewußten Tiefen der Seele, da wühlt etwas anderes, da wühlt, was sich unbewußt entwickelt, weil vom Bewußtsein hinunter nicht strömt, was wirkliche geistige Erfüllung der Seele wäre, weil da nur wirkt, was die Seelen aushöhlt, was als Ideologie empfunden wird. Die Leerheit des neueren Geisteslebens, das ist es, was als das erste Glied der sozialen Frage aufgefaßt werden muß. Eine Geistesfrage ist zunächst diese soziale Frage.

Und weil es so ist, weil sich ein Geistesleben entwickelt hat, das zum Beispiel auf nationalökonomischem Gebiete, in der vornehmsten, in der Universitätsnationalökonomie, zu einer bloßen Betrachtung geworden ist, die nicht aus sich heraus Prinzipien des sozialen Wollens entwickelt, weil es dazu gekommen ist, daß die besten Menschenfreunde wie Saint-Simon, Louis Blanc, Fourier Gesellschaftsideale ausgedacht haben, an die niemand glaubt – weil man überhaupt das, was aus dem Geiste herauskommt, als Utopie, namentlich als bloße Ideologie empfindet –, weil es eine weltgeschichtliche Tatsache ist, daß ein Geistesleben sich entwickelt hat, das nur wie ein Überbau des Wirtschaftslebens wirkt, das nicht wirklich eindringt in die Tatsachen und daher als Ideologie empfunden wird: deshalb ist es so, daß die soziale Frage in ihrem ersten Gliede als eine Geistesfrage aufgefaßt werden muß. Die Frage steht vor uns heute, man möchte sagen, mit Flammenschrift: Wie muß der Menschengeist beschaffen sein, damit er die soziale Frage meistern lerne?

Man hat gesehen, daß wissenschaftliche Gesinnung mit ihren besten Methoden sich an die Nationalökonomie herangemacht hat – sie ist zu einer bloßen Betrachtung gekommen, nicht zu einem sozialen Wollen. Also aus dem Grunde des neueren Geisteslebens geht eine Geistesverfassung hervor, die nicht imstande ist, die Nationalökonomie als Grundlage für praktisch soziales Wollen zu entwickeln. Wie muß der Geist beschaffen sein, aus dem solche Nationalökonomie hervorgeht, die die Grundlage werden kann eines wirklichen sozialen Wollens?

Man hat gesehen, daß breite Menschenmassen nur den Ruf «Utopie» haben, wenn sie die Gesellschaftsideale wohlmeinender Menschenfreunde hören, daß sie keinen Glauben haben, daß der Menschengeist so stark sei, daß er die sozialen Tatsachen meistere. Wie muß das Geistesleben beschaffen sein, damit die Menschen wieder glauben lernen: Der Geist kann die Ideen fassen, welche die sozialen Einrichtungen so schaffen, daß gewisse soziale Schäden verschwinden?

Man hat gesehen: Was wissenschaftlich orientierte Weltanschauung ist, wird in weiten Kreisen als Ideologie empfunden. Ideologie aber als einziger Inhalt der menschlichen Seele höhlt diese Seele aus, erzeugt in den unterbewußten Tiefen, was heute hervortritt in den verwirrend chaotischen Tatsachen der sozialen Frage. Wie muß das Geistesleben beschaffen sein, damit es ferner nicht eine Ideologie hervorbringe, damit es hineingieße in die menschliche Seele, was sie fähig macht, in die sozialen Tatsachen so einzugreifen, daß die Menschen wirklich in sozialer Weise nebeneinander wirken können?

So sieht man zunächst, wie die soziale Frage eine Geistesfrage ist, wie der moderne Geist nicht in der Lage war, sozialen Glauben an sich hervorzurufen, wie dieser moderne Geist nicht in der Lage war, ein Seelenerfüllendes zu geben, sondern wie er als Ideologie ein Seelenverödendes gegeben hat.

Ich möchte Ihnen heute in der Einleitung zunächst mehr in historischer Weise zeigen, wie aus den Verhältnissen des neueren Lebens die soziale Frage als eine Geistesfrage, als eine Rechtsfrage, als eine Wirtschaftsfrage empfunden wird.

Nehmen wir einmal dasjenige, was eine Persönlichkeit gesprochen hat vor nicht allzulanger Zeit – und oft und oft –, die mitten drinnenstand im tätigen politischen, im Staatsleben der heutigen Zeit, die hervorgegangen ist aus dem Geistesleben der heutigen Zeit. Diejenigen der verehrten Zuhörer, die mich bei früheren Vorträgen hier gehört haben, werden nicht mißverstehen, was ich nun sagen werde, denn in den Zeiten, als *Woodrow Wilson* von aller Welt außerhalb der mitteleuropäischen anerkannt wurde als eine Art Weltdirigent, da habe ich mich immer wieder und wiederum gegen diese Anerkennung ausgesprochen. Und diejenigen, die mich gehört haben, die wissen, daß ich niemals ein Anhänger, sondern stets ein Gegner des Woodrow Wilson war. Auch in der Zeit, als selbst Deutschland dem Wilson-Kultus verfiel, habe ich nicht zurückgehalten mit dieser Anschauung, die ich hier auch in Zürich immer wieder geltend gemacht habe. Aber heute, wo es gewissermaßen mit diesem Kultus vorüber ist, kann etwas gesagt werden, was besonders einem Wilson-Gegner nicht übelgenommen zu werden braucht.

Dieser Mann hat aus einem eindringlichen Empfinden der sozialen Zustände Amerikas, wie sie sich herausgebildet haben seit dem Sezessions- und Bürgerkrieg der sechziger Jahre, gerade empfunden, wie die Staats-, die Rechtsverhältnisse stehen zu den wirtschaftlichen Verhältnissen. Er hat mit einem gewissen unbefangenen Blick gesehen, wie sich durch die komplizierte neuere Wirtschaftsordnung die großen Zusammenhäufungen der Kapitalmassen herausgebildet haben. Er hat gesehen, wie sich die Trusts, wie sich die großen Kapitalgesellschaften gegründet haben. Er hat gesehen, wie selbst in einem demokratischen Staatswesen das demokratische Prinzip immer mehr und mehr geschwunden ist gegenüber den Geheimverhandlungen jener Gesellschaften, die am Geheimnis ihr Interesse hatten, jener Gesellschaften, die mit den angehäuften Kapitalmassen sich große Macht erwarben und große Menschenmassen beherrschten. Und er hat immer wieder und wieder seine Stimme erhoben für die Freiheit der Menschen gegenüber jener Machtentfaltung, die aus Wirtschaftsverhältnissen heraus kommt. Er hat aus einer tief menschlichen Empfindung heraus – das darf gesagt werden – gefühlt, wie zusammenhängt mit dem einzelnsten Menschen, was soziale Tatsache ist, mit der Art und Weise, wie der einzelne Mensch zu diesem sozialen Leben reif ist. Er wies darauf hin, wie es für die Gesundung des sozialen Lebens darauf ankommt, daß unter jedem menschlichen Kleide ein frei gesinntes menschliches Herz lebt. Er wies immer wieder und wieder darauf hin, wie das politische Leben demokratisiert werden müsse, wie abgenommen werden müsse den einzelnen Machtgesellschaften diese Macht und die Machtmittel, die sie haben, wie die individuellen Fähigkeiten und Kräfte jedes Menschen, der sie hat, zugelassen werden müssen zum allgemeinen wirtschaftlichen, sozialen und Staatsleben überhaupt. Er hat es eindringlich ausgesprochen, daß sein Staatswesen, das er offenbar als das fortgeschrittenste ansieht, leidet unter den Verhältnissen, die sich ausgebildet haben.

Warum? Ja, neue wirtschaftliche Verhältnisse sind heraufgezogen; große wirtschaftliche Kapitalzusammendrängungen, wirtschaftliche Machtentfaltung. Alles überflügelt auf diesem Gebiete das, was noch vor kurzem da war. Ganz neue Formen des menschlichen Zusammenlebens brachte diese Wirtschaftsgestaltung herauf. Man steht einer vollständigen Neugestaltung des wirtschaftlichen Lebens gegenüber. Und nicht ich – aus irgendeiner Theorie heraus –, sondern dieser Staatsmann, man darf sagen, dieser «Weltstaatsmann», er hat es ausgesprochen: Der Grundschaden der neueren Entwickelung liegt darinnen, daß zwar die wirtschaftlichen Verhältnisse fortgeschritten sind, daß die Menschen sich das wirtschaftliche Leben nach ihren geheimen Machtverhältnissen gestaltet haben, daß aber die Ideen des Rechtes, die Ideen des politischen Gemeinschaftslebens nicht nachgekommen sind, daß sie auf einem früheren Standpunkte zurückgeblieben sind. Woodrow Wilson hat es deutlich ausgesprochen: Wir wirtschaften mit neuen Verhältnissen, aber wir denken, wir geben Gesetze über das Wirtschaften von einem Gesichtspunkt, der längst überholt ist, der ein alter ist. Nicht so wie im Wirtschaftsleben hat sich ein Neueres herausgebildet auf dem Gebiete des Rechtslebens, des politischen Lebens; diese sind zurückgeblieben. Mit alten politischen, mit alten Rechtsideen leben wir in einer vollständig neuen Wirtschaftsordnung darinnen. – So spricht es ungefähr Woodrow Wilson aus. Und eindringlich sagt er: Unter dieser Inkongruenz zwischen Rechtsleben und Wirtschaftsleben, da kann sich nicht das entwickeln, was der gegenwärtige Zeitpunkt der menschlichen Entwickelungsgeschichte fordert: daß der einzelne nicht für sich, sondern zum Wohle der Gemeinschaft arbeitet. Und eine eindringliche Kritik übt Woodrow Wilson an der Gesellschaftsordnung, die ihm unmittelbar vorliegt.

Ich darf sagen – gestatten Sie mir diese persönliche Bemerkung –, ich habe mir viel, viel Mühe gegeben, Woodrow Wilsons Kritik der gegenwärtigen sozialen Zustände, wie er sie namentlich im Auge hat, der amerikanischen, zu prüfen und zu vergleichen mit anderen Kritiken – ich werde jetzt etwas sehr Paradoxes sagen, allein die Verhältnisse der Gegenwart fordern einen sehr häufig auf, recht sehr Paradoxes zu sagen; man muß das, wenn man der heutigen Wirklichkeit gerecht werden will –, ich habe versucht zu vergleichen, sowohl der äußeren Form wie auch den inneren Impulsen nach, Woodrow Wilsons Gesellschaftskritik als Kritik zunächst mit der Kritik der Gesellschaft, die von fortgeschrittener, von radikal sozialdemokratischer Seite geübt wird. Ja, man kann diesen Vergleich sogar ausdehnen auf den radikalsten Flügel der sozialistischen Gesinnung und des sozialistischen Handelns von heute. Bleibt man innerhalb dessen, was diese Menschen als Kritik liefern, stehen, so kann man sagen: Fast bis zur Wortwörtlichkeit stimmt Woodrow Wilsons Kritik der heutigen Gesellschaftsordnung überein mit dem, was selbst *Lenin* und *Trotzki* sagen, die Totengräber der gegenwärtigen Zivilisation, von denen man sagen muß, daß, wenn das zu lange in der Menschheit, auch nur in einigen Gebieten, walten darf, was sie im Auge haben, so wird das den Tod der modernen Zivilisation bedeuten, so wird das zum Untergange all desjenigen führen müssen, was durch die moderne Zivilisation errungen worden ist. – Und dennoch muß man das Paradoxe sagen: Woodrow Wilson, der sich ganz gewiß immer den Aufbau anders gedacht hat als diese Zerstörer, Woodrow Wilson richtet an die gegenwärtige Gesellschaftsordnung fast wörtlich die gleiche Kritik wie diese anderen.

Und er kommt zu der Konsequenz, daß Rechtsbegriffe, politische Begriffe, wie sie heute herrschen, veraltet sind, daß sie nicht mehr in der Lage sind, einzugreifen in das Wirtschaftsleben. Und sonderbar, versucht man das dann zum Positiven zu wenden, versucht man zu prüfen, was Woodrow Wilson beigebracht hat, um nun eine soziale Struktur, eine Struktur des sozialen Organismus hervorzurufen: man findet kaum irgendwelche Antwort! Einzelne Maßnahmen da oder dort, die aber auch sonst gemacht werden von jemand, der viel weniger eindringliche und objektive Kritik übt, aber irgend etwas Durchgreifendes nicht, jedenfalls nicht eine Antwort auf die Frage: Wie muß das Recht, wie müssen die politischen Begriffe, Ideen, die politischen Impulse gestaltet werden, damit sie die Forderungen des modernen

Wirtschaftslebens beherrschen können, damit man hineindringen kann in dieses moderne Wirtschaftsleben?

Hier sieht man, wie aus dem neueren Leben heraus selbst das zweite Glied der sozialen Frage entspringt: diese soziale Frage als eine Rechtsfrage.

Zu suchen hat man erst nach einer Grundlage für das Recht, für die politischen Verhältnisse, für die Staatsverhältnisse, die da sein müssen, damit sie ergreifen können, meistern können dieses moderne Wirtschaftsleben. So muß man fragen: Wie dringt man vor zu Rechts-, zu politischen Impulsen gegenüber den großen Forderungen der sozialen Frage? Das ist das zweite Glied der sozialen Frage.

Und betrachten Sie doch nur das Leben selber: Sie werden finden, wie dies Leben des Menschen dreigliederig ist, so wie er in der menschlichen Gesellschaft drinnensteht. Drei Glieder heben sich ganz deutlich voneinander ab, wenn wir den Menschen in seiner Stellung in der menschlichen Gesellschaft betrachten. Das erste ist, daß der Mensch notwendig hat, wenn er etwas beitragen soll – wie er es in der modernen Gesellschaft zweifellos muß zum Heile einer sozialen Ordnung –, wenn der Mensch etwas beizutragen hat zu Gemeinschaftsdingen, zu gemeinschaftlicher Arbeit, gemeinschaftlicher Werterzeugung, gemeinschaftlicher Gütererzeugung, so muß er erstens die individuelle Tauglichkeit, die individuelle Begabung, die individuelle Tüchtigkeit dazu haben. Das zweite ist: er muß mit seinen Mitmenschen in Frieden auskommen, in Frieden mit ihnen zusammen arbeiten können. Und das dritte ist: er muß seinen Platz finden können, von dem aus er mit seiner Arbeit, mit seinem Wirken, mit seinen Leistungen für Menschen eintreten kann.

In bezug auf das erste ist der Mensch darauf angewiesen, daß die menschliche Gesellschaft seine Fähigkeiten und seine Begabungen ausbildet, daß sie seinen Geist leitet und den Geist, den sie in ihm ausbildet, zu gleicher Zeit zum Führer für eine physische Arbeit macht. Für das zweite ist der Mensch darauf angewiesen, daß er sich einleben kann in eine soziale Struktur, in der die Menschen sich so verständigen können, daß sie miteinander in Frieden auskommen können. Das erste führt uns auf das Gebiet des Geisteslebens. Wir werden sehen in den folgenden Vorträgen, wie die Pflege des Geisteslebens mit dem ersten zusammenhängt. Das zweite führt uns auf das Gebiet des Rechtslebens, denn das Rechtsleben kann sich nur dadurch seinem Wesen nach ausbilden, daß eine soziale Struktur gefunden wird, durch die die Menschen miteinander in Frieden zusammenarbeiten und wirken und füreinander leisten. Und das dritte führt uns in das moderne Wirtschaftsleben, dieses moderne Wirtschaftsleben, das, wie ich geschildert habe, Woodrow Wilson so anschaut, daß es gleichsam so geworden ist wie ein Mensch, der groß gewachsen ist und der zu kleine Kleider anhat, über die er überall hinausgewachsen ist. Diese zu kleinen Kleider sind für Woodrow Wilson die alten Rechts- und politischen Begriffe. Das Wirtschaftsleben ist über sie längst hinausgewachsen.

Dieses Hinauswachsen des Wirtschaftslebens über das, was vorher als Geistesleben da war, was vorher als Rechtsleben da war, das wurde insbesondere von sozialistischen Denkern empfunden. Und man braucht, um das, was auf diesem Gebiete gewirkt hat, besonders ins Auge zu fassen, nur auf eines hinzuweisen.

Sie wissen ja, und wir werden über all diese Fragen noch genauer sprechen: Das moderne Proletariat steht ganz unter dem Einflusse des sogenannten Marxismus. Der Marxismus, die marxistische Lehre von der Umwandlung des Privateigentums an Produktionsmitteln in Gemeineigentum wurde zwar vielfach abgeändert von diesen oder jenen Anhängern oder Gegnern von Karl Marx; aber der Marxismus ist doch etwas, was wirkt in der Gesinnung, in der Lebensauffassung breiter Menschenmassen der Gegenwart, was wirkt insbesondere in dem, was als so verwirrende soziale Tatsache in der Gegenwart auftritt. Man braucht nur einmal das immerhin sehr bedeutungsvolle merkwürdige Büchelchen von Friedrich Engels, dem Mitarbeiter und Freund von Karl Marx, in die Hand zu nehmen: «Die Entwicklung des Sozialismus von der Utopie zur Wissenschaft», um sich bekanntzumachen mit der ganzen Gesinnung, die in diesem Büchelchen lebt, dann wird man sehen, wie von einem sozialistischen Denker das Wirtschaftsleben der neueren Zeit aufgefaßt wird in seinem Verhältnis zum Rechts- und zum Geistesleben. Den einzigen Satz zum Beispiel, der als eine Zusammenfassung steht in dem genannten Büchelchen von Engels, braucht man nur recht zu verstehen: Es darf in der Zukunft nicht mehr Regierungen über

Menschen, über Personen geben, sondern nur noch Leitung von Wirtschaftszweigen und Verwaltung der Produktion.

Das heißt sehr viel! Das heißt, es wird gewünscht von dieser Seite, daß etwas aufhöre im Wirtschaftsleben, was sich gerade unter den Entwickelungsimpulsen der neueren Zeit mit dem Wirtschaftsleben verbunden hat. Das Wirtschaftsleben hat ja, weil es hinausgewachsen ist, wie ich gezeigt habe, über das Rechtsleben, weil es auch über das Geistesleben hinausgewachsen ist, gewissermaßen alles überflutet und hat suggestiv gewirkt auch auf die Gedanken, Empfindungen, Leidenschaften der Menschen. Und so trat denn immer mehr und mehr zutage, daß aus der Art und Weise, wie gewirtschaftet wird, eigentlich für die Menschen das Geistesleben folgt und das Rechtsleben folgt. Diejenigen, die die wirtschaftlich Mächtigen sind – das wurde nur zu klar immer weiter und weiter eingesehen –, die sind zu gleicher Zeit durch ihre wirtschaftliche Übermacht im Besitz des Bildungsmonopols. Die wirtschaftlich Schwachen bleiben die Ungebildeten. Ein gewisser Zusammenhang hat sich herausgestellt zwischen dem Wirtschafts- und dem Geistesleben, ein Zusammenhang zwischen dem Geistesleben und dem Staatsleben. Das Geistesleben ist immer mehr und mehr zu etwas geworden, was sich nicht aus seinen eigenen Bedürfnissen heraus entwickelt, was nicht seinen eigenen Impulsen folgt, sondern was – insbesondere da, wo es öffentlich verwaltet wird, im Erziehungs- und Schulwesen – so gestaltet wird, wie es gebraucht wird von den Staatsmächten. Der Mensch kann gar nicht mehr auf das hin angesehen werden, wie und wozu er befähigt ist. Er kann nicht so entwickelt werden, wie es die in ihm vorhandenen Anlagen erfordern. Sondern die Frage ist: Was braucht der Staat, was braucht das Wirtschaftsleben für Kräfte, was braucht es für Menschen mit einer gewissen Bildung? Danach richten sich die Lehrmittel, danach richten sich die Studien, die Prüfungen. Das Geistesleben wird nicht aus sich selber heraus gestaltet, das Geistesleben wird angepaßt dem Rechtsleben, dem Staatsleben, dem politischen Leben, dem Wirtschaftsleben. Dieses bringt aber zugleich – und brachte namentlich in der neueren Zeit – auch das Wirtschaftsleben wieder in Abhängigkeit von dem Rechtsleben.

Dieses Zusammenleben von Wirtschaft, Recht und Geist, das sahen solche Menschen wie Marx und Engels. Und sie sahen, wie das moderne Wirtschaftsleben nicht mehr vertrug die alte Rechtsform, auch nicht mehr vertrug die alte Geistesform. Sie kamen darauf, daß herausgeworfen werden müsse aus dem Wirtschaftsleben das alte Rechtsleben, das alte Geistesleben. Aber sie kamen nun zu einem sonderbaren Aberglauben, zu einem Aberglauben, über den wir werden viel sprechen müssen in diesen Vorträgen. Sie kamen zu dem Aberglauben, daß das Wirtschaftsleben – sie sahen das Geistesleben, das Rechtsleben als eine Ideologie an, weil sie es ja ansahen als die einzige Wirklichkeit –, daß das Wirtschaftsleben die neuen Rechtsverhältnisse, die neuen Geistesverhältnisse aus sich selber hervorbringen könne. Einer der verhängnisvollsten Aberglauben kam auf: man müsse in einer bestimmten gesetzmäßigen Weise wirtschaften, und wenn man wirtschafte in dieser bestimmten gesetzmäßigen Weise, dann ergäbe sich das Geistesleben, das Rechtsleben, das Staats- und das politische Leben aus dem Wirtschaftsleben heraus von selber.

Wodurch konnte denn dieser Aberglaube entstehen? Dieser Aberglaube konnte nur dadurch entstehen, daß sich die eigentliche Struktur der menschlichen Wirtschaft, das eigentliche Arbeiten des neueren Wirtschaftslebens, verbarg hinter dem, was man gewohnt worden ist die Geldwirtschaft zu nennen.

Diese Geldwirtschaft ist ja in Europa heraufgekommen als Begleiterscheinung ganz bestimmter Ereignisse. Sie brauchen nur einen tieferen Blick in die Geschichte hinein zu tun, so werden Sie sehen, daß ungefähr in der Zeit, als Reformation und Renaissance, also eine neue Geistesverfassung, über die europäische zivilisierte Welt heraufziehen, erschlossen werden die Gold- und Silberquellen Amerikas, daß der Gold- und Silberzustrom, namentlich Mittel- und Südamerikas, nach Europa kommt. Was früher mehr Naturalwirtschaft war, das wird immer mehr und mehr überflutet von der Geldwirtschaft.

Die Naturalwirtschaft hat noch hinsehen können auf das, was der Boden hergibt, das heißt auf das Sachliche; sie hat auch hinsehen können auf das, wozu der einzelne Mensch tüchtig ist und was er hervorbringen kann, also auf das Sachliche und Fachliche. Unter der Zirkulation des Geldes ist allmählich hingeschwunden der Blick auf das rein

Sachliche des Wirtschaftslebens. Indem die Geldwirtschaft abgelöst hat die Naturalwirtschaft, hat sich gewissermaßen ein Schleier hingezogen über das Wirtschaftsleben. Man konnte nicht mehr die reinen Anforderungen des Wirtschaftslebens sehen.

Was liefert dieses Wirtschaftsleben für den Menschen? Dieses Wirtschaftsleben liefert für den Menschen Güter, die er für seinen Konsum braucht. Wir brauchen heute noch gar nicht zu unterscheiden zwischen geistigen und physischen Gütern, denn auch geistige Güter können wirtschaftlich so aufgefaßt werden, daß sie eben für den menschlichen Konsum verbraucht werden. Dieses Wirtschaftsleben liefert also Güter, und diese Güter sind Werte, weil der Mensch ihrer bedarf, weil das menschliche Begehren darauf geht. Der Mensch muß den Gütern einen bestimmten Wert beimessen. Dadurch haben sie innerhalb des sozialen Lebens auch ihren objektiven Wert, der innig zusammenhängt mit dem subjektiven Beurteilungswert, den der Mensch ihnen beilegt.

Aber wie drückt sich in der neueren Zeit volkswirtschaftlich der Wert der Güter aus? Der Wert der Güter, der im wesentlichen das ausmacht, was diese Güter bedeuten im sozialen, im wirtschaftlichen Zusammenleben, wie drückt sich dieser Wert aus? Dieser Wert drückt sich in den Preisen aus. Über Wert und Preis werden wir zu sprechen haben in diesen Tagen; ich will heute nur darauf hindeuten, daß im wirtschaftlichen Verkehrsleben, im sozialen Verkehrsleben überhaupt – sofern dieses Verkehrsleben abhängig ist von dem Wirtschaften, von den Gütern – sich für den Menschen der Wert der Güter in dem Preis ausdrückt. Es ist auch ein großer Irrtum, wenn man den Wert der Güter mit den Geldpreisen verwechselt. Und nicht eigentlich durch theoretische Erwägungen, sondern durch die Lebenspraxis wird die Menschheit immer mehr und mehr darauf kommen, daß etwas anderes ist der Wert der Güter, die wirtschaftlich erzeugt werden, und der abhängt von menschlicher subjektiver Beurteilung, von gewissen sozialen Rechts- und Kulturverhältnissen, und dasjenige, was sich ausdrückt in den Preisverhältnissen, die durch das Geld zum Vorschein kommen. Aber der Wert der Güter wird zugedeckt in der neueren Zeit durch die Preisverhältnisse, die in der sozialen Zirkulation herrschen.

Das liegt zugrunde den modernen sozialen Verhältnissen als das dritte Glied der sozialen Frage. Hier, hier wird man die soziale Frage als eine wirtschaftliche Frage erkennen lernen: wenn man wiederum zurückgeht auf dasjenige, was den eigentlichen Wert der Güter dokumentiert, gegenüber dem, was in den bloßen Preisverhältnissen zum Ausdruck kommt. Die Preisverhältnisse können gar nicht anders, besonders in kritischen Zeiten, aufrechterhalten werden, als dadurch, daß der Staat, das heißt der Rechtsboden, die Garantie übernimmt für den Wert des Geldes, für den Wert also einer einzigen Ware.

Aber es tritt etwas Neues auf. Man braucht gar keine theoretischen Betrachtungen über das, was herausgekommen ist durch das Mißverständnis über Preis und Wert, anzustellen, man braucht nur hinzuweisen auf etwas Tatsächliches, was in der neueren Zeit aufgetreten ist. Man spricht davon in der Nationalökonomie, daß es in alter Zeit – in Deutschland sogar bis zum Ende des Mittelalters – die alte Naturalwirtschaft gegeben hat, die bloß auf dem Tausch der Güter beruht, daß an deren Stelle trat die Geldwirtschaft, wo das Geld der Repräsentant ist für die Güter und eigentlich immer nur das Wertgut gegen Geld ausgetauscht wird. Aber schon sehen wir etwas einziehen in das soziale Leben, das bestimmt scheint, die Geldwirtschaft abzulösen. Schon wirkt dieses andere überall drinnen, wird nur noch nicht bemerkt. Aber wer hinausgeht über das abstrakte Begreifen seines Kassen- oder Kontobuches, wer hinausgeht über die bloße Zahl und lesen kann, was in diesen Zahlen geschrieben ist, der wird finden, daß in den Zahlen eines heutigen Kassen- oder Kontobuches nicht bloß Güter stehen, sondern daß in diesen Zahlen vielfach zum Ausdruck kommt, was man nennen könnte die Kreditverhältnisse im modernsten Sinne des Wortes. Was ein Mensch erst leisten kann, weil man von ihm voraussetzt, daß er zu dem oder jenem fähig ist, was aus der Tüchtigkeit des Menschen heraus Vertrauen erwecken kann, das ist es, was merkwürdigerweise in unser trockenes, nüchternes Wirtschaftsleben immer mehr und mehr einzieht.

Studieren Sie heute die Geschäftsbücher, so werden Sie finden, daß einzieht – gegenüber dem, was bloßer Geldwert ist –, das Bauen auf Menschenvertrauen, das Bauen auf menschliche Tüchtigkeit. In den Zahlen der heutigen Geschäftsbücher drückt sich ein großer Umschwung, drückt sich eine soziale Metamorphose aus, wenn man sie richtig liest. Indem man betont, daß sich die alte Naturalwirtschaft in Geldwirtschaft umgewandelt hat, muß man heute zugleich betonen: das dritte Glied ist die Umwandlung der Geldwirtschaft in die Kreditwirtschaft.

Damit tritt an die Stelle desjenigen, was lange Zeit hindurch war, wiederum ein Neues. Dadurch tritt aber auch das in das soziale Leben ein, was auf den Wert des Menschen selber hinweist. Das Wirtschaftsleben selber, in bezug auf die Hervorbringung von Werten, steht einer Umwandelung gegenüber, steht einer Frage gegenüber, und das ist die Wirtschaftsfrage, das ist das dritte Glied dieser sozialen Frage.

Diese soziale Frage werden wir in diesen Vorträgen kennenlernen müssen als eine Geistesfrage, als eine Rechtsfrage und Staatsfrage oder politische Frage und als eine Wirtschaftsfrage. Der Geist wird die Antwort zu geben haben auf die erste Frage: Wie macht man die Menschen tüchtig, damit eine soziale Struktur entstehen könne, die nicht die heutigen Schäden, die nicht zu verantworten sind, enthält? Die zweite Frage ist diese: Welches Rechtssystem wird unter den vorgerückten Wirtschaftsverhältnissen die Menschen wiederum zum Frieden bringen? Das dritte ist: Welche soziale Struktur wird imstande sein, den Menschen so an seinen Platz zu stellen, daß er imstande ist, von diesem Platze aus für die menschliche Gemeinschaft zu deren Wohl zu arbeiten, so wie er es nach seiner Wesenheit, nach seinen Begabungen, nach seinen Fähigkeiten vermag? Dahin wird führen die Frage: Welcher Kredit ist dem persönlichen Werte eines Menschen zu gewähren? Da sehen wir die Umgestaltung der Wirtschaft vor uns aus neuen Verhältnissen heraus.

Eine Geistesfrage, eine Rechtsfrage, eine Wirtschaftsfrage steht in der sozialen Frage vor uns. Und wir werden sehen, daß die kleinste Gliederung der sozialen Frage nur im richtigen Lichte gesehen werden kann, wenn man diese soziale Frage im Grunde betrachtet als eine Geistes-, als eine Rechts-, als eine Wirtschaftsfrage. Davon dann morgen weiter.

Es liegt in der Natur der Sache, daß, da ich heute nur eine Einleitung gegeben habe, sehr leicht Fragen gestellt werden können, die sachgemäß erst in den nächsten Tagen und da im Zusammenhange der Vorträge zur Beantwortung kommen werden. Eine solche Frage ist diese, die mir als erste vorgelegt worden ist:

Wie kann ein objektiver Wertmaßstab für Güter gefunden werden?

Nun, wie gesagt, ich möchte nur einiges über diese Frage sagen, weil ja eine Ausführung in den nächsten Tagen gerade auf diese Frage sich beziehen muß und sie dann aus dem Zusammenhang heraus beantwortet werden kann. Ich möchte aber doch das Folgende dazu sagen.

Sehen Sie, bei Stellung einer solchen Frage handelt es sich darum, daß man sich ganz klar ist: Man stellt diese Frage auf dem Boden des Wirtschaftslebens. Die Frage nach dem Werte der Güter kann man nur stellen auf dem Boden des Wirtschaftslebens. Das heißt aber: Es wird nötig sein, daß man sich dabei bekanntmacht mit manchem, was in der Gegenwart mit Bezug auf eine Art Umlernen und Umdenken nötig ist. Die Gegenwart sieht sich sehr an als etwas, was ungeheuer praktisch denkt. Leicht nennt man in der Gegenwart dies oder jenes «graue Theorie». Aber mit dem wirklich praktischen Denken ist es doch nicht allzuweit her. Und gerade diejenigen, die sich heute oftmals Praktiker nennen, sind von den grauesten Theorien beherrscht. Sie sind nur in der Lage, diese grauen Theorien in einer naheliegenden Lebensroutine zum Ausdruck zu bringen und halten sie daher für praktisch, weil sie nicht sehen, ob sie fruchtbringend oder zerstörend für das Leben wirken.

Was hier verfochten wird, die Dreigliederung des sozialen Organismus, soll sich von sozialistischen oder anderen Theorien dadurch unterscheiden, daß es etwas ist, was im eminentesten Sinne aus der Lebenspraxis heraus gewonnen ist. Deshalb muß schon gesagt werden, daß eine solche Frage nach dem objektiven Werte eines Gutes, einer Leistung, eines Erzeugnisses streng auf den Boden des Wirtschaftslebens gestellt werden muß. Da aber – und jetzt komme ich auf das, was in seiner Vorstellungsart der Gegenwart noch fremd ist – handelt es sich nicht darum, daß man irgendeine Definition findet, was der Wert eines Gutes ist. Die schönste Definition hat man ja immer für alle möglichen Dinge gefunden, aber es zeigt sich bei sehr schönen Definitionen oftmals eben das, daß sie einem im Leben auch nicht um einen einzigen kleinen Schritt vorwärts helfen. Wenn man von dem Werte der Güter spricht, so handelt es sich ja nicht darum, daß man sagen kann, dies oder jenes sei der Wert eines Gutes, sondern es handelt sich darum, daß der Wert des Gutes in der Zirkulation des menschlichen Verkehrs zum wirklichen Ausdruck kommt, daß wirklich das Gut, das ich hervorbringe, so viel mir einbringt, als ich brauche zu einer solchen Leistung. Also es handelt sich darum, daß in die Güterzirkulation das Gut mit seinem entsprechenden Wert eindringt. Und das Nachdenken hat sich nicht damit zu befassen, anzugeben, welches der objektive Wertmaßstab eines Gutes ist, sondern das Nachdenken hat sich damit zu befassen, eine soziale Struktur zu finden, durch die menschliche Gütererzeugnisse so in das soziale Leben eintreten, daß sie darinnen zirkulieren zum Wohle der Gemeinschaft. Da handelt es sich darum, vor allen Dingen die Bedingungen herauszufinden, durch die Güter mehr oder weniger wert werden.

Man braucht zum Beispiel nur auf folgendes hinzuweisen. Nehmen wir an, es wird in irgendeinem geschlossenen Wirtschaftsgebiete zuviel Fett, zuviel menschlich konsumierbares Fett erzeugt. Gut, man kann ja den Überfluß, den Menschen nicht verzehren können, meinetwillen zum Wagenschmieren benützen. Man kann es so verwenden, schön. Dadurch aber wird der Wert des Fettes für diese Menschengemeinschaft im wesentlichen herabgemindert. Nehmen wir an, es wird zuwenig Fett erzeugt, dann wird der Wert hinaufgesteigert, und es können nur solche Menschen, die ein Vermögen über das Durchschnittsmaß haben, sich das Fett verschaffen. Also man kann die Bedingungen angeben, unter denen der Wert eines Gutes, einer Leistung, steigt oder fällt.

Nun handelt es sich darum, daß eine soziale Struktur eintrete, durch welche dieser Wert des einzelnen Gutes im Vergleiche zu anderen Gütern zu seinem entsprechenden Daseinsausdruck komme. Also es handelt sich nicht darum, daß man den Wert angeben kann, was man natürlich durch den entsprechenden Geldpreis kann; aber da kommt der vollständige Wert nicht zum Ausdruck. Es handelt sich darum, daß man es dahin bringen muß, daß vergleichsweise mit anderen Gütern die hervorgebrachten Güter, um die es sich handelt, den entsprechenden Wert haben. Es muß also diese Frage auf den Boden des Wirtschaftslebens gestellt und nicht nach einer Definition des Wertes, sondern nach den Bedingungen gefragt werden, unter denen Güter den entsprechenden gerechten Wert bekommen können.

Das ist es, was ich zunächst sagen möchte. Ich wollte durch das nur darauf hinweisen, daß man in vieler Beziehung über das soziale Leben die Fragestellungen, die Vorstellungsarten wird umwandeln müssen. An ein Umdenken wird sich die Menschheit gewöhnen müssen. Heute ist sogar das praktische Leben, ich möchte sagen, eingesogen in die Theorie. Und ich wollte im Vortrage andeuten, wie nun wiederum auf der anderen Seite nach und nach hineindringt in das allmählich ganz abstrakt gewordene – gerade unter dem Eindrucke der Geldwirtschaft abstrakt gewordene – Leben das konkrete Leben in der Kreditwirtschaft. Sehen Sie, diese Dinge werden ja eigentlich heute mit einem gewissen wissenschaftlichen Hochmut behandelt. Man merkt gar nicht, von welchen komplizierten Verhältnissen so etwas wie der Wert abhängig ist, der wirkliche Wert. Wenn man den bloßen Preis nimmt, so hat man kein Bild des wirklichen Wertes. Da muß man eingehen auf die gesamte Wirtschaftsgrundlage. Man kann zum Beispiel von der Preisbildung im Sinne der Goldpreisbildung sprechen. Man kommt darauf – Nationalökonomen, zum Beispiel *Unruh,* haben auf diese Tatsache ja ganz schön hingewiesen, aber ohne die großen Zusammenhänge –, daß innerhalb eines geschlossenen Wirtschaftsgebietes, sagen wir, eine Gans einen bestimmten Wert hat, der sich im Preise ausdrückt. Dann ist es der Geldwertpreis. Aber wenn man, wie das andere Nationalökonomen getan haben, danach die ganze Struktur der Volkswirtschaft studieren will, dann kommt man eben zu sehr einseitigen Resultaten, weil in einem geschlossenen Wirtschaftsgebiete die Wertbestimmung auch der Gänse nicht nach dem bloßen Geldpreiswert bestimmt werden kann. Von solchen Dingen hängt nämlich auch der Wert ab: ob innerhalb einer Wirtschaft Gänse gehalten werden, damit man Fettgänse bekommt und sie als Gänse verkauft, oder ob sie vielleicht gehalten werden, weil sie gerupft werden und man die Federn verkaufen will. Also davon, ob man Produzent von Federn oder von Gänsen ist, davon hängt manches ab. Das stellt sich erst heraus bei einer sachgemäßen Betrachtung des Wirtschaftslebens. Wenn man bloß statistisch die Zahlen aufnimmt, was die einzelnen Dinge geldlich kosten, dann bekommt man keinen Einblick in den sachlichen Gang des Wirtschaftslebens, damit aber keinen Einblick in die wirkliche Bewertung.

Also man muß auf die Beziehungen eingehen und sich streng auf den Boden des Wirtschaftslebens stellen, wenn man von Werten sprechen will. Dann braucht man auch nicht danach zu fragen: Wie drückt sich objektiv der Wert aus? – sondern danach: Welche Verhältnisse sozialer Natur sind imstande, einem Gute, einer Leistung, einer menschlichen Hervorbringung denjenigen Wert zu geben, der im Vergleich zu anderen Leistungen, anderen Hervorbringungen, anderen Gütern der gerechte ist? Das würde die richtige Frage sein. Die Fragen, die heute sehr stark theoretisch auftreten, werden sehr, ich möchte sagen, sich verpraktisieren! Und auf dieses Sich-Verpraktisieren, das heute noch manchen ganz fremd anmutet, der gerade ein Praktiker sein will, auf das arbeitet die Dreigliederung des sozialen Organismus hin.

Dann ist gefragt:

Aus welchen Voraussetzungen heraus ist der Impuls zur Dreigliederung des sozialen Organismus entstanden?

Nun, da muß gesagt werden, daß die soziale Frage eigentlich erst kritisch geworden ist während dieser großen Weltkriegskatastrophe.

Ich berühre ja nicht gern Persönliches, aber in solchen Dingen ist man nur allzuoft genötigt, das zu tun. Ich habe Gelegenheit gehabt, reichlich genug mitzuerleben den Gang der sozialen Frage. Ich war lange Zeit Lehrer an einer Berliner Arbeiterbildungsschule, in der von mir im Umgange mit den nicht nur erwachsenen, sondern oftmals recht alten Schülern die soziale Frage sehr gut studiert werden konnte. Ich habe die soziale Frage da von den verschiedensten Seiten praktisch im Leben kennengelernt, erstens kennengelernt vor allen Dingen von der Seite, wie sie lebt in den Seelen großer, breiter Menschenmassen von heute, wie schwer sie verstanden wird gerade von diesen breiten Menschenklassen. Ja, ich habe gesehen – diese Lehrerschaft von mir liegt ja zwei Jahrzehnte zurück –, wie es gerade in dem Zeitpunkt um die Wende des 19. zum 20. Jahrhundert möglich gewesen wäre, in die modernen breiteren Massen der arbeitenden Bevölkerung Ideen hineinzutragen, welche das heutige Chaos und die heutige Zerstörungswut auf sozialem Gebiete hätten verhindern können. Wahrhaftig, ich konnte deutlich sehen: Für aus dem Geiste heraus geborene Ideen wäre vor zwanzig Jahren, wenn man darauf seine Aufmerksamkeit gewendet hätte, eine breite Masse der Bevölkerung zugänglich gewesen.

Was dem entgegenstand, habe ich, zweitens, kennengelernt, indem ich auch die andere Seite kennengelernt habe. Ich habe das Malheur gehabt, sehen Sie, gerade unter den Schülern Anhänger zu gewinnen, Anhänger für wahrhaftig ganz andere Denkweisen, als sie seither groß geworden sind. Ich habe gesehen, wie für gesunde Ideen breite Massen des Volkes wirklich zugänglich waren. Und ich darf, ohne unbescheiden zu werden – ich erzähle wirklich nur Tatsachen –, sagen: gewöhnlich wenn die sozialistischen Dutzendlehrer, die so die gewöhnlichen agitatorischen Lehrer der Arbeiterbildungsschule eben waren, ihre Kurse gaben, dann war es so, daß sie im ersten Quartal – quartalsweise wurde der Unterricht erteilt – eine gewisse Zuhörerschaft hatten; aber dann verminderte sie sich rasch. Meine Zuhörerschaft – ich darf das wirklich eben sagen, weil es eine Tatsache ist –, die wuchs von Quartal zu Quartal und ist nur zu groß geworden für die Führer des Proletariats, für diese Führer, welche die Abschnitzel der bürgerlichen Wissenschaft übernommen haben und sie in einer ja sattsam bekannten Weise verwerten. Als diese Leute gesehen haben, daß ich Anhängerschaft gewinne, da wurde arrangiert, daß einmal die gesamte Schülerschaft dieses Quartals zusammengewürfelt wurde, und auch etwa drei Abgesandte – aber von minderer Sorte – der Führerschaft hineingedrückt wurden. Ja, da wurde mir vorgeworfen, daß ich nicht richtige marxistische Geschichtsauffassung, nicht historischen Materialismus lehre, daß ich auch die Naturwissenschaft nicht benütze, um in den Materialismus hineinzuführen, um das Marxistische zu stützen, sondern um in ernster Weise Wissenschaftsanschauung in die Volksmenge zu tragen. Kurz, es wurde mir vorgeworfen, daß ich kein richtiger Dogmenlehrer des sozialistischen Systems sei. Nun, ich wagte zu sagen dazumal: Ihr wollt ja doch vorstellen eine Gesellschaft, welche für die Zukunft arbeitet. Mir scheint, da wäre die erste Notwendigkeit diese, daß eine wirkliche Zukunftsforderung bei euch eingehalten würde: daß ihr gestatten würdet Lehrfreiheit! – Da erwiderte ein solcher Hineingeschickter: Lehrfreiheit, das können wir nicht anerkennen, das hat im öffentlichen Leben keine Bedeutung für uns, wir kennen nur einen vernünftigen Zwang. – Und sehen Sie, unter diesem «vernünftigen Zwang» gestaltete sich die Sache so, daß für mich alle anderen sechshundert, gegen mich die drei stimmten, aber mich dennoch herauslancierten. Das ist die andere Seite der Entwickelung der sozialen Frage, die ich auch habe kennenlernen können. Da konnte man schon sehen, unter welchen öffentlichen Kräften die soziale Frage eigentlich steht.

Man mußte allmählich durchschauen, wie im Menschenleben, in der Menschenentwickelung überhaupt, zusammenwirken Geistiges, Rechtlich-Politisches und Wirtschaftliches. Man konnte dann aber sehen, wie gerade unter den neuesten Verhältnissen durch das Zusammen- und Ineinanderschieben des Rechtlich-Politischen, des Geistig-Kulturellen, zu dem auch die nationalen Verhältnisse gehören, mit dem Wirtschaftlichen die großen Wirtschaftsimperien, die Wirtschaftsimperialismen sich ausbildeten. Man konnte sehen, wie das wirtschaftliche System, das, wenn es in derselben Weise weiterläuft, wie es namentlich als Ideal angesehen wurde von gewissen Seiten am Ende des 19., Anfang des 20. Jahrhunderts, zu fortwährenden Krisen führen muß. Man konnte dann sehen, wie diese Weltkriegskatastrophe nur eine zusammengeschobene große Krise ist, weil allmählich die Staaten aus politischen Körperschaften zu Wirtschaftsimperien sich ausgewachsen haben, welche nur das politische und das geistige Wesen in sich aufgenommen haben.

Nehmen wir den Ausgang dieser Weltkriegskatastrophe. Ich habe ja erst, abgesehen von gelegentlichen Äußerungen, verhältnismäßig spät über die soziale Frage so gesprochen, wie ich jetzt spreche, da ich gewissermaßen als einem Teil meiner Aufgabe darüber sprechen muß. Aber ich habe mein ganzes Leben hindurch die soziale Bewegung der Menschheit beobachtet. Und wer gleich mir seine halbe Lebenszeit, dreißig Jahre, in Österreich zugebracht hat, der hat an diesem Österreich gesehen wie an einem Schulfall – wenn man diesen Ausdruck anwenden darf auf ein großes Historisches, das an seinen Verhältnissen zerbrechen mußte –, wie in ihm sich zusammenknäuelten die geistigen, und vor allen Dingen die national-kulturellen Verhältnisse, die rechtlich-politischen Verhältnisse und die wirtschaftlichen Verhältnisse. Nehmen Sie einmal den Südosten Europas, jenen Wetterwinkel, aus dem die eigentliche Weltkatastrophe zuletzt ihre Veranlassung bekommen hat, da werden Sie sehen, wie sich das, was später dann zu heller Flamme aufloderte, vorbereitet hat durch den Berliner Kongreß, wo Österreich die Okkupation von Bosnien und der Herzegowina zugesprochen wurde. Das war ein Programm politischer Art, das in die politische Struktur Österreich-Ungarns eingriff. Aber die Verhältnisse, die dadurch geschaffen waren, die waren nicht mehr haltbar in dem Momente, wo eine völlige Umwälzung auf dem Balkan stattfand, also eine rein politische Umwälzung, das heißt eine Umwälzung auf politisch-rechtlichem Gebiete. Das alte reaktionäre türkische Element wurde durch die jungtürkische Herrschaft abgelöst. Eine unmittelbare Folge davon war, daß Österreich zur Annexion, anstelle der Okkupation, von Bosnien und der Herzegowina geführt wurde, daß Bulgarien aus einem Fürstentum sich zu einem Königreich machte. Das waren politische Verhältnisse, die da spielten. In diese politischen Verhältnisse knäuelten sich aber hinein wirtschaftliche Verhältnisse. Und die wirtschaftlichen Verhältnisse spielten zuletzt mit den politischen Verhältnissen so zusammen, daß aus diesem Zusammenspiel Unmöglichkeiten des weltgeschichtlichen Werdens entstanden. Man mußte, weil die politische Verwaltung Österreichs zugleich die wirtschaftliche war, mit den politischen Verhältnissen so etwas verquicken wie zum Beispiel den Ausbau der Bahn von Österreich aus nach Südosten, der Salonikibahn. Es war etwas rein Wirtschaftliches; aber die politischen Verhältnisse spielten fortwährend mit den wirtschaftlichen zusammen. Das Ganze beruht auf dem Unverstandenen von geistig-kulturellen Verhältnissen, nämlich auf Gegensätzen von Slawen- und Germanentum. Diese drei Dinge knäuelten sich ineinander, und aus dieser Verknäuelung entstand die Schreckenskatastrophe. Man kann studieren von Jahr zu Jahr, wie dadurch Scheinverhältnisse geschaffen wurden, daß die Rechtsverhältnisse, die geistig-kulturellen Verhältnisse, die wirtschaftlichen Verhältnisse nicht auseinandergehalten werden konnten.

Aber diese Verhältnisse drängen nach Auseinandertrennung, Auseinanderhaltung. Und man muß sich erinnern, wie mit dem Heraufkommen der neueren Zeitverhältnisse sehr früh das Rechtsleben, das Geistesleben und das Wirtschaftsleben sich auseinanderzuhalten suchten. Gerade die Tatsache, daß etwas so Furchtbares aus der Zusammenknäuelung entstehen konnte wie diese Weltkriegskatastrophe, gerade das wies einen darauf hin, wie ja wie in einem Reagenzglase im chemischen Laboratorium Substanzen, die man zusammenbringt, die aber nicht zusammengehören, wie die auseinanderfallen: so fallen, fielen schon verhältnismäßig früh die wirtschaftlichen Verhältnisse, die geistigen und die Rechtsverhältnisse auseinander.

Ich will nur an eine Erscheinung erinnern, die verhältnismäßig früh auftrat. Später, nach der Reformation, nach der Renaissance wurde sie verwischt. Wenn Sie die Geschichte des Mittelalters studieren, so werden Sie finden, daß die Kirche zinsfeindlich war, das heißt, daß die Kirche überall Lehren verbreitete, die dahin gingen, es sei unmöglich, es vertrage sich nicht mit einem wirklich christlichen Leben, Zins zu nehmen von Geldausborgung. Das war Lehre, das war Geistesleben. Diese Lehre empfand man als schön. Aber die Kirche in ihren Vertretern nahm sehr viel Zins in Wirklichkeit. Das wirtschaftliche Leben trennte sich sehr stark von dem geistigen Leben. Beides fiel auseinander.

Und auf ähnliche Erscheinungen könnte man in den letzten Jahren sehr stark hinweisen, wenn man zum Beispiel zeigen wollte, wie das wirtschaftliche Leben in Form von allerlei Schiebertum, Verschaffung von Lebensmitteln unter der Hand, auseinanderfiel mit dem rechtlichen Leben, das rationierte. Da sehen Sie ähnliche Erscheinungen wie eben in einem Reagenzglase, wo nicht zusammengehörige Substanzen auseinanderfallen.

Alle diese Dinge müssen im einzelnen studiert werden. Und weil nach und nach durch die Kompliziertheit der modernen Lebensverhältnisse sich immer mehr und mehr dies Auseinanderfallen zeigt, sowohl im internationalen wie im nationalen Leben, ergibt sich daraus nach und nach die Notwendigkeit, hinzuarbeiten auf die Dreigliederung des sozialen Organismus, wie ich sie in den nächsten Vorträgen darstellen werde und wie Sie sie auseinandergesetzt finden in meinen «Kernpunkten der sozialen Frage».

Man muß sich klar darüber sein, daß solch ein Ausspruch, wie ich ihn angeführt habe von Hartley Withers, durchaus begründet ist. Die Verhältnisse sind in der neueren Zeit sehr kompliziert geworden. Und nur dann, wenn man darauf kommt, wie man gewisse Grundgesetze – Urideen, so habe ich sie genannt in meinen «Kernpunkten der sozialen Frage» – finden kann, die dann in den kompliziertesten Verhältnissen des praktischen Lebens zu einem wirklich praktischen Wegweiser werden können, nur dann kann man hoffen, etwas beizutragen zu dem, was heute die soziale Frage ist. Und nur dadurch kann man hoffen, das zu überwinden, was nach und nach in Form von Schlagworten, von Parteimeinungen in so furchtbarer Weise die Massen ergreift und durch die Menschen leider zu Tatsachen wird. Ehe wir nicht dazu kommen, die soziale Frage aus dem Parteigetriebe herauszuheben und sie auf den Boden der praktischen, vernünftigen Erfassung der Wirklichkeit zu stellen, eher können wir nicht hoffen, weiterzukommen. Daß eine solche Betrachtung möglich ist, das möchte ich Ihnen eben durch die folgenden Vorträge zeigen.

Damit möchte ich, was ich über die Entstehung und über das Hervorkommen der Dreigliederung im neueren Leben zu sagen hätte, zunächst angedeutet haben. Manches wird ja in den nächsten Vorträgen sich noch ergeben.

ZWEITER VORTRAG

Zürich, 25. Oktober 1919

Das Wirtschaften auf assoziativer Grundlage
Die Umwandlung des Marktes
Preisgestaltung – Geld- und Steuerwesen – Kredit

Aus den Anschauungen, die erwachsen sind gegenüber den Tatsachen der sozialen Entwickelung der neueren Zeit, wie ich sie gestern versuchte auseinanderzusetzen, ist entstanden, was Sie verzeichnet finden in meinem Buche «Die Kernpunkte der sozialen Frage», ist entstanden die Idee von der Dreigliederung der sozialen Organisation. Diese Idee von der Dreigliederung des sozialen Organismus will eine durchaus praktische Lebensidee sein und nicht irgend etwas Utopistisches in sich enthalten. Daher war die Voraussetzung für die Abfassung meines Buches die, daß es hingenommen werde mit einem gewissen Instinkt für die wirklichen Tatsachen, daß es nicht beurteilt werde aus vorgefaßten Theorien, vorgefaßten Parteimeinungen heraus. Allerdings, wenn das richtig ist – und es ist zweifellos richtig, was ich gestern anführte –, daß allmählich die sozialen Tatsachen in den Lebensverhältnissen der Menschen so kompliziert geworden sind, daß sie sich außerordentlich schwer nur übersehen lassen, wird eine besondere Methode notwendig sein bei der Besprechung dessen, was heute zum Wollen führen soll.

Es ist ja gegenüber dieser Kompliziertheit der Tatsachen nur zu selbstverständlich, daß der Mensch zunächst für dasjenige ein gewisses Verständnis hat, namentlich an wirtschaftlichen Erscheinungen, was in seinen Lebenskreisen liegt. Allein alles, was in ihnen liegt, ist abhängig von der ganzen übrigen Wirtschaft, und heute nicht nur von der Wirtschaft eines Landes, sondern von der ganzen Weltwirtschaft. Da wird der einzelne gar oft in die selbstverständliche und begreifliche Lage kommen, die Notwendigkeiten für die Weltwirtschaft nach den Erfahrungen seines allernächsten Lebenskreises beurteilen zu wollen. Er wird natürlich dabei fehlgehen. Wer bekannt ist mit den Anforderungen eines wirklichkeitsgemäßen Denkens, der weiß auch, welche Bedeutung es hat, mit einem gewissen Wirklichkeitsinstinkt an die Erscheinungen der Welt heranzugehen, um dadurch zu gewissen grundlegenden Erkenntnissen zu kommen, die dann im Leben eine ähnliche Rolle spielen können wie in gewissen Schulerkenntnissen grundlegende Wahrheiten.

Sehen Sie, wenn man darauf ausgehen wollte, das ganze Wirtschaftsleben mit allen seinen Einzelheiten zu erkennen und daraus erst Schlüsse zu ziehen für ein soziales Wollen, man würde ja nie fertig. Man würde aber ebensowenig fertig, wenn man alle die Einzelheiten, in denen, sagen wir, der pythagoräische Lehrsatz Anwendung findet im technischen Leben, erst durchnehmen müßte, um die Wahrheit des pythagoräischen Lehrsatzes zu erkennen. Man eignet sich die Wahrheit des pythagoräischen Lehrsatzes aus gewissen inneren Zusammenhängen an und weiß dann: überall, wo seine Anwendung in Frage kommt, muß er gelten. Man ringt sich auch im sozialen Erkennen dazu durch, daß gewisse Fundamentalerkenntnisse durch ihre innere Natur sich dem Bewußtsein als wahr ergeben können. Und wenn man dann nur Wirklichkeitssinn hat, dann wird man finden, daß sie überall, wo sie in Frage kommen, auch anwendbar sind. So möchte das Buch «Die Kernpunkte der sozialen Frage» verstanden werden aus seiner inneren Natur heraus, aus der inneren Natur der angeführten sozialen Verhältnisse heraus, und so möchte zunächst auch die Gesamtidee von der Dreigliederung des sozialen Organismus aufgefaßt werden. Aber ich werde in diesen Vorträgen durchaus versuchen, zu zeigen, wie einzelne Erscheinungen des sozialen Lebens Bekräftigungen liefern für das, was aus dieser Idee der Dreigliederung des sozialen Organismus, die sich aus den Lebensnotwendigkeiten der Gegenwart und der nächsten Zukunft der Menschheit ergibt, folgt.

Vorerst aber werde ich genötigt sein, einleitungsweise, bevor ich zu meinem eigentlichen heutigen Thema übergehe, einfach referierend vor Sie hinzustellen, was die Grundidee von dieser Dreigliederung des sozialen Organismus ist. Wir haben gestern das Ergebnis fassen können, daß unser soziales Leben aus drei Grundwurzeln heraus seine Forderungen stellen muß, mit anderen Worten, daß die soziale Frage eine Geistesfrage, eine Staats- oder Rechtsfrage, eine politische Frage, und eine Wirtschaftsfrage sei. Wer das Leben der neueren Entwickelung der

Menschheit durchforscht, der wird finden, daß diese drei Lebenselemente – Geistesleben, Rechts- und Staats- oder politisches Leben und Wirtschaftsleben – chaotisch allmählich bis in unsere Gegenwart herein in eine Gesamtheit, in eine Einheit zusammengeflossen sind, und daß aus diesem Zusammenfließen heraus unsere gegenwärtigen sozialen Schäden entstanden sind.

Erkennt man dieses durchgreifend – und diese Vorträge sollen die Grundlage dafür abgeben, daß man das durchgreifend erkennen könne –, so wird man finden, daß die Zukunft sich so entwickeln müsse, daß das Leben, das öffentliche Leben, der soziale Organismus gegliedert werde in eine selbständige Geistesverwaltung namentlich des öffentlichen Geisteslebens in Erziehung und Unterrichtswesen, in eine selbständige Verwaltung der politischen, der Staats-, der Rechtsverhältnisse, und in eine völlig selbständige Verwaltung des Wirtschaftslebens.

Gegenwärtig umfaßt eine einzige Verwaltung in unseren Staaten diese drei Elemente des Lebens, und wenn man von einer Dreigliederung spricht, wird man heute sogleich mißverstanden. Man wird so verstanden, daß gesagt wird: Nun ja, da will irgend jemand eine selbständige Verwaltung für das Geistesleben, eine selbständige Verwaltung für das Rechts- oder Staats- oder politische Leben, eine selbständige Verwaltung für das Wirtschaftsleben; also fordert er drei Parlamente, ein Kulturparlament, ein demokratisch-politisches Parlament und ein Wirtschaftsparlament. – Wenn man dies fordern würde, so würde man von der Idee der Dreigliederung des sozialen Organismus eben gar nichts verstehen, denn diese Idee der Dreigliederung des sozialen Organismus will eben einfach vollständig ernst nehmen die Forderungen, die sich geschichtlich im Laufe der neueren Entwickelung der Menschheit ergeben haben. Und diese drei Forderungen kann man aussprechen mit den drei Worten, die allerdings schon zu Schlagworten geworden sind; geht man aber aus den Schlagworten heraus, um die Wirklichkeit zu treffen, so findet man, daß berechtigte geschichtliche Impulse in diesen drei Worten enthalten sind. Diese drei Worte sind der Impuls nach der Freiheit des menschlichen Lebens, der Impuls nach Demokratie, und der Impuls nach einer sozialen Gestaltung des Gemeinschaftswesens. Aber wenn man diese drei Forderungen ernst nimmt, so kann man sie nicht zusammenknäueln in eine einzige Verwaltung, denn das eine muß dann immer das andere stören. Wer zum Beispiel den Ruf nach Demokratie ernst nimmt, der muß sich sagen: Diese Demokratie kann sich nur ausleben in einer Volksvertretung oder durch ein Referendum, wenn jeder einzelne mündig gewordene Mensch, indem er gleichgestellt ist jedem anderen mündig gewordenen Menschen gegenüber, entscheiden kann durch sein Urteil, was eben auf demokratischem Boden durch die Urteilsfähigkeit eines jeden mündig gewordenen Menschen entschieden werden kann.

Nun gibt es – so sagt die Idee von der Dreigliederung des sozialen Organismus – ein ganzes Lebensgebiet, das ist eben das Gebiet des Rechtslebens, das Gebiet des Staatslebens, das Gebiet der politischen Verhältnisse, in dem jeder mündig gewordene Mensch berufen ist, aus seinem demokratischen Bewußtsein heraus mitzureden. Aber nimmermehr kann dann, wenn so mit der Demokratie ernst gemacht und das Staatsleben ganz demokratisiert werden soll, das geistige Gebiet auf der einen Seite einbezogen werden in diese Demokratie, und nimmermehr kann der Kreislauf des Wirtschaftslebens einbezogen werden in diese demokratische Verwaltung.

In dieser demokratischen Verwaltung ist ein Parlament durchaus am Platze. Aber in einem solchen demokratischen Parlament kann niemals entschieden werden über das, was sich auf dem Boden des Geisteslebens, auch auf dem Boden des Erziehungs- und Unterrichtswesens, zu vollziehen habe. Was ich im vierten Vortrage viel genauer auszuführen haben werde, will ich heute einleitungsweise andeuten: die Dreigliederung des sozialen Organismus erstrebt ein selbständiges Geistesleben insbesondere in den öffentlichen Angelegenheiten, im Erziehungs- und Unterrichtswesen. Das heißt, es soll künftig nicht durch irgendwelche Staatsverordnungen bestimmt werden, was und wie zu lehren sei, sondern diejenigen, die wirklich drinnenstehen im praktischen Lehren, im praktischen Erziehen, die sollen auch die Verwalter des Erziehungswesens selber sein. Das heißt, von der untersten Volksschulstufe bis hinauf zu der höchsten Unterrichtsstufe soll die Lehrperson unabhängig sein von irgendeiner anderen, staatlichen oder wirtschaftlichen Macht in bezug auf dasjenige, was und wie sie zu unterrichten habe. Das soll aus dem folgen, was als angemessen empfunden wird für das Geistesleben innerhalb der selbständigen Geistkörperschaft selbst. Und nur so viel Zeit soll der einzelne für den Unterricht zu verwenden brauchen, daß ihm die Zeit noch übrigbleibt, um Mitverwalter zu sein des gesamten Unterrichts- und Erziehungswesens, aber auch des gesamten geistigen Lebens.

Ich werde im vierten Vortrage zu beweisen versuchen, wie durch diese Selbständigkeit des Geisteslebens die geistige Verfassung der Menschen überhaupt auf einen ganz anderen Boden gestellt und wie gerade dasjenige eintreten wird, wovon man nach dem heutigen Vorurteil am wenigsten glauben kann, daß es kommen werde: Durch diese Selbständigkeit wird das Geistesleben die Kraft bekommen, wirklich von sich aus fruchtbar einzugreifen in das Staats- und namentlich in das Wirtschaftsleben. Und innerlich wird gerade ein selbständiges Geistesleben nicht graue Theorie, nicht weltfremde wissenschaftliche Anschauungen liefern, sondern zu gleicher Zeit eindringen in das menschliche Leben, so daß sich der Mensch von einem solchen selbständigen Geistesleben aus durchdringen wird nicht mit bloß abstrakten Geistesanschauungen, sondern mit Erkenntnissen, durch die er im wirtschaftlichen Leben seinen Mann stellen kann. Gerade durch die Selbständigkeit wird das Geistesleben zugleich praktisch werden. So daß man sagen kann: Im Geistesleben wird zu herrschen haben Sachkenntnis und Anwendung der Sachkenntnis. Nicht wird zu herrschen haben, was aus dem Urteil eines jeden urteilsfähigen, mündig gewordenen Menschen kommen kann. Es muß also aus dem Parlamentarismus herausgenommen werden die Verwaltung des Geisteslebens. Wer glaubt, daß da ein demokratisches Parlament herrschen soll, der mißversteht gründlich gerade den Antrieb zur Dreigliederung des sozialen Organismus.

Ähnlich ist es im Wirtschaftsleben. Aber das Wirtschaftsleben hat seine selbständigen Wurzeln. Es muß verwaltet werden aus seinen eigenen Bedingungen heraus. Es kann wiederum nicht über die Art und Weise, wie gewirtschaftet werden soll, demokratisch geurteilt werden von jedem mündig gewordenen Menschen, sondern nur von dem, der drinnensteht in irgendeinem Wirtschaftszweige, der tüchtig geworden ist für einen Wirtschaftszweig, der die Verkettungen kennt, wie dieser

Wirtschaftszweig mit anderen Wirtschaftszweigen zusammenhängt. Fachkundigkeit und Fachtüchtigkeit, das sind die Bedingungen, durch die im Wirtschaftsleben allein etwas Fruchtbringendes zustande kommen kann. Dieses Wirtschaftsleben wird also losgegliedert werden müssen auf der einen Seite von dem Rechtsstaate, auf der anderen Seite vom Geistesleben. Es wird auf seine eigene Basis gestellt werden müssen.

Das wird auch von sozialistisch Denkenden heute am allermeisten verkannt. Diese sozialistisch Denkenden stellen sich irgendeine Gestalt vor, welche das Wirtschaftsleben annehmen soll, damit gewisse Schäden sozialer Natur in der Zukunft der Menschheit verschwinden. Man hat gesehen, und es ist ja leicht zu sehen, daß durch die privatkapitalistische Wirtschaftsordnung der letzten Jahrhunderte gewisse Schäden entstanden sind. Diese Schäden sind offenbar. Wie urteilt man? Man sagt sich: Die privatkapitalistische Wirtschaftsordnung ist heraufgekommen; sie hat die Schäden gebracht. Die Schäden werden verschwinden, wenn wir die privatkapitalistische Wirtschaftsordnung abschaffen, wenn wir an die Stelle der privatkapitalistischen Wirtschaftsordnung die Gemeinwirtschaft treten lassen. Was als Schäden heraufgezogen ist, ist dadurch gekommen, daß einzelne Besitzer persönlich die Produktionsmittel zum Eigentum haben. Wenn nun nicht mehr einzelne Besitzer die Produktionsmittel zu ihrem Eigentum haben werden, sondern die Gemeinschaft die Produktionsmittel verwalten wird, dann werden die Schäden verschwinden.

Nun kann man sagen: Einzelerkenntnisse haben sich auch schon sozialistisch Denkende heute errungen, und es ist interessant, wie diese Einzelerkenntnisse durchaus schon in sozialistischen Kreisen wirksam sind. Man sagt heute schon: Ja, gemeinschaftlich verwaltet werden sollen die Produktionsmittel oder das Kapital, welches ja der Repräsentant der Produktionsmittel ist. Aber man hat gesehen, wozu geführt hat zum Beispiel die Verstaatlichung gewisser Produktionsmittel, die Verstaatlichung der Post und der Eisenbahnen und so weiter, und man kann durchaus nicht sagen, daß die Schäden dadurch beseitigt seien, daß der Staat nun zum Kapitalisten geworden ist. Also man kann nicht verstaatlichen. Man kann auch nicht kommunalisieren. Man kann auch nicht etwas Fruchtbringendes dadurch erreichen, daß man Konsumgenossenschaften gründet, in denen sich die Leute zusammentun, die für irgendwelche Artikel Konsum nötig haben. Diejenigen Leute, die diesen Konsum regeln und auch danach regeln wollen die Produktion der zu konsumierenden Güter, die werden, auch nach der Ansicht von sozialistisch Denkenden, als Konsumierende zu Tyrannen der Produktion. Und so ist die Erkenntnis schon durchgedrungen, daß sowohl die Verstaatlichung wie die Kommunalisierung, wie auch die Verwaltung durch Konsumgenossenschaften zur Tyrannis wird der Konsumierenden. Die Produzierenden würden ganz in tyrannische Abhängigkeit kommen von den Konsumierenden. So denken dann manche, daß gegründet werden können, als eine Art von gemeinschaftlicher Verwaltung, Arbeiter-Produktivassoziationen, Arbeiter-Produktivgenossenschaften; da würden sich die Arbeiter selbst zusammenschließen, würden nach ihren Meinungen, nach ihren Grundsätzen für sich selber produzieren.

Wiederum haben sozialistisch Denkende eingesehen, daß man auch dadurch nichts anderes erreichen würde, als daß man an die Stelle eines einzelnen Kapitalisten eine Anzahl von kapitalistisch produzierenden Arbeitern treten lassen würde. Und diese kapitalistisch produzierenden Arbeiter wären auch nicht imstande, etwas anderes zu tun als der einzelne Privatkapitalist. Also auch die Arbeiter-Produktivgenossenschaften weist man zurück.

Aber damit ist man noch nicht zufrieden, einzusehen, daß diese einzelnen Gemeinsamkeiten zu nichts Fruchtbringendem in der Zukunft führen können. Man denkt sich nun, die gesamte Gesellschaft irgendeines Staates, irgendeines geschlossenen Wirtschaftsgebietes könne gewissermaßen doch eine Großgenossenschaft werden, eine Großgenossenschaft, in der alle daran Beteiligten zu gleicher Zeit Produzenten und Konsumenten sind, so daß nicht der einzelne Mensch unmittelbar von sich aus die Initiative entwickelt, das oder jenes zu produzieren für die Gemeinschaft, sondern daß die Gemeinschaft selbst die Losungen ausgibt, wie produziert werden soll, wie das zu Produzierende verteilt werden soll und so weiter. Ja, solch eine Großgenossenschaft also, die Konsum und Produktion umfaßt, will man an die Stelle der privatwirtschaftlichen Verwaltung unseres modernen Wirtschaftslebens setzen.

Wer nun genauer in die Wirklichkeit hineinsieht, der weiß, daß im Grunde genommen dieses Aufsteigen zu der Anschauung über diese Großgenossenschaft nur davon herrührt, daß bei ihr das Irrtümliche nicht so leicht zu überschauen ist wie im einzelnen bei der Verstaatlichung, bei der Kommunalisierung, bei den Arbeiter-Produktivgenossenschaften, bei den Konsumgenossenschaften. Bei den letzteren ist gewissermaßen der Umkreis dessen, was man zu überschauen hat, kleiner. Man sieht leichter die Fehler, die man dabei macht, wenn man solche Einrichtungen anstrebt, als bei der Großgenossenschaft, die ein ganzes Gesellschaftsgebiet umfaßt. Hier redet man hinein in das, was man machen will, und überschaut noch nicht, daß dieselben Irrtümer entstehen müssen, die man im kleinen ganz gut anerkennt, und die man im großen nur nicht anerkennt, weil man nicht fähig ist, die ganze Sache zu überblicken. Das ist es, worauf es ankommt. Und man muß einsehen, worauf der Grundfehler dieses ganzen Denkens eigentlich beruht, das in eine Großgenossenschaft hineinsegelt, welche sich darüber hermachen soll, den gesamten Konsum und die gesamte Produktion von sich aus zu verwalten.

Wie denkt man eigentlich, wenn man so etwas verwirklichen will? Nun, wie man dabei denkt, das zeigen zahlreiche Parteiprogramme, die gerade in unserer Gegenwart auftreten. Wie treten sie auf, diese Parteiprogramme? Man sagt sich: Nun ja, da sind gewisse Produktionszweige, die müssen nun gemeinschaftlich verwaltet werden. Dann wiederum müssen sie sich zusammenschließen zu größeren Zweigen, zu größeren Verwaltungsgebieten. Da muß wiederum so irgendeine Verwaltungszentrale sein, welche das Ganze verwaltet, und so hinauf bis zu der Zentralwirtschaftsstelle, die das Ganze des Konsums und der Produktion verwaltet. Welche Gedanken, welche Vorstellungen wendet man dabei an, wenn man so das Wirtschaftsleben gliedern will? Man wendet nämlich das an, was man sich anzueignen hat im politischen Leben, so wie es sich heraufentwickelt hat in der neueren Menschheitsgeschichte. Die Menschen, die heute von wirtschaftlichen Programmen sprechen, haben zum großen Teil ihre Schule durchgemacht im rein politischen Leben. Sie haben teilgenommen an alledem, was sich abspielt bei Wahlkämpfen, was sich abspielt, wenn man gewählt wird und dann in irgendeiner Volksvertretung diejenigen zu vertreten hat, von denen man gewählt ist. Sie haben durchgemacht, in welche Beziehungen man dann zu Amtsstellen, die politische Stellen sind, tritt und so weiter. Sie haben gewissermaßen die ganze Schablone der politischen Verwaltung kennengelernt, und sie wollen diese Schablone der politischen Verwaltung stülpen über den ganzen Kreislauf des Wirtschaftslebens. Das heißt, das Wirtschaftsleben soll nach solchen Programmen durch und durch verpolitisiert werden, denn man hat nur kennengelernt das Politische der Verwaltung.

Was uns heute bitter not tut, ist: einzusehen, daß diese ganze Schablone, wenn man sie auf das Wirtschaftsleben draufstülpt, etwas dem Wirtschaftsleben total Fremdes ist. Aber die allermeisten Leute, die heute von irgendwelchen Reformen des Wirtschaftslebens oder gar von Revolution des Wirtschaftslebens reden, sind im Grunde genommen bloße Politiker, die von dem Aberglauben ausgehen, dasjenige, was sie auf politischem Felde gelernt haben, lasse sich in der Verwaltung des Wirtschaftslebens anwenden. Eine Gesundung aber unseres Wirtschaftskreislaufes wird nur eintreten, wenn dieses Wirtschaftsleben aus seinen eigenen Bedingungen heraus betrachtet und gestaltet wird.

Was fordern denn solche politisierenden Wirtschaftsreformer? Sie fordern nichts Geringeres, als daß durch diese Hierarchie der Zentralstelle in der Zukunft bestimmt werde: Erstens, was produziert werden solle und wie produziert werden solle. Zweitens fordert sie, daß die ganze Art des Produktionsprozesses von den Verwaltungsstellen aus bestimmt werden solle. Drittens fordert sie, daß diejenigen Menschen, die am Produktionsprozeß teilnehmen sollen, durch diese Zentralstellen ausgewählt und bestimmt und an ihre Plätze gesetzt werden. Viertens fordert sie, daß diese Zentralstellen die Verteilung der Rohmaterialien an die einzelnen Betriebe bewirken. Also die gesamte Produktion soll unterstellt werden einer Hierarchie von politischer Verwaltung. Das ist es doch, auf das die meisten wirtschaftsreformerischen Ideen der Gegenwart hinauslaufen. Nur sieht man nicht ein, daß man mit einer solchen Reform ganz auf dem Boden stehen bleiben würde, den man heute auch schon hat, und seine Schäden nicht beseitigen, sondern im Gegenteil ins Maßlose vergrößern würde. Man sieht ein, wie es nicht geht mit Verstaatlichung, Kommunalisierung, mit den Konsumgenossenschaften, mit Arbeiter-Produktionsgenossenschaften; man sieht aber nicht ein, wie man nur übertragen würde, was man so schwer tadelt an dem privatkapitalistischen System, auf die Gemeinverwaltung der Produktionsmittel.

Das ist es, was heute vor allen Dingen wirklich eingesehen werden muß: daß durch eine solche Maßnahme, durch solche Einrichtungen wirklich überall da, wo sie getroffen werden, das eintreten müßte, was heute schon sehr deutlich sich zeigt im Osten von Europa. In diesem Osten von Europa waren einzelne Leute imstande, solche wirtschaftsreformerische Ideen auszuführen, sie in Wirklichkeit umzusetzen. Die Menschen, die von Tatsachen lernen wollen, die könnten sehen an dem Schicksal, dem der Osten Europas entgegengeht, wie diese Maßnahmen sich selbst ad absurdum führen. Und wenn die Menschen nicht bei ihren Dogmen beharren würden, sondern von den Tatsachen wirklich lernen wollten, dann würde man heute nicht sagen, aus diesen oder jenen untergeordneten Gründen sei die Sozialisierung, die wirtschaftliche Sozialisierung in Ungarn mißglückt, sondern man würde studieren, warum sie mißglücken mußte, und man würde einsehen, daß jede solche Sozialisierung nur zerstören, nichts Fruchtbares für die Zukunft schaffen kann.

Aber es wird weiten Kreisen heute noch schwer, in dieser Weise von den Tatsachen zu lernen. Das zeigt sich ja am besten an Dingen, die eigentlich von sozialistischen Denkern oftmals nur wie in Parenthese angeführt werden. Sie sagen: Ja, es ist richtig, das ganze moderne Wirtschaftsleben ist umgestaltet worden durch die moderne Technik. Wollten sie aber diesen Gedankengang fortsetzen, dann müßten sie den Zusammenhang erkennen zwischen moderner Technik und Sachkenntnis und Fachtüchtigkeit. Sie müßten sehen, wie überall in das Wirtschaften selber diese moderne Technik hineingreift. Aber das wollen sie nicht sehen. Und so sagen sie in Parenthese: sie wollen sich nichts zu schaffen machen mit der technischen Art der Produktionsprozesse. Die möge auf sich selbst beruhen. Sie wollen sich nur zu schaffen machen mit der Art und Weise, wie die Menschen, die an den Produktionsprozessen beteiligt sind, gesellschaftlich im Leben drinnenstehen, wie sich das gesellschaftliche Leben für die am Produktionsprozesse beteiligten Menschen gestalte.

Aber es ist doch handgreiflich – wenn man es nur sehen will, wenn man es nur greifen will –, wie Technik selbst hineingreift in das unmittelbare wirtschaftliche Leben. Nur ein Beispiel, das geradezu ein klassisches Beispiel ist, sei angeführt. Die moderne Technik hat es dahin gebracht – wenn ich mich summarisch ausdrücke –, durch zahlreiche Maschinen Produkte hervorzubringen, die dann dem Konsum dienen. Und diese Maschinen hängen einzig und allein davon ab, daß vierhundert bis fünfhundert Millionen Tonnen Kohlen gefördert worden sind in der Zeit, bevor diese Kriegskatastrophe hereingebrochen ist, für die wirtschaftliche Tätigkeit. Rechnet man um, was durch die Maschine, die auf menschlichen Gedanken beruht, die nur durch menschliche Gedanken verwendet werden kann, an wirtschaftlichen Energien, an wirtschaftlichen Kräften aufgebracht wird, so ergibt sich folgendes interessante Resultat: Rechnet man achtstündige Arbeitstage, so ergibt sich, daß durch die Maschinen, das heißt durch die in den Maschinen verkörperten menschlichen Gedanken, durch die Erfindungsgabe der Geister, so viel Arbeitsenergien, so viel Arbeitskraft aufgebracht wird, wie aufgebracht werden könnte durch siebenhundert bis achthundert Millionen Menschen.

Wenn Sie daher sich vorstellen, daß die Erde zu ihrer Bevölkerung ungefähr tausendfünfhundert Millionen Menschen hat, die ihre Arbeitskräfte anwenden, so hat sie durch die Erfindungsgabe der Menschen in der neueren Kulturentwickelung durch die technische Entwickelung siebenhundert bis achthundert Millionen mehr dazu bekommen. Also zweitausend Millionen Menschen arbeiten; das heißt, wirklich arbeiten diese siebenhundert bis achthundert Millionen Menschen nicht, aber es arbeiten für sie die Maschinen. Was arbeitet denn in den Maschinen? Da arbeitet der menschliche Geist.

Das ist außerordentlich bedeutsam, daß man solche Tatsachen, die sich leicht vermehren lassen, wirklich durchschaut. Denn aus solchen Tatsachen heraus wird man erkennen, daß die Technik nicht so in Parenthese beiseite gelassen werden kann, sondern daß die Technik als solche immerwährend im Wirtschaftsprozesse aktiv mitarbeitet, daß sie drinnensteckt. Das moderne Wirtschaftsleben ist ohne die Grundlage der modernen Technik, ohne Sach- und Fachkenntnis überhaupt nicht denkbar.

Nicht mit der Wirklichkeit rechnet man, sondern mit vorgefaßten, aus den menschlichen Leidenschaften hervorgehenden Ideen, wenn man solche Dinge übersieht. Die Idee von der Dreigliederung des sozialen Organismus meint es gewiß ehrlich mit der sozialen Frage. Deshalb aber kann sie nicht auf dem Boden stehen, auf dem diejenigen stehen, die so aus Schlagworten, aus Parteiprogrammen heraus reden. Sie muß aus dem Sachlichen heraus reden. Sie muß daher, indem sie auf dem Boden der Wirklichkeit steht, anerkennen, daß das Wirtschaften, insbesondere in unserem komplizierten Leben, ganz und gar gestellt ist in die Initiative des einzelnen. Stellt man an die Stelle der Initiative des einzelnen die abstrakte Gemeinsamkeit, so bedeutet das das Auslöschen, den Tod des Wirtschaftslebens. Der Osten Europas wird es beweisen können, wenn er noch lange unter derselben Herrschaft bleibt, unter der er eben ist. Die Auslöschung, den Tod des Wirtschaftslebens bedeutet es, wenn man von dem einzelnen abnimmt die Initiative, die von seinem Geiste ausgehen muß und hineinfließen muß in die Bewegung der Produktionsmittel, gerade zum Wohle der menschlichen Gemeinsamkeit.

Wodurch ist nun aber das entstanden, was wir heute als Schäden sehen? Daß der moderne Produktionsprozeß durch seine technischen Vollkommenheiten die Initiative des einzelnen fordert, daher auch die Möglichkeit fordert, daß der einzelne über Kapital verfüge und den Produktionsprozeß aus seiner Initiative ausführen kann, das ist es, was die neuere Menschheitsentwickelung heraufgebracht hat. Und die Schäden, die mitgekommen sind – man erkennt ihren Ursprung aus ganz anderen Untergründen heraus. Will man diesen Ursprung erkennen, dann muß man sich vor allen Dingen statt auf den Boden des Genossenschaftsprinzipes, auch wenn man Großgenossenschaften meint, auf den Boden des Assoziationsprinzipes stellen.

Was heißt das, sich statt auf den Boden des Genossenschaftsprinzips auf den Boden des Assoziationsprinzips stellen? Das heißt das folgende: Wer sich auf den Boden des Genossenschaftsprinzips stellt, der behauptet, die Menschen brauchen sich nur zusammenzutun, aus ihrer Gemeinsamkeit heraus Beschlüsse zu fassen, dann können sie die Produktionsprozesse verwalten. Also man beschließt zuerst die Assoziierung der Menschen, die Zusammenschließung der Menschen, und dann will man produzieren von dem gemeinsamen Zusammenschluß, von der Gemeinschaft der Menschen aus. Die Idee vom dreigegliederten Organismus stellt sich auf den Boden der Wirklichkeit und sagt: Zuerst müssen da sein die Menschen, die produzieren können, die sachkundig und fachtüchtig sind. Von ihnen muß der Produktionsprozeß abhängen. Und diese sachkundigen und fachtüchtigen Menschen, die müssen sich nun zusammenschließen und das Wirtschaftsleben besorgen auf Grundlage jener Produktion, die aus der Initiative des einzelnen fließt. – Das ist das wirkliche Assoziationsprinzip. Da wird zuerst produziert und dann das Produzierte auf Grundlage des Zusammenschlusses der produzierenden Personen zum Konsum gebracht.

Daß man den Unterschied, den radikalen Unterschied zwischen diesen zwei Prinzipien heute nicht einsieht, das ist gewissermaßen das Unheil unserer Zeit. Denn auf diese Einsicht kommt im Grunde alles an. Man hat nicht den Instinkt dafür, einzusehen, daß jede abstrakte Gemeinschaft den Produktionsprozeß, wenn sie ihn verwalten will, untergraben muß. Die Gemeinschaft, die eine Assoziation sein soll, kann nur das aufnehmen, was aus der Initiative des einzelnen heraus produziert wird und kann es sozial zur Verteilung an die Konsumierenden bringen.

Man durchschaut heute das Wichtige nicht, was diesen Dingen zugrunde liegt, aus einem Grunde, den ich gestern schon angeführt habe: daß ungefähr zu der Zeit, in welcher in der neueren Menschheitsgeschichte die Renaissance, die Reformation sich ereigneten, herübergewandert sind aus Mittel- und Südamerika die Edelmetalle, welche aus der bis dahin fast einzig noch maßgebenden Naturalwirtschaft zur Geldwirtschaft geführt haben. Damit hat sich eine bedeutsame wirtschaftliche Revolution in Europa vollzogen. Verhältnisse haben sich herausgebildet, unter deren Einflusse wir heute durchaus noch stehen. Aber diese Verhältnisse haben zu gleicher Zeit, ich möchte sagen, Vorhänge gebildet, durch die man nicht hindurchsehen kann auf die wahren Wirklichkeiten.

Sehen wir uns doch diese Verhältnisse einmal genauer an. Gehen wir aus, obwohl sie heute ja nicht mehr in ihrer Ausdehnung da ist, von der alten Naturalwirtschaft. Man hat es da im Wirtschaftsprozesse nur zu tun mit dem, was der einzelne hervorbringt. Das kann er austauschen gegen das, was der andere hervorbringt. Und man möchte sagen: Innerhalb dieser Naturalwirtschaft, wo nur Produkt gegen Produkt ausgetauscht werden kann, muß eine gewisse Gediegenheit herrschen. Denn will man ein Produkt, das man braucht, eintauschen, so muß man eins haben, das man dafür austauschen kann, und man muß ein solches Produkt haben, das der andere als gleichwertig annimmt. Das heißt, die Menschen sind gezwungen, wenn sie etwas haben wollen, auch etwas zu erzeugen. Sie sind gezwungen, auszutauschen, was einen realen, einen offenbarliegenden realen Wert hat.

An die Stelle dieses Austausches von Gütern, die für das menschliche Leben einen realen Wert haben, ist die Geldwirtschaft getreten. Und das Geld ist etwas geworden, mit dem man wirtschaftet, mit dem man ebenso wirtschaftet, wie man in der Naturalwirtschaft wirtschaftet mit realen Objekten. Dadurch aber, daß das Geld ein wirkliches Wirtschaftsobjekt geworden ist, spiegelt es wirklich etwas Imaginäres den Menschen vor, und indem es so wirkt, tyrannisiert es zu gleicher Zeit die Menschen.

Nehmen wir einen extremen Fall: daß gerade die Kreditwirtschaft, auf die ich gestern am Schlusse hingedeutet habe, hineinfließt in die Geldwirtschaft. Das hat sie ja in der letzten Zeit vielfach getan. Da stellt sich dann zum Beispiel das folgende heraus: Man will irgendeine Anlage machen, als Staat oder als einzelner, eine Telegraphenanlage oder dergleichen. Man kann Kredit beanspruchen, Kredit von einer ganz bedeutenden Höhe. Man wird diese Telegraphenanlage zustande bringen können. Gewisse Verhältnisse werden gewisse Geldmengen in Anspruch nehmen. Aber diese Geldmengen müssen verzinst werden. Für diese Verzinsung muß man aufkommen. Und in zahlreichen Fällen, was stellt sich innerhalb unserer sozialen Struktur heraus – am meisten in der Verstaatlichung, wenn der Staat selber wirtschaftet –, was stellt sich heraus? Daß dasjenige, was man dazumal hergestellt hat und wozu man das betreffende Geld verwendet hat, längst verbraucht ist, daß es nicht mehr da ist, und daß die Leute noch immer das abzahlen müssen, was damals als Kredit gefordert worden ist! Das heißt: Was kreditgemäß geschuldet wird, das ist schon fort, aber an dem Geld wirtschaftet man noch immer herum.

Solche Dinge haben auch weltwirtschaftliche Bedeutung. *Napoleon III.*, der ganz eingefädelt war von den modernen Ideen, bekam die Idee, Paris zu verschönern, und er hat sehr vieles bauen lassen. Die Minister, die seine gefügigen Werkzeuge waren, haben gebaut. Die Einkünfte des Staates – sie kamen darauf – kann man verwenden, um einfach die Zinsen zu bezahlen. Nun ist Paris viel schöner geworden, aber die Leute bezahlen heute noch die Schulden, die damals gemacht worden sind! Das heißt: Nachdem die Dinge längst dasjenige nicht mehr sind, was Reales zugrunde liegt, wirtschaftet man noch immer an dem Gelde herum, das selber ein Wirtschaftsobjekt geworden ist.

Das hat auch seine Lichtseite. In der alten Naturalwirtschaft, da war es nötig, wenn man wirtschaftete, Güter hervorzubringen. Die unterlagen selbstverständlich dem Verderben, die konnten zugrunde gehen, und man war darauf angewiesen, immer weiter zu arbeiten, immer neue Güter zu erarbeiten, wenn solche da sein sollten. Beim Gelde ist das nicht nötig. Man gibt es hin, leiht es jemandem, stellt sich sicher. Das heißt, man wirtschaftet mit dem Gelde ganz frei von denjenigen, die die Güter erzeugen. Das Geld emanzipiert gewissermaßen den Menschen von dem unmittelbaren Wirtschaftsprozeß, gerade indem es selber zum Wirtschaftsprozeß wird. Dies ist außerordentlich bedeutsam. Denn in der alten Naturalwirtschaft war ja der einzelne auf den einzelnen angewiesen, Mensch auf Mensch angewiesen. Die Menschen mußten zusammenwirken, sie mußten sich vertragen. Sie mußten übereinkommen über gewisse Einrichtungen, sonst ging das Wirtschaftsleben nicht weiter. Unter der Geldwirtschaft ist natürlich derjenige, der Kapitalist wird, auch abhängig von denen, die arbeiten, aber denen, die arbeiten, steht er ganz fremd gegenüber. Wie nahe stand auch der Konsument dem Produzenten in der alten Naturalwirtschaft, wo man es mit wirklichen Gütern zu tun hatte! Wie fern steht derjenige, der mit dem Gelde wirtschaftet, denjenigen, die dafür arbeiten, daß dieses Geld seine Zinsen abwerfen kann! Es werden Klüfte aufgerissen zwischen den Menschen. Die Menschen stehen sich nicht mehr nahe unter der Geldwirtschaft. Das muß vor allen Dingen in Erwägung gezogen werden, wenn man einsehen will, wie die arbeitenden Menschenmassen, gleichgültig ob sie geistige, ob sie physische Arbeiter sind, wie diejenigen, die wirklich produzieren, wiederum nahegebracht werden müssen denen, die auch mit Kapitalanlagen das Wirtschaften möglich machen. Das aber kann nur geschehen durch das Assoziationsprinzip, dadurch, daß sich die Menschen wiederum als Menschen zusammenschließen. Das Assoziationsprinzip ist eine Forderung des sozialen Lebens, aber eine solche Forderung, wie ich es charakterisiert habe, nicht eine solche, wie sie vielfach in sozialistischen Programmen fungiert.

Und was ist noch anderes eingetreten gerade unter der immer mehr und mehr überhandnehmenden Geldwirtschaft der neueren Zeit? Dadurch ist auch dasjenige, was man menschliche Arbeit nennt, abhängig geworden vom Gelde. Um die Hineinordnung der menschlichen Arbeit in die soziale Struktur streiten ja Sozialisten und andere. Und man kann für und gegen das, was von beiden Seiten vorgebracht wird, recht gute Gründe anführen. Man versteht es vollkommen, insbesondere wenn man gelernt hat, nicht über das Proletariat zu denken und zu empfinden, sondern mit dem Proletariat zu denken und zu empfinden, man versteht es völlig, wenn der Proletarier sagt, es dürfe in Zukunft nicht mehr seine Arbeitskraft Ware sein, es dürfe nicht das Verhältnis weiter bestehen, daß man auf der einen Seite auf dem Warenmarkte Güter bezahlt, und auf der anderen Seite auf dem Arbeitsmarkte in der Form des Lohnes die menschliche Arbeit bezahlt. Das ist gut zu begreifen. Und es ist gut zu begreifen, daß *Karl Marx* viele Anhänger gefunden hatte, als er ausrechnete, daß derjenige, der arbeitet, einen Mehrwert erzeugt, daß er nicht das volle Erträgnis seiner Arbeitskraft bekommt, sondern einen Mehrwert erzeugt, daß dieser Mehrwert abgeliefert wird an den Unternehmer, und daß dann der Arbeiter unter dem Einflusse einer solchen Theorie um diesen Mehrwert kämpft. Aber es ist auf der anderen Seite ebenso leicht zu beweisen, daß der Arbeitslohn aus dem Kapital bezahlt wird, daß das moderne Wirtschaftsleben ganz geregelt wird durch die Kapitalwirtschaft, daß gewisse Produkte kapitalistisch etwas abwerfen, und daß man nach dem, was sie abwerfen, den Arbeitslohn bezahlt, die Arbeit kauft; das heißt, es wird der Arbeitslohn aus dem Kapital erzeugt. – Man kann das eine ebensogut wie das andere beweisen. Man kann beweisen, daß das Kapital der Parasit der Arbeit ist, man kann beweisen, daß das Kapital der Schöpfer überhaupt des Arbeitslohnes ist, kurz, man kann Parteimeinungen mit der gleichen Geltung vertreten von der einen und von der anderen Seite.

Das sollte man einmal durchgreifend einsehen. Dann würde man einsehen, wie es kommt, daß in der Gegenwart vorzugsweise nur durch Kampf etwas zu erreichen gesucht wird und nicht durch das sachliche Fortschreiten und Klären der Verhältnisse. Die Arbeit ist etwas, was so durchaus verschieden ist von den Waren, daß es ganz und gar ohne wirtschaftliche Schäden unmöglich ist, in der gleichen Weise Geld zu zahlen für die Ware und für die Arbeit. Nur sehen die Menschen nicht ein, wie die Zusammenhänge sind. Sie durchschauen heute noch nicht die wirtschaftliche Struktur gerade auf diesem Gebiete.

Es sind heute zahlreiche Nationalökonomen, die sagen sich: Wenn die Geldmittel, die Umlaufsmittel, also Metallgeld oder Papiergeld, in beliebiger Weise vermehrt werden, so wird das Geld billig, und insbesondere die notwendigsten Lebensgüter werden dann teuer. – Man bemerkt das, und man sieht ein das Unsinnige der einfachen Geldvermehrung. Denn diese einfache Geldvermehrung – so kann man es mit Händen greifen – bewirkt nichts anderes, als daß die Lebensmittel auch teuer werden. Die bekannte Schraube ohne Ende geht immer, bewegt sich immer. Aber man sieht etwas anderes nicht ein: daß in dem Augenblicke, wo man Arbeit ebenso bezahlt, wie man Ware, wie man Erzeugnisse bezahlt, die Arbeit selbstverständlich danach streben muß, durch Kämpfe immer bessere und bessere Bezahlung, immer bessere und bessere Entlohnung zu bekommen. Aber was die Arbeit an Geld als Entlohnung bekommt, das hat dieselbe Funktion für die Preisbildung wie die bloße Vermehrung der Geldumlaufsmittel. Das ist es, was man einsehen müßte.

Sie können, wie es manche Finanzminister getan haben, statt die Produktion zu erhöhen, statt dafür zu sorgen, daß die Produktion fruchtbarer wird, einfach Noten bringen, die Umlaufsmittel vermehren. Dann werden die Menschen mehr Umlaufsmittel haben, aber alle Produkte, insbesondere die notwendigen Lebensprodukte werden auch teurer. Das sehen die Menschen schon ein. Daher sehen sie ein, wie unsinnig es ist, einfach abstrakt die Geldumlaufsmittel zu vermehren. Aber man sieht nicht ein, daß all das Geld, das man nur unter dem Gesichtspunkt ausgibt, Arbeit zu bezahlen, geradeso wirkt auf die Verteuerung der Güter. Denn gesunde Preise können sich nur im selbständigen Wirtschaftsleben selber drinnen bilden. Gesunde Preise können sich nur bilden, wenn sie heranentwickelt werden an der Bewertung der menschlichen Leistung. Deshalb sucht die Idee von der Dreigliederung des sozialen Organismus – und das im genaueren auszuführen wird die Aufgabe sein besonders morgen – die Arbeit vollständig herauszugliedern aus dem Wirtschaftsprozesse.

Die Arbeit als solche ist gar nicht etwas, was in den Wirtschaftsprozeß hineingehört. Denken Sie doch einmal das folgende. Es sieht sonderbar, paradox aus, wenn man es sagt, aber viele Dinge nehmen sich heute paradox aus, die eben durchaus eingesehen werden müssen. Die Menschen sind sehr weit abgekommen von geradem Denken; deshalb finden sie manches ganz absurd, was gerade aus den Grundlagen der Wirklichkeit heraus gesagt werden muß. Nehmen Sie an, heute treibt einer Sport vom Morgen bis zum Abend. Er treibt eine Art Sport. Er wendet genau ebenso die Arbeitskraft auf wie einer, der Holz hackt; ganz genau ebenso wendet er die Arbeitskraft auf. Nur kommt es darauf an, daß einer Arbeitskraft aufwendet für die menschliche Gemeinschaft. Der, der Sport treibt, tut das dadurch nicht für die menschliche Gemeinschaft, höchstens dadurch, daß er sich stark macht; nur wendet er es in der Regel nicht an. Aber für die Gemeinschaft hat das in der Regel gar keine Bedeutung, wenn einer seine Arbeit wegen des Sportes betreibt, wodurch er sich ebenso ermüdet wie durch das Holzhacken. Das Holzhacken, das hat Bedeutung.

Das heißt, Arbeitskraft aufzuwenden, das ist etwas, was gar nicht sozial in Frage kommt; aber dasjenige, was durch das Aufwenden der Arbeitskraft entsteht, das ist es, was im sozialen Leben in Frage kommt. Auf das, was durch die Arbeitskraft entsteht, muß man sehen. Das hat für die Gemeinschaft Wert. Daher kann auch innerhalb des Wirtschaftslebens nur in Frage kommen das Produkt, das durch die Arbeitskraft hervorgebracht wird. Und es kann sich die Wirtschaftsverwaltung nur damit befassen, den gegenseitigen Wert der Produkte zu regeln. Aus dem Wirtschaftskreislauf muß die Arbeit ganz draußen liegen.

Sie muß liegen auf dem Rechtsboden, auf dem Boden, den wir morgen besprechen werden, wo jeder mündig gewordene Mensch als ein Gleicher zu urteilen hat jedem mündig gewordenen Menschen gegenüber. Art und Zeit, Charakter der Arbeit wird bestimmt durch die Rechtsverhältnisse der Menschen untereinander. Arbeit muß herausgehoben werden aus dem Wirtschaftsprozeß. Dann wird für den Wirtschaftsprozeß nur zurückbleiben, was man nennen kann die Regelung der gegenseitigen Bewertung der Waren, die Regelung, wieviel man zu kriegen hat von den Leistungen eines anderen für seine eigene Leistung. Dafür werden aufzukommen haben die Menschen, die sich herausgliedern aus den Assoziationen, die geschlossen werden zwischen Produzierenden und anderen Produzierenden, Produzierenden und Konsumierenden und so weiter. Mit der Preisbildung wird man es zu tun haben.

Die Arbeit wird überhaupt kein Gebiet sein, das man zu regeln hat innerhalb des Wirtschaftslebens; die wird hinausgewiesen aus dem Wirtschaftsleben. Wenn die Arbeit im Wirtschaftsleben drinnensteht, so hat man die Arbeit aus dem Kapital heraus zu bezahlen. Dadurch wird gerade das bewirkt, was im neueren Wirtschaftsleben das Streben genannt werden kann nach bloßem Profit, nach bloßem Gewinn. Denn dadurch steht derjenige, der wirtschaftliche Produkte liefern will, ganz drinnen in einem Prozeß, der zuletzt seinen Abschluß findet im Markte.

Und hier müßte eigentlich von dem, der wirklich einsichtig werden will, eine Idee, ein Begriff zurechtgestellt werden, der heute sehr, sehr irrtümlich gestaltet ist. Man sagt: Der kapitalistisch Produzierende bringt seine Produkte auf den Markt; er will profitieren. Und nachdem lange Zeit mit einem gewissen Rechte die sozialistisch Denkenden gesagt haben: Die ganze Sittenlehre hat gar nichts zu tun mit diesem Produzieren, allein das wirtschaftliche Denken –, will man heute gar sehr von ethischen, von sittlichen Gesichtspunkten aus den Profit, den Gewinn mit der Sittenlehre vermischen. Hier soll nicht gesprochen werden vom einseitig sittlichen, nicht vom einseitig wirtschaftlichen, sondern vom gesamtgesellschaftlichen Standpunkte aus. Und da muß man sagen: Was sich im Gewinn, im Profit zeigt, was ist es denn? Etwas, wovon man eigentlich im wirklichen volkswirtschaftlichen Zusammenhange nur so sprechen kann, wie man davon sprechen kann, wenn die Thermometersäule, die Quecksilbersäule im Zimmer steigt, daß es wärmer geworden ist. Wenn jemand sagt: Diese Quecksilbersäule zeigt mir, daß es wärmer geworden ist –, dann wird er wissen, daß nicht diese Quecksilbersäule das Zimmer wärmer gemacht hat, daß diese Quecksilbersäule nur anzeigt, daß es im Zimmer durch andere Faktoren wärmer geworden ist. Der Gewinn auf dem Markte, der sich ergibt unter unseren heutigen Produktionsverhältnissen, ist auch zunächst nichts anderes als der Anzeiger dafür, daß man die Produkte produzieren darf, die einen Gewinn abwerfen. Denn ich möchte wissen, woher in aller Welt man heute irgendeinen Anhaltspunkt dafür gewinnen sollte, daß ein Produkt zu produzieren sei, wenn es sich nicht herausstellt, daß es, wenn man es produziert und zu Markte bringt, einen Gewinn abwirft! Dies ist das einzige Kennzeichen dafür, daß man die wirtschaftliche Struktur so gestalten darf, daß dieses Produkt hervorkommt. Daß ein Produkt nicht produziert werden darf, zeigt sich nur dadurch, daß man, wenn man es zu Markte bringt, merkt: Es ist kein Absatz da. Die Menschen verlangen es nicht. Man erzielt keinen Gewinn. – Das ist der wirkliche Sachverhalt, nicht all das Gefabel und Gefasel, welches von Angebot und Nachfrage gesprochen worden ist in vielen Nationalökonomien. Das Urphänomen, die Urerscheinung auf diesem Gebiete ist, daß heute einzig und allein das Gewinnabwerfen den Menschen in den Stand setzt, sich zu sagen: Du kannst ein gewisses Produkt produzieren, denn es wird einen gewissen Wert haben innerhalb der menschlichen Gemeinschaft.

Die Umgestaltung des Marktes, der heute diese Bedeutung hat, wird sich ergeben, wenn ein wirkliches Assoziationsprinzip in unserem sozialen Leben drinnen sein wird. Dann wird nicht die unpersönliche, vom Menschen abgesonderte Nachfrage und das Angebot auf dem Markte entscheiden, ob ein Produkt produziert werden soll oder nicht, dann werden aus diesen Assoziationen durch das soziale Wollen der darin beschäftigten Menschen andere Persönlichkeiten hervorgehen, welche sich damit beschäftigen werden, das Verhältnis zu untersuchen zwischen dem Wert eines erzeugten Gutes und seinem Preise.

Der Wert eines erzeugten Gutes kommt heute in einer gewissen Beziehung gar nicht in Frage. Er bildet allerdings den Antrieb zur Nachfrage. Aber diese Nachfrage ist ja deshalb in unserem heutigen sozialen Leben eine recht problematische, weil ihr immer die Frage gegenübersteht, ob auch zur Nachfrage die entsprechenden Mittel, die entsprechenden Besitzverhältnisse vorhanden sind. Man kann gut Bedürfnisse haben: wenn man nicht die nötigen Mittel besitzt, sie zu befriedigen, so wird man sie gar nicht nachfragen können. Aber es handelt sich darum, daß ein Verbindungsglied geschaffen werden muß zwischen den menschlichen Bedürfnissen, die den Gütern, den Erzeugnissen ihren Wert geben, und den Preisen. Denn was man bedarf, hat je nach diesem Bedürfnis seinen menschlichen Wert. Es werden sich Einrichtungen herausgliedern müssen aus der sozialen Ordnung, die die Brücke schaffen von diesem Wert, der den Erzeugnissen aufgedrückt wird durch die menschlichen Bedürfnisse, und den Preisen, die sie haben müssen.

Heute wird der Preis bestimmt durch den Markt, danach, ob Leute da sind, die diese Güter kaufen können, die das nötige Geld haben. Eine wirkliche soziale Ordnung muß dahin orientiert sein, daß die Menschen, die aus ihren berechtigten Bedürfnissen heraus Güter haben müssen, sie auch bekommen können, das heißt, daß der Preis dem Werte der Güter wirklich angeähnelt wird, daß er ihm entspricht. An die Stelle des heutigen chaotischen Marktes muß eine Einrichtung treten, durch welche nicht etwa die Bedürfnisse der Menschen, der Konsum der Menschen tyrannisiert wird, wie durch Arbeiter-Produktivgenossenschaften oder durch die sozialistische Großgenossenschaft, sondern durch welche der Konsum der Menschen erforscht und danach bestimmt wird, wie diesem Konsum entsprochen werden soll.

Dazu ist notwendig, daß unter dem Einfluß des Assoziationsprinzipes wirklich die Möglichkeit herbeigeführt werde, Ware so zu erzeugen, daß sie den beobachteten Bedürfnissen entspreche, das heißt, Einrichtungen müssen da sein mit Personen, die die Bedürfnisse studieren. Die Statistik kann nur einen Augenblick aufnehmen; sie ist niemals für die Zukunft maßgebend. Die Bedürfnisse, die jeweils vorhanden sind, müssen studiert werden, danach müssen die Einrichtungen für das Produzieren getroffen werden. Wenn ein Artikel irgendwie die Tendenz entwickelt, zu teuer zu werden, dann ist das ein Zeichen dafür, daß zu wenige Menschen für diesen Artikel arbeiten. Es müssen Verhandlungen gepflogen werden, durch die aus anderen Produktionszweigen zu diesem Produktionszweig arbeitende Menschen übergeführt werden, so daß mehr von diesem Artikel erzeugt wird. Hat ein Artikel die Tendenz, zu billig zu werden, verdient sein Erzeuger zu wenig, dann müssen Verhandlungen eingeleitet werden, durch die weniger Menschen gerade an diesem Artikel arbeiten. Das heißt: Von der Art und Weise, wie die Menschen an ihre Plätze gestellt werden, muß in der Zukunft abhängig werden, wie die Bedürfnisse befriedigt werden. Der Preis des Produkts bedingt sich durch die Zahl der Menschen, die daran arbeiten. Aber er wird durch solche Einrichtungen dem Werte ähnlich sein, gleich sein im wesentlichen dem Werte, den das menschliche Bedürfnis dem betreffenden erzeugten Gut beizulegen hat.

Da sehen wir, wie an der Stelle des Zufallsmarktes die Vernunft der Menschen wirken wird, wie der Preis zum Ausdruck bringen wird, was die Menschen verhandelt haben, in welche Verträge die Menschen eingegangen sind durch die Einrichtungen, welche bestehen. So sehen wir die Umwandelung des Marktes gegeben dadurch, daß Vernunft tritt an die Stelle des Marktzufalles, der heute herrscht.

Wir sehen überhaupt: Sobald wir das Wirtschaftsleben abgliedern von den beiden anderen Gebieten, die wir in den nächsten Tagen besprechen werden – auch die Beziehung zum Wirtschaftsleben werden wir besprechen und manches, was heute unklar bleiben muß, wird dann klar werden –, sobald wir das Wirtschaftsleben abgliedern von den beiden anderen, dem Rechts- oder Staatsgebiet und dem Geistesleben, so wird das Wirtschaftsleben auf eine gesunde, vernünftige Basis gestellt. Denn es wird dann darin nur gesehen auf die Art und Weise, wie man wirtschaftet. Man braucht dadurch nicht mehr die Preise der Waren beeinträchtigen zu lassen, daß die Warenpreise nun auch feststellen sollen, wie lang gearbeitet werden soll, oder wieviel gearbeitet werden soll, oder wieviel Lohn bezahlt werden soll und dergleichen, sondern man hat es im Wirtschaftsleben nur zu tun mit dem vergleichsweisen Wert der Waren. Damit steht man im Wirtschaftsleben auch auf einem gesunden Boden.

Dieser gesunde Boden muß für das gesamte Wirtschaftsleben erhalten werden. Daher wird in einem solchen Wirtschaftsleben wiederum dasjenige, was heute durch die bloße Geldwirtschaft, wo das Geld selbst Wirtschaftsobjekt ist, nur Scheingebilde sein kann, zurückgeführt auf seine natürliche gediegene Grundlage. Man wird es in der Zukunft nicht mehr zu tun haben können mit dem Wirtschaften durch das Geld und für das Geld, denn die Einrichtungen werden es zu tun haben mit dem gegenseitigen Werte der Waren. Das heißt, man wird wiederum auf das Gediegene der Güter zurückgehen, und damit auch zurückgehen auf die Leistungsfähigkeit, auf die Tüchtigkeit der Menschen. Und nicht mehr wird man die Kreditverhältnisse abhängig machen können davon, ob Geld vorhanden ist oder nicht, oder ob Geld so und so riskiert wird, sondern die Kreditverhältnisse werden abhängig davon sein, ob Menschen vorhanden sind, die tüchtig dazu sind, das eine oder das andere wirklich in Szene zu setzen, das eine oder das andere hervorzubringen. Kredit wird haben die menschliche Tüchtigkeit.

Und indem die menschliche Tüchtigkeit die Grenze abgibt, wie weit man Kredit gewährt, wird dieser Kredit nicht gewährt werden können über diese menschliche Tüchtigkeit hinaus. Wenn Sie bloß Geld hingeben und Geld wirtschaften lassen, dann kann dasjenige, was dadurch geschaffen wird, längst verbraucht sein – an dem Gelde muß man noch immer herumwirtschaften. Wenn Sie Geld nur hingeben für menschliche Tüchtigkeit, dann hört selbstverständlich mit dieser menschlichen Tüchtigkeit auch auf, was man mit dem Gelde wirtschaften kann. Davon wollen wir dann in den nächsten Tagen sprechen.

Nur dann, wenn dem Wirtschaftsleben die beiden anderen Gebiete zur Seite stehen, das Rechtsgebiet, das selbständig ist, und das selbständige Geistesgebiet, kann das Wirtschaftsleben sich in gesunder Weise auf seine eigenen Füße stellen. Dann aber muß auch alles innerhalb des Wirtschaftslebens aus wirtschaftlichen Voraussetzungen selbst folgen.

Aus den wirtschaftlichen Voraussetzungen werden die materiellen

Güter produziert. Man braucht nur an etwas, was im sozialen Leben wie, ich möchte sagen, ein Abfall vom Wirtschaftsleben dasteht, zu denken, und man wird sehen, wie ein wirkliches wirtschaftliches Denken manches von dem hinwegschaffen muß, was heute noch wie eine Selbstverständlichkeit in der sozialen Ordnung gilt, ja wofür man als für einen Fortschritt kämpft.

Es denkt heute noch keiner von denen, die da glauben, von dem wirklichen Leben etwas zu verstehen, daran, daß es nicht einen großen Fortschritt bedeute, wenn man von allen möglichen indirekten Steuern oder sonstigen Einnahmen des Staates übergehe zu der sogenannten Einkommenssteuer, insbesondere zu der steigenden Einkommenssteuer. Es denkt heute jeder, es sei selbstverständlich das Gerechte, das Einkommen zu besteuern. Und doch, so paradox es für den heutigen Menschen klingt, dieser Gedanke, daß man die gerechte Besteuerung durch die Besteuerung des Einkommens erreichen könne, rührt nur von der Täuschung her, die die Geldwirtschaft gebracht hat.

Geld nimmt man ein. Mit Geld wirtschaftet man. Durch das Geld befreit man sich von der Gediegenheit des produktiven Prozesses selbst. Man abstrahiert gewissermaßen das Geld im Wirtschaftsprozesse, wie man im Gedankenprozeß die Gedanken abstrahiert. Aber geradesowenig wie man aus abstrakten Gedanken irgendwelche wirklichen Vorstellungen und Empfindungen hervorzaubern kann, so kann man aus dem Gelde etwas Wirkliches hervorzaubern, wenn man übersieht, daß das Geld bloß ein Zeichen ist für Güter, die produziert werden, daß das Geld gewissermaßen bloß eine Art Buchhaltung ist, eine fließende Buchhaltung, daß jedes Geldzeichen stehen muß für irgendein Gut.

Auch darüber soll noch im genaueren in den folgenden Tagen gesprochen werden. Heute aber muß gesagt werden, daß eine Zeit, die nur sieht, wie das Geld zum selbständigen Wirtschaftsobjekt wird, daß eine solche Zeit in den Geldeinnahmen dasjenige sehen muß, was man vor allen Dingen besteuern soll. Aber damit macht man sich ja als der Besteuernde mitschuldig an der abstrakten Geldwirtschaft! Man besteuert, was eigentlich kein wirkliches Gut ist, sondern nur Zeichen für ein Gut. Man arbeitet mit etwas Wirtschaftlich-Abstraktem. Geld wird erst zu einem Wirklichen, wenn es ausgegeben wird. Da tritt es über in den

Wirtschaftsprozeß, gleichgültig ob ich es für mein Vergnügen oder für meine leiblichen und geistigen Bedürfnisse ausgebe, oder ob ich es in einer Bank anlege, so daß es da für den wirtschaftlichen Prozeß verwendet wird. Wenn ich es in einer Bank anlege, so ist es eine Art von Ausgabe, die ich mache – das ist natürlich festzuhalten. Aber Geld wird in dem Augenblicke zu etwas Realem im Wirtschaftsprozesse, wo es sich von meinem Besitze ablöst, in den Wirtschaftsprozeß übergeht. Die Menschen brauchten ja auch nur eines zu bedenken: Es nützt dem Menschen gar nichts, wenn er viel einnimmt. Wenn er die große Einnahme in den Strohsack legt, so mag er sie haben; das nützt ihm gar nichts im Wirtschaftsprozeß. Den Menschen nützt nur die Möglichkeit, viel ausgeben zu können.

Und für das öffentliche Leben, für das wirkliche produktive Leben ist das Zeichen für viele Einnahmen eben, daß man viel ausgeben kann. Daher muß man, wenn man im Steuersystem nicht etwas schaffen will, was parasitär am Wirtschaftsprozesse ist, sondern wenn man etwas schaffen will, was eine wirkliche Hingabe des Wirtschaftsprozesses an die Allgemeinheit ist, das Kapital in dem Augenblicke versteuern, in dem es in den Wirtschaftsprozeß übergeführt wird. Und das Sonderbare stellt sich heraus, daß die Einnahmesteuer verwandelt werden muß in eine Ausgabensteuer – die ich bitte, nicht zu verwechseln mit indirekter Steuer. Indirekte Steuern treten in der Gegenwart oftmals als Wünsche gewisser Regierender nur aus dem Grunde hervor, weil man an den direkten Steuern, an den Einnahmesteuern gewöhnlich nicht genug hat. Nicht um indirekte Steuern und nicht um direkte Steuern handelt es sich, indem hier von Ausgabensteuer gesprochen wird, sondern darum handelt es sich, daß dasjenige, was ich erworben habe, in dem Momente, wo es übergeht in den Wirtschaftsprozeß, wo es produktiv wird, auch besteuert wird.

Gerade an dem Steuerbeispiel sieht man, wie ein Umlernen und Umdenken notwendig ist. Der Glaube, daß es auf eine Einnahmesteuer vorzugsweise ankomme, ist eine Begleiterscheinung jenes Geldsystems, das in der modernen Zivilisation seit der Renaissance und Reformation heraufgekommen ist. Wenn man das Wirtschaftsleben auf seine eigene Basis stellt, dann wird es sich nur darum handeln können, daß das, was wirklich wirtschaftet, was darinnensteckt im Produktionsprozeß, die Mittel zur Arbeit desjenigen hergibt, was der Gemeinschaft notwendig ist. Dann wird es sich handeln um eine Ausgabensteuer, niemals um eine Einkommenssteuer.

Sehen Sie, man muß, wie ich schon gestern sagte, umlernen und umdenken. Ich konnte Ihnen bisher in diesen beiden Vorträgen nur skizzenhaft einiges andeuten. In den vier folgenden soll vieles davon ausgeführt werden. Wer heute solche Dinge ausspricht, der weiß ganz gut, daß er Anstoß erregen muß nach links und nach rechts, daß ihm zunächst kaum irgend jemand Recht geben wird, denn alle diese Angelegenheiten sind untergetaucht in die Sphäre der Parteimeinung. Aber nicht früher ist ein Heil zu erhoffen, bevor diese Angelegenheiten nicht wieder aufsteigen aus dem Gebiete, wo die Leidenschaften der Parteien wüten, in das Gebiet des sachlichen, des wirklich dem Leben entnommenen Denkens.

Und das möchte man so gern: daß die Menschen, indem sie der Dreigliederung des sozialen Organismus entgegentreten, nicht urteilen nach Parteischablonen, nach Parteiprinzipien, sondern daß sie zu Hilfe nehmen zu ihren Urteilen den Wirklichkeitsinstinkt. Parteimeinungen und Parteiprinzipien haben die Menschen vielfach abgebracht von diesem Wirklichkeitsinstinkt. Daher erlebt man es immer wieder und wiederum, daß gerade diejenigen, die heute mehr oder weniger auf den bloßen Konsum angewiesen sind, im Grunde genommen recht leicht aus ihren Instinkten heraus verstehen, was eine solche Wirklichkeitsidee wie die von der Dreigliederung des sozialen Organismus eigentlich will. Dann aber kommen die Führer, insbesondere der sozialistischen Massen. Und da darf es heute nicht verhehlt werden, daß diese Führer der sozialistischen Massen durchaus nicht geneigt sind, auf das Gebiet der Wirklichkeit einzugehen.

Und eines ist heute leider zu bemerken, und das gehört auch, insbesondere auf dem Wirtschaftsgebiete, zu den drängenden Dingen der sozialen Frage: Wir haben es erlebt, indem wir gearbeitet haben für die Dreigliederung, wie zu den Massen gesprochen worden ist, und wie die Massen aus ihrem Wirklichkeitsinstinkt heraus gut verstanden haben, was gesprochen worden ist. Dann sind die Führer gekommen und haben erklärt: Das ist utopistisch! – In Wahrheit stimmte es nur nicht mit dem, was sie seit Jahrzehnten gewohnt sind, in ihren Köpfen zu tragen und herumzuwirbeln, und dann sagen sie ihren getreuen Anhängern, das sei utopistisch, das sei keine Wirklichkeit. Und leider hat sich in der Gegenwart zu stark ein blinder Glaube herausgebildet, eine blinde Anhängerschaft, ein furchtbares Autoritätsgefühl auf diesem Gebiete. Und man muß sagen: Was einmal aufgebracht worden ist an Autoritätsgefühl, sagen wir, gegenüber den Bischöfen und Erzbischöfen der katholischen Kirche, das ist ein Kleines gegenüber dem starken Autoritätsgefühl der modernen Arbeitermassen gegenüber ihren Führern. Daher haben es diese Führer verhältnismäßig leicht, mit dem, was sie wollen, durchzudringen.

Was aber gefordert wird, ist, darauf hinzuweisen vor allen Dingen, was ehrlich ist auf diesem Gebiete, nicht was für die Parteischablone spricht. Wenn es mir gelingen sollte, gerade in diesen Vorträgen zu zeigen, daß dasjenige, was durch die Dreigliederung angestrebt wird, wirklich ehrlich gemeint ist für das Gesamtwohl der ganzen Menschheit, ohne Unterschied von Klasse, Stand und so weiter, dann wird im wesentlichen erreicht sein, was durch solche Vorträge nur angestrebt werden kann.

Fragenbeantwortung nach dem zweiten Vortrag

Ein Maschinentechniker bringt einen im heutigen System oft anzutreffenden Mißstand zur Sprache: daß mehrere Fabriken Kapital in gleichartigen Maschinen investieren, die überall nur teilweise ausgenutzt werden. Er fragt, ob nicht in einer assoziativ geführten Wirtschaft diese Kapitalverschwendung beseitigt werden könnte.

Dr. Steiner: Ich darf vielleicht gleich darauf sagen: Was der Herr eben gesagt hat, bestätigt durchaus das Assoziationsprinzip. Wenn gearbeitet wird in vollständig rein individueller Weise, ohne daß sich die Produzenten assoziieren, also zusammenarbeiten, so wird natürlich eintreten, was Sie vorausgesetzt haben: daß eine Maschine nur teilweise ausgenützt wird. Die vollständige Ausnützung aber, die kann nur bewirkt werden dadurch, daß sich wirklich die Betreffenden assoziieren. Also es liegt durchaus in der Linie desjenigen, was mit dem Assoziationsprinzip gemeint ist, was Sie sagen.

Es wird gefragt, wie es im Osten Europas unter den damaligen Umständen anders hätte angefaßt werden können, und ob nicht gegenüber dem Zarismus die Verhältnisse verheißungsvoller geworden seien.

Dr. Steiner: Nicht wahr, es gibt heute in wirklich gar nicht so engen Kreisen – das muß gesagt werden, ohne daß man weder mit Furcht noch mit Hoffnung bei den Meinungen dieser Kreise steht – die Meinung, was im Osten geschieht, sei etwas Furchtbares. Es gibt auch wiederum Kreise, welche darinnen etwas Zukunftsverheißendes sehen. Gewöhnlich wird von denjenigen, die mit mehr oder weniger Recht die Verhältnisse im Osten verurteilen, dann das eine oder das andere Furchtbare, was geschieht, vorgebracht; es werden die Zustände geschildert, und von manchem, was da geschildert wird, kann es ja schon den Menschen recht gruselig werden; das ist klar. Diejenigen, die dann solche Dinge zurechtrücken wollen, die mehr Anhänger dessen sind, was da gemacht wird, ja, die wollen dann die furchtbaren Verhältnisse etwas beschönigen oder hinwegleugnen und dergleichen.

Ja, aber sehen Sie, damit kommt man wirklich nicht weiter. Aus einzelnen Symptomen lassen sich diese Dinge tatsächlich nicht beurteilen. Es mögen noch so viele Journalisten nach dem Osten reisen und die Dinge, die sie da bemerken, beschreiben, aus solchen Beschreibungen wird niemand ein Urteil sich bilden dürfen, aus dem einfachen Grunde, weil ja heute auch noch kein Mensch beurteilen kann, was zum Beispiel von den Schrecknissen des europäischen Ostens, die ja wahrhaftig nicht kleine sind, zu schreiben ist auf das Konto der gegenwärtigen Herrscher und was zu schreiben ist auf das Konto der Nachwirkungen des furchtbaren Krieges. Diese Dinge gehen durcheinander: die Nachwirkungen des Krieges und dasjenige, was aus den gegenwärtigen Verhältnissen sich herausentwickelt. Was man so unmittelbar sieht und was so unmittelbar geschieht, das mag Gegenstand sein recht netter feuilletonistischer Unterhaltungen, aber zur Beurteilung der Lage gibt es keinen Anhalt. Da muß man schon fähig sein, einzugehen auf die Intentionen, aus denen heraus das geschieht, was eben im Osten zur Einleitung einer sozialen Menschenzukunft getan wird.

Nun frägt der Herr, ob ich glaube, daß etwas anderes hätte getan werden können, oder ob die gegenwärtigen Verhältnisse nicht doch verheißungsvoller seien als die vorhergehenden.

Nun weiß ich sehr gut, wie wenig verheißungsvoll die vorhergehenden zaristischen Verhältnisse waren. Daß sie sehr vielen Leuten gefallen, das rührt ja nur davon her, daß sich diese Leute nicht wirklich einen Untergrund für ein wahres Urteil zustande gebracht haben und gar nicht den Willen dazu hatten, ihn zustande zu bringen. Wer alles, was der Zarismus verbrochen hat, namentlich was er in der allerneuesten Zeit verbrochen hat, wirklich ins Auge faßt, der kann unter Umständen schon zu der Frage kommen: Was ist besser, das Damalige oder das Heutige? – Aber darum kann es sich auch wiederum nicht handeln, sondern es kann sich nur darum handeln: Ist dasjenige, was da heute eingetreten ist, im Prinzip, im Wesen etwas, was die alten Zustände wirklich verbessert hat? – Da muß man in der Lage sein, einzugehen auf die Intentionen, und man muß sich auf einem solchen Gebiete ein unbefangenes Urteil wahren.

Solch ein unbefangenes Urteil können Sie zum Beispiel gewinnen, wenn Sie eingehen auf Intentionen wie die des *Lenin.* Lesen Sie so etwas wie «Staat und Revolution» von Lenin. Da finden Sie aus Vorkriegszeiten heraus – das Buch ist ja schon vorher geschrieben gewesen – die Intentionen Lenins. Man darf sagen: Lenin hat in einem gewissen Sinne sogar Recht, wenn er abkanzelt alle die halben oder Viertels- oder Dreiviertelsmarxisten und sich schließlich für den einzig wirklichen, wirklich konsequenten Marxisten hält: Es müßten die Menschen in der Zukunft in der sozialen Ordnung so gestellt sein, daß jeder darinnen leben kann «nach seinen Fähigkeiten und seinen Bedürfnissen». Das müßte erst ein weiterer Zustand werden, der sich aus dem ungerechten, unmöglichen Zustand ergeben könnte. Nun findet sich bei Lenin eine höchst interessante Auseinandersetzung, die darauf hinausläuft, daß er sagt: Aber das kann man mit den heutigen Menschen nicht machen, daß sie nach ihren Fähigkeiten und Bedürfnissen in der sozialen Ordnung leben, sondern das kann man erst machen, wenn andere Menschen da sein werden, eine ganz andere Menschenrasse. Diese ganz andere Menschenrasse muß erst geschaffen werden.

Ja, sehen Sie, da haben Sie das Hineinsegeln in die alleräußerste Unwirklichkeit und das Rechnen mit etwas, das ja gar nicht zu erhoffen ist. Denn durch die Zustände, die von Lenin herbeigeführt werden, wird ganz gewiß diese neue Menschensorte nicht gezüchtet, die dann die gerechten sozialen Zustände herbeiführt. Auf so brüchigem Grunde stehen die Intentionen zu dem, was vorgeht. Und da mag man über die Einzelheiten sich entsetzen oder sie notwendig finden, sie loben oder tadeln – darauf kommt es nicht an. Sondern darauf kommt es an, daß man einsieht: da wird mit unwirklichen Gedanken gerechnet. Und deshalb ist dasjenige, was so verwirklicht wird, nichts anderes als Raubbau an der Vergangenheit.

Mir trat das, wie einem an Symptomen manchmal die wichtigsten Dinge entgegentreten, vor einigen Monaten besonders schön in Basel entgegen, wo ich vor einer Versammlung auch über den Gegenstand, über den ich jetzt zu Ihnen spreche, gesprochen habe. Da stand ein Herr auf, der sagte: Ja, das ist ja alles ganz schön und wäre auch sogar schön, wenn es verwirklicht würde; aber das kann nicht früher verwirklicht werden, als bis Lenin Weltherrscher wird. – Ich mußte dazumal antworten: Wenn irgend etwas sozialisiert werden soll, so handelt es sich doch darum, daß vor allen Dingen die Herrschaftsverhältnisse sozialisiert werden. Aber dieser Sozialist, der ein Anhänger des Lenin war, der will Lenin zum Weltherrscher machen, zum Weltkaiser oder zum Weltpapst wirtschaftlicher Sorte. Da werden die Herrschaftsverhältnisse nicht sozialisiert, auch nicht demokratisiert, sondern da werden sie monarchisiert, tyrannisiert, da wird eine Autokratie geschaffen. Wer so etwas behauptet, versteht noch nicht einmal, wie man anfangen muß damit, vor allem die Herrschaftsverhältnisse zu sozialisieren.

So stellt sich für den, der genauer zusieht, für die Wirklichkeitsstruktur des heutigen Ostens etwas sehr Merkwürdiges heraus: Es glauben diejenigen, die Bekenner der Intentionen des heutigen Ostens sind, daß damit etwas erzielt werde. Nein, was da gewollt wird, das ist in seinem Wesen nicht in Opposition gegen den Zarismus, das ist nur das ganze Wesen des Zarismus für eine andere Klasse weiter ausgebaut, in schlimmerer Weise der Zarismus fortgesetzt als er war, wie überhaupt diejenigen, die auf dem linkesten Flügel der radikalen Parteien stehen, heute schon gar nicht mehr damit zurückhalten, daß sie nicht Fortschrittsmenschen sind, sondern noch viel ärgere Reaktionäre als diejenigen waren, die früher Reaktionen getragen haben. Indem gefordert wird die Diktatur einer Klasse, würde ja aus dieser Klasse nichts anderes herauskommen als die Tyrannis einzelner – ich will nicht einmal sagen: Erwählter –; es würden ganz gewiß nicht die Erwählten sein, sondern diejenigen, die den anderen Sand in die Augen streuen. Es würde die Tyrannis derjenigen aus den einzelnen Klassen herauskommen, die den anderen Sand in die Augen streuen. Es würde nur eine Umkugelung der Menschheit stattfinden. Aber die Verhältnisse, sie würden sich ganz gewiß nicht verbessern, sondern im wesentlichen eher verschlechtern.

Also es handelt sich da darum, daß man wirklich auf das Prinzip sieht, daß man aus der Wirklichkeit heraus denkt, nicht aus vorgefaßten grauen Theorien heraus denkt. Sehen Sie, manchmal haben diejenigen, die gesund aus der Wirklichkeit heraus denken, von einzelnen Erscheinungen her schon ein sehr gesundes Urteil. Ich habe Ihnen heute ausgeführt, daß die Geldherrschaft eigentlich verwirrend wirkt über die wirklichen sozialen Zustände. Das muß man nur durchschauen. Sie wirkt tatsächlich so, daß das Geld Machtverhältnisse, tyrannisierte Verhältnisse bewirkt, daß an die Stelle alter Eroberermächte und dergleichen einfach Geldmacht tritt. In Europa durchschaut man solche Dinge noch wenig. Ein amerikanisches Sprichwort gibt es, das sagt ungefähr: Reich geworden durch bloße Kapitalwirtschaft bedeutet, nach drei Generationen wiederum in Hemdsärmeln herumgehen! – Da wird das Imaginäre der Kapitalwirtschaft ganz deutlich hingestellt, dieses Sich-Auflösen, dieses Imaginäre. Man kann Milliardär werden, und nach drei Generationen gehen die Nachkommen selbstverständlich in Hemdsärmeln herum, weil das Geld der Herrscher wird über den Menschen.

Und nun handelt es sich für diejenigen, die nach den Intentionen des

Lenin arbeiten, durchaus nicht darum, neue Prinzipien zu finden, wirklich zu erforschen aus den Lebensbedingungen der Menschheit heraus, wie die soziale Struktur sein soll, sondern es handelt sich für sie darum, was sie über den Kapitalismus gelernt haben, auf einen Großkapitalisten, den sie rekrutieren aus dem ihnen zur Verfügung stehenden Gebiete, zu übertragen. Was in der kapitalistischen Herrschaft gewirkt hat, das wird dann durch Spionenwirtschaft, durch Protektionswirtschaft und alles mögliche andere weiter wirken. Früher hat man gesagt: Thron und Altar. Da im Osten sagt man: Kontor und Maschine. Aber der Aberglaube ist ein gleich großer. Es handelt sich eben heute darum, nicht mit den alten Begriffen, nur durch eine andere Menschenklasse, neue Zustände herbeiführen zu wollen, sondern es handelt sich heute darum, sich zu scharen um wirklich neue Prinzipien, um eine wirklich neue Einsicht.

Schließlich geht das hervor auch aus der Wirklichkeit der Entwickelung. Nehmen Sie wiederum Amerika. Da haben Sie heute eine Republikanische und eine Demokratische Partei. Wenn man diese Parteien heute studieren und gar nichts wissen würde von der Geschichte, so würde man nicht einsehen, warum sich diese Parteien so nennen; denn die Republikanische Partei ist nicht republikanisch und die Demokratische Partei ist nicht demokratisch, sondern es sind Vertretungen von Cliquen, die jede ihr besonderes Cliqueninteresse vertritt. Die Parteibenennungen sind geblieben als Reste aus früheren Zeiten. Was mit diesen Parteibenennungen gemeint ist, hat längst seine Bedeutung verloren. Die Wirklichkeit ist eine ganz andere. Heute handelt es sich durchaus nicht darum, sich durch irgendwelche Parteischablonen blenden zu lassen, sondern in die Wirklichkeit praktisch hineinzuschauen. Das ist es.

Und wer in die Wirklichkeit des Ostens praktisch hineinschaut, der sagt sich dann das Folgende. Ich darf vielleicht dabei eine kleine Geschichte erzählen. Es ist ja wichtig, daß solche Dinge zur Symptomatologie der Zeit nicht ganz verschwiegen werden. Als ich im Januar 1918 aus der Schweiz wiederum nach Berlin kam, da sprach ich mit einem Manne, der in den Ereignissen sehr tief drinnen stand, sehr in sie verstrickt war, und der längst meine Ideen kannte: daß nun in Mittel- und Osteuropa die Idee von der Dreigliederung des sozialen Organismus gefaßt werden müsse. Ich habe sie dazumal ausgearbeitet gehabt und nach der damaligen Zeitlage den Menschen, die hätten daran arbeiten können, vorgelegt. Der Mann hat das auch gewußt. Es schien ihm sehr plausibel, daß es sich darum hätte handeln können, auf geistigem Wege aus der Misere herauszukommen. Darüber war dazumal gesprochen gewesen bereits seit längerer Zeit. Ich kam, wie gesagt – erinnern Sie sich an das, was dazumal im Januar 1918 war –, nach Berlin. Der Mann, er war Militär, ein höherer Militär, sagte, als ich ihm sprach von der unglückseligen, der unmöglichen Idee, noch einmal diese schreckliche Frühjahrsoffensive vom Jahre 1918 zu beginnen, anstatt einer geistigen Aktion – er sagte: Was wollen Sie denn, hat nicht der *Kühlmann* die Dreigliederung in der Tasche gehabt? – Er hatte sie in der Tasche; und dennoch hat er Brest-Litowsk gemacht!

Es mag Ihnen heute ausschauen wie die Mitteilungen irgendeines Phantasten; ich weiß aber, daß diese «Phantasterei» tief in der Wirklichkeit wurzelt. Ich weiß, daß im russischen Volk gerade die Elemente drinnenliegen, um zuallererst, wenn man sie in der richtigen Weise mitteilt, die Idee von der Dreigliederung zu fassen. Das hätte treten müssen als eine geistige Aktion an die Stelle der unmöglichen Aktion von Brest-Litowsk. Da hätte es eine Kommunion geben können zwischen Mitteleuropa und dem Osten Europas, die eine geistige Aktion gewesen wäre, ein Zusichkommen. Das wäre etwas ganz anderes gewesen.

Was war es aber, das den Leninismus nach Rußland gebracht hat? Ich erinnere nur daran, daß Lenin im plombierten Wagen durch Deutschland nach Rußland geführt worden ist. Der Leninismus ist ein Import. Will man vom «deutschen Militarismus» sprechen, so muß man davon sprechen, daß der Leninismus ein Import gewesen ist.

Wohl aber kann man die Meinung haben, daß eine geistige Aktion etwas ganz anderes hätte bewirken können als die Tatsache, daß diese geistige Aktion ausgeblieben ist und an ihre Stelle, anstelle dessen, was aus dem russischen Volk heraus spielt, eine abstrakte, allgemeine, marxistische Phrase über Verwirklichung von sozialen Zuständen gesetzt wurde, die, wenn sie überhaupt verwirklicht werden könnte, ebensogut wie man sie auf Rußland hinaufstülpt, auf Brasilien, Argentinien, irgendwo anders, ganz ohne Kenntnis der Volkszusammenhänge, meinetwillen auch auf den Mond hinaufgestülpt werden könnte. Dieser Aberglaube, daß alles auf jedes draufgestülpt werden kann, das ist das große Unglück des Ostens, das ist es, was dort die Tyrannis einer Idee begründet, die furchtbar in ihren Ergebnissen sein wird, weil sie mit dem Vergangenen Raubbau treibt. Wenn sie noch so sehr ein Schlechtes ablöst: worinnen sie produktiv ist, das sind nur die Überreste, die Überbleibsel des Alten. Wenn sie aber selbst produktiv sein soll, wird sie in die Nullität gesetzt sein.

Diese Dinge heute nicht unbefangen zu beurteilen, das ist ein soziales Versäumnis. Denn heute liegen die Dinge in Wahrheit außerordentlich ernst. Daher kann man nicht aus irgendeiner Parteimeinung heraus solche wichtigen Dinge beurteilen, sondern man muß sie beurteilen aus dem ganzen Umfang der Wirklichkeit selber. Da muß man fragen: Was hätte herausgestaltet werden müssen aus den Grundlagen der russischen Sozietät selber? Jedenfalls nicht der Leninismus, der eine Abstraktion ist, und eine solche Abstraktion, die noch dazu sagt: Es muß die Menschenrasse erst erzeugt werden. Deshalb ist Lenins Arbeit nicht für die Russen, sondern für Menschen, die er heranzüchten will durch unmögliche Zustände, die er erst herbeiführt. Das ist das wirkliche Faktum.

Wahrhaftig, nicht liegt dem, was ich sage, irgendeine Sympathie oder Antipathie zugrunde, sondern das Streben nach Einsicht. Es nützt nichts, diese Dinge heute nicht in ihrem vollen, in ihrem umfänglichen Ernste zu betrachten.

Eine weitere Frage ist diese:

In welchem Zusammenhange steht mit dem heute Gesagten die Szene des Geldschwindels des Mephistopheles im «Faust» von Goethe?

Es ist interessant, daß diese Frage gestellt wird, denn man kann darauf antworten, wie tief eigentlich der Goetheanismus durch *Goethe* schon hineinsah in die realen Verhältnisse. Stellen Sie sich einmal die ganze Szene im zweiten Teil des «Faust» vor Augen, wo Mephistopheles, der Teufel, das Papiergeld erfindet, wo er den ganzen Geldschwindel vor den Kaiser hinstellt. Sie haben im Grunde genommen eine schöne Imagination, eine bildhafte Darstellung dessen, was man heute als soziale Wahrheiten aussprechen muß. Das ganze Abheben der Geldwirtschaft von der gediegenen Wirklichkeit ist hingestellt als eine

Schöpfung des «Geistes, der stets verneint», der nichts Positives schafft, in grandioser dichterischer Gestaltung. Das zeigt nur, wie Goethe dichterisch gestaltete, was er zu seiner Zeit wahrhaftig nicht in der Wirklichkeit hätte gestalten können. Denn selbst der sehr vorurteilslose Herzog *Karl August* von Weimar würde wenig haben eingehen können auf das, was Goethe eigentlich gemeint hat mit dieser Schaffung des Geldes als solchem durch den «Geist, der stets verneint». Aber Goethe wollte sich doch aussprechen. Und sehen Sie einmal nach, wie vieles in «Wilhelm Meisters Wanderjahren» von solchen Ideen drinnen ist. Goethe wollte sich aussprechen. Er konnte sich in seiner Zeit nicht anders aussprechen, als er sich ausgesprochen hat. Aber es liegt ungeheuer viel von sozial Impulsivem und sozial impulsierender Einsicht gerade in dieser Szene.

Man wird überhaupt erst nach und nach erkennen, was es bei Goethe bedeutet, daß er sein ganzes Leben hindurch in Entwickelung begriffen war. Das versteht man in der heutigen Zeit sehr wenig; denn heute – man redet von der Entwickelung in der Naturwissenschaft, aber Entwickelung des Menschen durch das Leben hindurch? Wenn man zwanzig Jahre alt ist, ist man reif, in das Staatsparlament gewählt zu werden, Feuilletons zu schreiben, zu urteilen über alles mögliche! Daß man sich dann noch entwickeln soll, daran denkt man ja heute, nicht wahr, wenig.

Goethe dachte daran. Er wußte ganz gut, daß er sich in späteren Jahren seiner Entwickelung Dinge erobert hatte, die er in früheren Jahren nicht hatte. Ja, es gibt einen Achtzeiler, recht nett, aus Goethes Nachlaß. Darin hat er sich ausgesprochen über diejenigen Menschen, welche sagten: O ja, Goethe ist alt geworden. Die Jugendwerke – dazumal war nur der erste Teil des «Faust» gedruckt –, die zeugen von wirklicher künstlerischer Kraft. Aber der alte Goethe, der ist eben alt geworden! – Das hat man ja noch nachträglich gesagt. Sehen Sie, der Schwaben-*Vischer*, der V-Vischer, er hat den zweiten Teil des «Faust» ein zusammengeschustertes, zusammengeleimtes Machwerk des Alters genannt. Ich habe gar nichts gegen den V-Vischer sonst einzuwenden und schätze ihn sehr; aber ein Philister, der nicht verstehen konnte, was Goethe sich durch seine Entwickelung errungen hat, war der V-Vischer durchaus, voll philiströsen Geistes. Goethe selbst hat einen Achtzeiler hinterlassen, der für die Zeitgenossen und auch sonst noch gilt. Da steht:

Da loben sie den Faust,

– er meint den ersten Teil des «Faust»; der zweite Teil war noch nicht gedruckt, er war ein Werk der reifen Entwickelung –

Und was noch sunsten
In meinen Schriften braust
Zu ihren Gunsten;
Das alte Mick und Mack
Das freut sie sehr;
Es meint das Lumpenpack,
Man wär's nicht mehr!

Sehen Sie, Goethe war sich dessen schon bewußt, daß er etwas erreicht hat, was er eben nur der Entwickelung des höheren Alters verdanken konnte. Und so ist das, was er hineingeheimnißt hat in den zweiten Teil des «Faust», wirklich recht künstlerisch. Und es zeigt sich erst, wie künstlerisch es auch in der Gestaltungskraft ist, wenn man es eurythmisch darstellt, wie wir demnächst die Szene aus dem zweiten Teil des «Faust» über die Sorge darstellen wollen.

Aber die Menschen sind ja nicht gerade auf die Entwickelung aufmerksam. Sie denken, eine entwickelte Weltanschauung zu treffen damit, daß sie auf das abstrakte Gefühl hinweisen und sagen, beim jungen Goethe stehe ja schon alles: «Name ist Schall und Rauch... Gefühl ist alles... Wer darf ihn nennen und wer bekennen?... den Allerhalter, Allumfasser...» und so weiter. Das soll größer sein als jede entwickelte Weltanschauung! Sogar Philosophen zitieren das, vergessen ganz, daß Goethe es dem Faust in den Mund gelegt hat, wo Faust ein sechzehnjähriges Backfischchen katechisiert. Also die sechzehnjährige Backfischlehre, die soll angeführt werden gegen die entwickelte Weltanschauung!

In vielen Dingen muß eben heute durchaus umgelernt werden. Und der Goetheanismus ist schon etwas, an dem sich umlernen läßt. Und ebenso wie diese Szene mit dem Geldschwindel, so könnte manches andere gerade aus dem zweiten Teil des «Faust», aus «Wilhelm Meisters Wanderjahren», aus manchem anderen angeführt werden, das zeigen könnte, was menschliche Entwickelung ist, wie man sich anlehnen kann an diesen Goethe.

Nun bin ich noch gefragt worden:

Wovon soll der Arbeitslohn bezahlt werden, wenn nicht durch den Erlös der Ware?

Über den Arbeitslohn zu denken – es ist ja die Zeit so vorgeschritten, daß ich nur kurz darauf eingehen kann –, ist eigentlich recht interessant. Es ist merkwürdig, wie nach und nach einzig und allein das Wirtschaftsleben so stark hypnotisierend gewirkt hat, daß in der Zeit, in der die Menschheit begann sich der großen Täuschung hinzugeben, das sozialistische Programm eine vollständige Umgestaltung erfuhr gerade mit Bezug auf solche Dinge. Es gehört zum interessantesten Studium der modernen Arbeiterbewegung, kennenzulernen die drei Programme: Das Eisenacher Programm, das Gothaer, das Erfurter Programm. Nimmt man die Programme – bis zum Erfurter, das im Jahre 1891 gefaßt worden ist –, so findet man überall: Da ist noch ein Bewußtsein davon vorhanden, daß aus gewissen Rechts- und Staats- und politischen Anschauungen heraus gearbeitet werden soll. Daher findet man als die zwei Hauptforderungen der älteren Programme die Abschaffung des Lohnes und die Herstellung gleicher politischer Rechte. Das Erfurter Programm aber ist ganz ein bloßes Wirtschaftsprogramm, aber ein politisierendes, wie ich heute dargestellt habe. Da werden als die Hauptforderungen aufgestellt: Überführung der Produktionsmittel in die Gemeinverwaltung, in das Gemeineigentum, und Produktion durch die Gemeinschaft. Rein wirtschaftlich, aber politisch gedacht, wird das Programm festgelegt.

Man denkt so stark im Sinne der heutigen Gesellschaftsordnung, der heutigen sozialen Ordnung, daß man in weitesten Kreisen überhaupt gar nicht gewahr wird, wie der Lohn als solcher ja in Wirklichkeit eine soziale Unwahrheit ist. In Wirklichkeit besteht das Verhältnis so, daß der sogenannte Lohnarbeiter zusammenarbeitet mit dem Leiter der Unternehmung, und was stattfindet, ist in Wirklichkeit eine Auseinandersetzung – die nur kaschiert wird durch allerlei täuschende Verhältnisse, durch Machtverhältnisse meistens und so weiter – über die Verteilung des Erlöses. Wenn man paradox sprechen wollte, so könnte man sagen: Lohn gibt es ja gar nicht, sondern Verteilung des Erlöses gibt es – heute schon, nur daß in der Regel derjenige heute, der der wirtschaftlich Schwache ist, sich bei der Teilung übers Ohr gehauen findet. Das ist das ganze. Es handelt sich darum, hier nicht etwas, was nur auf einem sozialen Irrtum beruht, auf die Wirklichkeit zu übertragen. In dem Augenblicke, wo die soziale Struktur so ist, wie ich sie dargestellt habe in meinem Buch: «Die Kernpunkte der sozialen Frage», wird es durchsichtig sein, wie ein Zusammenarbeiten besteht zwischen dem sogenannten Arbeitnehmer und Arbeitgeber, wie diese Begriffe Arbeitnehmer und Arbeitgeber aufhören, und wie ein Verteilungsverhältnis besteht. Dann hat das Lohnverhältnis überhaupt vollständig seine Bedeutung verloren.

Dann aber darf nicht mehr daran gedacht werden, die Arbeit als solche zu bezahlen. Das ist natürlich der andere Pol. Die Arbeit wird einem Rechtsverhältnis – ich werde morgen davon noch sprechen – unterstellt; die Arbeit wird nach Maß und Art bestimmt im demokratischen Zusammenleben, im Rechtsstaat. Die Arbeit wird so, wie die Naturkräfte, zur Grundlage der wirtschaftlichen Ordnung, und das, was produziert wird, wird nicht als Maßstab für irgendeine Entlöhnung da sein.

Was da sein wird auf dem Wirtschaftsboden, wird lediglich die Bewertung der Leistung sein. Da handelt es sich darum, kennenzulernen das Fundament, gewissermaßen die Urzelle des Wirtschaftslebens. Diese Urzelle, ich habe sie öfter so ausgesprochen, daß ich sagte: Im wesentlichen müssen die Einrichtungen, die ich heute geschildert habe, darauf hinauslaufen, daß durch die lebendige Wirksamkeit der Assoziationen ein jeder Mensch als Gleichwertiges für das, was er erzeugt, das bekommt, was ihn in den Stand setzt, seine Bedürfnisse so lange zu befriedigen, bis er ein gleiches Produkt wieder erzeugt haben wird. Einfach gesprochen: Erzeuge ich ein paar Stiefel, so müssen durch die Einrichtungen, die ich heute geschildert habe, diese Stiefel so viel wert sein, muß ich so viel dafür bekommen, als ich brauche, bis ich wieder ein paar Stiefel angefertigt habe.

Also es kann sich gar nicht handeln um irgendwelche Bestimmung des Lohnes für Arbeit, sondern um die Bestimmung der gegenseitigen

Preise. Eingerechnet muß natürlich sein alles, was Invaliden-, Kranken- und so weiter -Unterstützung ist, für Kindererziehung und so weiter. Darüber soll noch gesprochen werden. Es handelt sich darum, daß eine solche soziale Struktur geschaffen werde, wodurch wirklich die Leistung in den Vordergrund geschoben wird, die Arbeit aber bloß auf ein Rechtsverhältnis begründet werden kann, denn die kann nicht anders geregelt werden, als daß der eine für den anderen arbeitet. Das aber muß auf dem Rechtsboden geregelt werden: wie der eine für den anderen arbeitet; das darf nicht auf dem Marktboden der wirtschaftlichen Verhältnisse stehen. Sie werden ja morgen sehen, daß diese Dinge durchaus auch auf realer wirklicher Grundlage stehen.

Dann werde ich noch gefragt:

Wie sollen die Ausgaben erfaßt werden?

Ja, das ist sehr leicht, die Ausgaben zu erfassen. Man kann sie nicht verbergen. Jedesmal, wenn ich irgend etwas überführe in den sozialen Prozeß, kann es selbstverständlich erfaßt werden, geradeso wie ein Brief erfaßt wird, den mir die Post befördert, die es auch nicht außer acht lassen wird, dafür die Postmarke mir abzufordern und so weiter. Diese einzelnen, speziellen Einrichtungen – wer nur darüber nachdenkt, der wird sie nicht allzuschwierig finden.

Nun noch:

Wie verhalten sich die landwirtschaftlichen Kreditverhältnisse?

Es würde heute zu spät werden, um auf diese Dinge einzugehen. Ich werde im Lauf der nächsten Vorträge gerade auf die landwirtschaftlichen Verhältnisse in anderen Zusammenhängen noch zu sprechen kommen.

DRITTER VORTRAG

Zürich, 26. Oktober 1919

Rechtsfragen – Aufgabe und Grenze der Demokratie
Öffentliche Rechtsverhältnisse und Strafrechtspflege

Ob man sachgemäße Anschauungen über das soziale Leben gewinnt, das hängt in vieler Beziehung davon ab, ob man sich klar darüber ist, welche Beziehung herrscht zwischen den Menschen, die in ihrem Zusammenleben ja doch das soziale Leben bewirken, und den Einrichtungen, innerhalb welcher die Menschen leben. Wer unbefangen in das soziale Leben hineinsieht, der wird entdecken können, daß zuletzt alles, was wir um uns herum an Einrichtungen haben, durch die Maßnahmen, durch den Willen der Menschen entsteht. Wer sich zu dieser Anschauung durchringt, der wird zuletzt sich sagen: Im sozialen Leben kommt es vor allen Dingen darauf an, ob die Menschen aus ihren Kräften, aus ihren Fähigkeiten, aus ihrer Gesinnung zu anderen Menschen und so weiter sich als soziale oder als unsoziale Menschen bewähren. Menschen mit sozialer Gesinnung, sozialer Lebensanschauung werden sich Einrichtungen gestalten, welche sozial wirken. Und man kann in sehr weitem Umfange sagen: Ob der einzelne in der Lage ist, sich für seine Einnahmen den entsprechenden Lebensunterhalt zu erwerben, das wird davon abhängen, wie ihm seine Mitmenschen die Mittel zu diesem Lebensunterhalte herstellen, ob sie für ihn so arbeiten, daß er seinen Lebensunterhalt von seinen Mitteln bestreiten kann. Ob der einzelne genügend Brot kaufen kann – wenn man in das Allerkonkreteste eingeht –, wird eben davon abhängen, ob die Menschen solche Einrichtungen getroffen haben, durch die ein jeglicher, der arbeitet, der etwas leistet, für seine Arbeit, für seine Leistung sich das entsprechende Brot eintauschen kann. Und ob der einzelne in der Lage ist, seine Arbeit wirklich zur Anwendung zu bringen, wirklich an der Stelle zu stehen, auf der er die nötigen Mittel für seinen Unterhalt erwerben kann, das hängt wiederum davon ab, ob die Menschen, innerhalb welchen er lebt, soziale Einrichtungen getroffen haben, durch die er an seinen entsprechenden Platz kommen kann.

Nun, es bedarf eigentlich nur wenig von einem unbefangenen Blicke in das gesellschaftliche Leben, um das, was eben ausgesprochen worden ist wie ein Axiom, wie eine Grunderkenntnis der sozialen Frage, anzuerkennen. Und wer es nicht anerkennt, dem wird man dieses Prinzip schwer beweisen können, weil er nicht die Neigung hat, unbefangen auf das Leben hinzuschauen, um sich – aus jedem Stück des Lebens kann er es – zu überzeugen, daß es wirklich so ist.

Allerdings für den gegenwärtigen Menschen hat diese Anschauung etwas außerordentlich Unangenehmes. Denn der gegenwärtige Mensch legt großen Wert darauf, daß man nur ja nicht an ihn selbst herantippt. Er läßt es sich leicht gefallen, wenn man davon spricht, daß Einrichtungen verbessert werden sollen, daß Einrichtungen umgewandelt werden sollen, aber er empfindet es wie ein Antasten seiner Menschenwürde, wenn man davon zu sprechen genötigt ist, daß er selber in seiner Seelenverfassung, in seinem Lebensverhalten sich einer Umwandelung unterziehen soll. Er läßt es sich leicht gefallen, wenn man sagt, die Einrichtungen sollen sozial gestaltet werden; er läßt es sich schwer gefallen, wenn man das Verlangen stellt, er solle sich selber sozial gestalten.

Und so ist denn etwas außerordentlich Merkwürdiges in der neueren Geschichtsentwickelung der Menschheit eingetreten. Es hat sich im Laufe der letzten Jahrhunderte das wirtschaftliche Leben, wie ich bereits im ersten Vortrag auseinandergesetzt habe, hinausentwickelt über dasjenige, was die Menschen an Anschauungen, namentlich an rechtlichen und geistigen Anschauungen über dieses wirtschaftliche Leben ausgestaltet haben. Ich habe im ersten Vortrage darauf hingewiesen, wie gerade die Gesellschaftskritik des *Woodrow Wilson* darauf hinauslaufe, daß er sagt: Das wirtschaftliche Leben hat seine Forderungen gestellt, ist fortgeschritten, hat gewisse Formen angenommen; das rechtliche, das geistige Leben, durch das wir dieses Wirtschaftsleben zu beherrschen suchen, das steht noch auf alten Standpunkten, das ist nicht nachgekommen. Dadurch aber ist überhaupt eine tief bedeutsame Tatsache der neueren Menschheitsentwickelung ausgesprochen.

Mit dem Heraufkommen der komplizierten technischen Verhältnisse und der dadurch notwendig gewordenen komplizierten kapitalistischen Verhältnisse, der Unternehmungsverhältnisse, hat das wirtschaftliche Leben seine Forderungen gestellt. Die Tatsachen des wirtschaftlichen Lebens sind, ich möchte sagen, den Menschen allmählich entschlüpft; sie nehmen mehr oder weniger ihren eigenen Gang. Der Mensch hat nicht die Kraft gefunden, von sich aus durch seine Vorstellungen, durch seine Ideen dieses wirtschaftliche Leben zu beherrschen. Aus dem Denken über die ökonomischen Forderungen, aus dem Denken über das Wirtschaftliche, wie man es unmittelbar beobachtet, hat sich der neuere Mensch herbeigelassen, immer mehr und mehr seine Rechtsbegriffe und auch seine geistigen Begriffe zu gestalten. Und so kann man sagen: Das Charakteristische in der Entwickelung der Menschheit in den letzten Jahrhunderten ist, daß sowohl die Rechtsbegriffe, durch welche die Menschen miteinander in Frieden leben wollen, wie auch die Begriffe vom Geistesleben, durch die sie ihre Fähigkeiten entwickeln und gestalten wollen, im hohen Grade abhängig geworden sind vom wirtschaftlichen Leben.

Man bemerkt gar nicht, wie sehr in dieser neueren Zeit die menschlichen Vorstellungen und das Verhalten der Menschen zueinander von dem wirtschaftlichen Leben abhängig geworden sind. Natürlich haben die Menschen auch die Einrichtungen der letzten Jahrhunderte selbst geschaffen, aber sie haben sie zum großen Teile nicht aus neugegründeten Vorstellungen und Ideen heraus geschaffen, sondern mehr aus unbewußten Impulsen, unbewußten Antrieben heraus. Und dadurch hat sich etwas ergeben, was man in Wirklichkeit ein gewisses Anarchisches in der Struktur des sozialen Organismus nennen kann. Nach verschiedenen Gesichtspunkten habe ich in den zwei ersten Vorträgen dieses Anarchische schon auseinandergehalten.

Aber innerhalb dieser anarchischen sozialen Struktur der neueren Zeit haben sich eben diejenigen Verhältnisse entwickelt, die zu der modernen Gestalt gerade der proletarischen Frage geführt haben. Der Proletarier, der hinweggerufen worden ist von seinem Handwerk, an die Maschine gestellt worden ist, in die Fabrik gepfercht worden ist – was hat er hauptsächlich gesehen, indem er sich das Leben, das sich um ihn herum entwickelte, ansah? Er hat vorzüglich an seinem eigenen Leben gesehen, wie abhängig alles ist, was er denken kann, was er an Recht hat gegenüber anderen Menschen, wie alles das bestimmt ist von wirtschaftlichen Machtverhältnissen, von den wirtschaftlichen Machtverhältnissen, die vor allen Dingen für ihn dadurch gegeben sind, daß er der wirtschaftlich Schwache gegenüber dem wirtschaftlich Starken ist.

Und so kann man sagen: Bei den leitenden führenden Kreisen hat sich eine gewisse Verleugnung der Grundwahrheit eingestellt, daß die menschlichen Einrichtungen von den Menschen selber aus ihrem bewußten Leben herauskommen sollen. Die Menschen haben vergessen, diese Grundwahrheit im sozialen Leben wirklich anzuwenden. Die leitenden führenden Kreise haben sich allmählich instinktiv einem Leben hingegeben – wenn auch nicht einem Glauben –, das den Geist und das Recht abhängig gemacht hat von den wirtschaftlichen Machtmitteln. Daraus aber ist entstanden ein Dogma, eine Lebensauffassung sozialistisch denkender Persönlichkeiten und ihres Anhanges. Die Lebensauffassung ist daraus hervorgegangen, es müsse in der Menschheitsentwickelung so sein, daß keine Möglichkeit da ist, daß der Mensch von sich selber aus Rechtsverhältnisse organisiere, daß der Mensch selber sich das geistige Leben organisiere, sondern daß das geistige Leben und das Rechtsleben sich wie ein Anhängsel ergeben müssen aus den wirtschaftlichen Realitäten, aus den wirtschaftlichen Produktionszweigen und so weiter.

Und so entstand die soziale Frage unter dem Gesichtspunkte einer bestimmten Forderung bei weiten Kreisen. Ihnen lag der Glaube zugrunde: Das wirtschaftliche Leben macht das Rechtsleben, das wirtschaftliche Leben macht das Geistesleben – also muß das wirtschaftliche Leben für sich so umgestaltet werden, daß es ein Rechtsleben, ein Geistesleben hervorbringt, wie es den Anforderungen dieser Kreise entspricht. Was zu Lebensgewohnheiten der leitenden führenden Kreise geworden war, hat das Proletariat gelernt, auch ins Bewußtsein heraufzuholen; was die anderen instinktiv dargelebt haben, hat es zum Dogma gemacht, und wir stehen heute der sozialen Frage so gegenüber, daß in weitesten Kreisen die Anschauung verbreitet ist: Wir müssen nur das Wirtschaftsleben umgestalten, die wirtschaftlichen Einrichtungen, dann wird alles andere, das Rechtsleben, das Geistesleben, von selber so kommen, wie aus wirtschaftlich richtig, gut, sozial gestalteten Einrichtungen dieses Geistes- und dieses Rechtsleben sich ergeben werden.

Unter dem Einflusse dieses Gesichtspunktes ist verkannt worden, um was es sich eigentlich handelt in der neueren sozialen Frage. Es ist gewissermaßen durch eine große Täuschung, durch eine gewaltige Illusion von diesem Dogma zugedeckt, verhüllt worden. Es handelt sich nämlich eigentlich darum: Gerade dieses ist ein Ergebnis der neueren Geschichte der Menschheit, daß die Abhängigkeit des Rechts- und Geisteslebens vom Wirtschaftsleben überwunden werden muß. Und während weite sozialistische Kreise heute denken, das Wirtschaftsleben müsse zunächst anders gestaltet werden, dann ergebe sich alles andere von selbst, hat man sich die Frage vorzulegen: Welche Verhältnisse müssen auf dem Gebiete des Rechtes, des Geisteslebens für sich geschaffen werden, damit aus dem erneuerten geistigen, aus dem erneuerten Rechtsleben heraus wirtschaftliche Zustände entstehen, die den Forderungen eines menschenwürdigen Daseins entsprechen? Nicht: Wie machen wir immer mehr und mehr das Rechtsleben, das Geistesleben abhängig vom Wirtschaftsleben? – sondern: Wie kommen wir heraus aus der Abhängigkeit? – das ist es vor allen Dingen, was gefragt werden muß.

Diese Betrachtung ist eine sehr wichtige, denn sie zeigt uns, welche Hindernisse da sind für eine vorurteilslose Auffassung der sozialen Frage der Gegenwart, und wie eines der wichtigsten Hindernisse ein Dogma ist, das sich im Lauf der Jahrhunderte herausgebildet hat. Und dieses Dogma hat sich so festgesetzt, daß zahlreiche Gebildete und Ungebildete der Gegenwart, Proletarier und Nichtproletarier, einen heute geradezu auslachen, wenn man glaubt, daß irgendwie von einer anderen Seite her als durch eine Umgestaltung des Wirtschaftslebens auch eine Gesundung des Rechtslebens und des Geisteslebens kommen könne.

Nun ist heute meine Aufgabe, über das Rechtsleben, übermorgen, über das Geistesleben zu sprechen. Das Rechtsleben hat ja auch in seiner eigenen Wesenheit und Bedeutung die Menschen vielfach vor die Frage gestellt: Welchen Ursprung hat eigentlich das Recht? Welchen Ursprung hat das, wovon die Menschen in ihrem gegenseitigen Verhalten sagen, es sei rechtens? – Diese Frage ist ja immer für die Menschen eine sehr, sehr wichtige gewesen. Allein es ist sehr merkwürdig, daß bei einem weiten Kreise sozial betrachtender Persönlichkeiten die eigentliche Rechtsfrage, man möchte sagen, in ein Loch gefallen ist, gar nicht mehr da ist. Gewiß, akademisch theoretische Erörterungen sind auch heute viele vorhanden über Wesen, Bedeutung des Rechtes und so weiter, aber in der sozialen Betrachtung weiter Kreise ist gerade dieses das Charakteristische, daß die Rechtsfrage mehr oder weniger durchgefallen ist.

Wenn ich Ihnen das erörtern soll, muß ich Sie auf etwas aufmerksam machen, das in der Gegenwart ja schon immer häufiger und häufiger hervortritt, während es noch vor kurzer Zeit ganz übersehen worden ist. Die Menschen haben unhaltbare soziale Zustände heraufkommen sehen. Auch diejenigen, die in ihrer eigenen Lebenshaltung mehr oder weniger unberührt geblieben sind von diesen unsozialen Zuständen, haben versucht, darüber nachzudenken. Und während vor verhältnismäßig kurzer Zeit es wirklich radikal so war, wie ich es eben ausgesprochen habe, daß man eigentlich nur gelacht hat, wenn etwas erwartet worden ist von Rechts- und Geistesfragen für die wirtschaftlichen Zustände, tritt einem heute – aber wie aus dunklen Geistestiefen, könnte man sagen – schon immer mehr und mehr die Behauptung entgegen: Ja, im gegenseitigen sozialen Verhalten der Menschen komme doch auch so etwas in Betracht wie seelische Fragen und Rechtsfragen; und vieles in der Verwirrung der sozialen Zustände rühre heute davon her, daß man die seelischen Verhältnisse der Menschen, die psychischen Verhältnisse und die rechtlichen Verhältnisse in ihrer Selbständigkeit zu wenig berücksichtigt habe. – Also es wird schon ein wenig, weil es handgreiflich ist, darauf hingewiesen, daß von einer anderen als von der rein tatsächlichen, wirtschaftlichen Seite her das Heil kommen müßte. Aber in der praktischen Besprechung der Frage kommt das noch wenig zur Geltung.

Es ist wie ein roter Faden, der sich durch alles, was neuere sozialistisch Denkende von sich geben, hindurchzieht: daß eine gesellschaftliche Struktur herbeigeführt werden müsse, in welcher die Menschen leben können nach ihren Fähigkeiten und nach ihren Bedürfnissen. Ob das mehr oder weniger grotesk radikal ausgestaltet wird oder mehr nach konservativer Gesinnung, darauf kommt es nicht an; wir hören überall: Die Schäden der gegenwärtigen sozialen Ordnung beruhten zum großen Teile darauf, daß der Mensch nicht in der Lage sei, innerhalb der gegenwärtigen gesellschaftlichen Ordnung seine Fähigkeiten wirklich voll anzuwenden; auf der anderen Seite, daß diese gesellschaftliche Ordnung eine solche sei, daß er seine Bedürfnisse nicht befriedigen könne, namentlich daß nicht eine gewisse Gleichmäßigkeit in der Befriedigung der Bedürfnisse herrsche.

Man geht, indem man dieses ausspricht, auf zwei Grundelemente des menschlichen Lebens zurück. Fähigkeiten, das ist etwas, das sich mehr bezieht auf das menschliche Vorstellen. Denn alle Fähigkeiten entspringen zuletzt beim Menschen, da er bewußt handeln muß, aus seiner Vorstellung, aus seinem Denkwillen. Gewiß, das Gefühl muß fortwährend die Fähigkeiten des Vorstellens anfeuern, sie begeistern; aber das Gefühl als solches kann nichts machen, wenn nicht die grundlegende Vorstellung da ist. Also wenn man von den Fähigkeiten spricht, auch wenn man von den praktischen Geschicklichkeiten spricht, kommt man zuletzt auf das Vorstellungsleben. Das ging also einer Anzahl von Menschen auf, daß da gesorgt werden müsse dafür, daß der Mensch in der sozialen Struktur sein Vorstellungsleben zur Geltung bringen könne. Das andere, was dann geltend gemacht wird, geht mehr auf das Lebenselement des Wollens im Menschen. Das Wollen, das mit dem Begehren, mit der Bedürftigkeit nach diesen oder jenen Erzeugnissen zusammenhängt, ist eine Grundkraft des menschlichen Wesens. Und wenn man sagt, der Mensch solle leben können in einer sozialen Struktur nach seinen Bedürfnissen, so sieht man auf das Wollen.

Ohne daß sie es wissen, reden also selbst die Marxisten vom Menschen, indem sie ihre soziale Frage aufwerfen und eigentlich glauben machen möchten, daß sie nur von Einrichtungen sprechen. Sie sprechen wohl von Einrichtungen, aber diese Einrichtungen wollen sie so gestalten, daß das Vorstellungsleben, die menschlichen Fähigkeiten, zur Geltung kommen können, und daß die menschlichen Bedürfnisse gleichmäßig befriedigt werden können, so wie sie vorhanden sind.

Nun gibt es etwas sehr Eigentümliches in dieser Anschauung. In dieser Anschauung kommt nämlich ein Lebenselement des Menschen gar nicht zur Geltung, und das ist das Gefühlsleben. Sehen Sie, wenn man sagen würde: Man bezwecke, man wolle erzielen eine soziale Struktur, in der die Menschen leben können nach ihren Fähigkeiten, nach ihren

Gefühlen, nach ihren Bedürfnissen –, so würde man den ganzen Menschen treffen. Aber kurioserweise läßt man, indem man in umfänglicher Weise charakterisieren will, welches das soziale Ziel für den Menschen ist, das Gefühlsleben des Menschen aus. Und wer das Gefühlsleben in seiner Menschheitsbetrachtung ausläßt, der läßt eigentlich jede Betrachtung über die wirklichen Rechtsverhältnisse im sozialen Organismus aus. Denn die Rechtsverhältnisse können sich nur so entwickeln im Zusammenleben der Menschen, wie sich in diesem Zusammenleben der Menschen Gefühl an Gefühl abstreift, abschleift. So wie die Menschen gegenseitig zueinander fühlen, so ergibt sich, was öffentliches Recht ist. Und daher mußte, weil man in der Grundfrage der sozialen Bewegung das Lebenselement des Gefühls wegließ, die Rechtsfrage eigentlich, wie ich sagte, in ein Loch fallen, verschwinden. Und es handelt sich darum, daß man gerade diese Rechtsfrage in das richtige Licht rückt. Gewiß, man weiß, daß ein Recht vorhanden ist, aber man möchte das Recht bloß als ein Anhängsel der wirtschaftlichen Verhältnisse hinstellen.

Und wie entwickelt sich im menschlichen Zusammenleben das Recht? Sehen Sie, eine Definition des Rechtes zu geben, ist oftmals versucht worden, aber niemals ist eigentlich eine befriedigende Definition des Rechtes herausgekommen. Ebensowenig ist viel herausgekommen, wenn man den Ursprung des Rechtes untersucht hat, wo das Recht herstammt. Man wollte diese Frage beantworten. Es ist niemals richtig etwas dabei herausgekommen. Warum nicht? Es ist geradeso wie wenn man irgendwie aus der menschlichen Natur und bloß aus der menschlichen Natur die Sprache entwickeln wollte. Es ist oftmals gesagt worden, und es ist richtig: Der Mensch, der auf einer einsamen Insel aufwächst, würde niemals zum Sprechen kommen, denn die Sprache entzündet sich an den anderen Menschen, an der ganzen menschlichen Gesellschaft.

So entzündet sich aus dem Gefühl im Zusammenwirken mit dem Gefühl des anderen innerhalb des öffentlichen Lebens das Recht. Man kann nicht sagen, es entspringe das Recht aus diesem oder jenem Winkel des Menschen oder der Menschheit, sondern man kann nur sagen: Die Menschen kommen durch ihre Gefühle, die sie gegenseitig füreinander entwickeln, in solche Beziehungen, daß sie diese Beziehungen in Rechten festlegen, festsetzen. Das Recht ist also etwas, nach welchem so gefragt werden sollte, daß man vor allen Dingen auf seine Entwickelung innerhalb der menschlichen Gesellschaft hinsieht. Dadurch aber kommt die Rechtsbetrachtung für den modernen Menschen gerade in unmittelbare Nähe dessen, was sich heraufentwickelt hat in der Geschichte der neueren Menschheit als die demokratische Forderung.

Man kommt dem Wesen solcher Forderungen, wie es die demokratische Forderung ist, nicht nahe, wenn man nicht die menschliche Entwickelung selber wie eine Art Organismus ansieht. Aber davon sind die gegenwärtigen Betrachtungsweisen sehr, sehr weit entfernt. Jeder Mensch empfindet es gewiß als etwas sehr Lächerliches und Paradoxes, wenn man erklären wollte, wie der Mensch von der Geburt bis zum Tode sich entwickelt unter dem Einfluß der Nahrungsmittel; wenn man erklären wollte, weil der Kohl so ist, der Weizen so ist, das Rindfleisch so ist, entwickelt sich der Mensch von seiner Geburt bis zum Tode so und so. Nein, niemand wird zugeben, daß das eine vernünftige Betrachtungsweise ist, sondern jeder wird zugestehen, daß man fragen muß: Wie ist es in der menschlichen Natur selbst begründet, daß zum Beispiel um das siebente Jahr herum aus dieser menschlichen Natur heraus die Kräfte kommen, die den Zahnwechsel bewirken? Man kann nicht aus dem Kohl, aus dem Rindfleisch die Konsequenzen ziehen, daß der Zahnwechsel sich vollzieht. Ebenso muß man fragen: Wie entwikkelt sich aus dem menschlichen Organismus heraus dasjenige, was zum Beispiel die Geschlechtsreife darstellt? – und so weiter. Man muß auf das, was sich entwickelt, auf seine innere Natur eingehen.

Suchen Sie sich unter den heutigen Vorstellungsarten aber eine, welche das auf die menschliche Entwickelungsgeschichte anwenden kann, welche sich zum Beispiel klar darüber wäre, daß, indem die Menschheit auf der Erde sich entwickelt, sie aus sich, aus ihrem Wesen heraus in den verschiedenen Zeitaltern gewisse Kräfte und Fähigkeiten, gewisse Eigentümlichkeiten entwickelt!

Wer lernt, sachgemäß zu sein in der Naturbetrachtung, kann diese sachgemäße Betrachtungsweise auch übertragen auf die Geschichtsbetrachtung. Und da findet man, daß aus den Tiefen der Menschennatur hervorgehend seit der Mitte des 15. Jahrhunderts eben gerade diese Forderung nach Demokratie sich entwickelt hat und in den verschiedenen Gegenden der Erde mehr oder weniger befriedigt worden ist, diese Forderung: daß der Mensch in seinem Verhalten zu anderen Menschen nur dasjenige gelten lassen kann, was er selbst als das Richtige, als das ihm Angemessene empfindet. Das demokratische Prinzip ist aus den Tiefen der Menschennatur heraus die Signatur des menschlichen Strebens in sozialer Beziehung in der neueren Zeit geworden. Es ist eine elementare Forderung der neueren Menschheit, dieses demokratische Prinzip.

Wer diese Dinge durchschaut, der muß sie aber auch völlig ernst nehmen, der muß sich dann die Frage aufwerfen: Welches ist die Bedeutung und welches sind die Grenzen des demokratischen Prinzipes? – Das demokratische Prinzip – ich habe es eben charakterisiert – besteht darinnen, daß die in einem geschlossenen sozialen Organismus zusammenlebenden Menschen Beschlüsse fassen sollen, welche aus jedem einzelnen hervorgehen. Dann können sie natürlich nur für die Gesellschaft bindende Beschlüsse dadurch werden, daß sich Majoritäten ergeben. Demokratisch wird, was in solche Majoritätsbeschlüsse einläuft, nur dann sein, wenn jeder einzelne Mensch als einzelner Mensch dem anderen einzelnen Menschen als ein gleicher gegenübersteht. Dann aber können auch nur über diejenigen Dinge Beschlüsse gefaßt werden, in denen der einzelne Mensch als gleicher jedem anderen Menschen in Wirklichkeit gleich ist. Das heißt: Es können nur Beschlüsse gefaßt werden auf demokratischem Boden, über die jeder mündig gewordene Mensch dadurch, daß er mündig geworden ist, urteilsfähig ist. Damit aber haben sie – ich meine so klar als nur möglich – der Demokratie ihre Grenzen gezogen. Es kann ja nur dasjenige auf dem Boden der Demokratie beschlossen werden, was man einfach dadurch beurteilen kann, daß man ein mündig gewordener Mensch ist.

Dadurch schließt sich aus von demokratischen Maßregeln alles, was sich auf die Entwickelung der menschlichen Fähigkeiten im öffentlichen Leben bezieht. Alles, was Erziehung und Unterrichtswesen, was geistiges Leben überhaupt ist, erfordert die Einsetzung des individuellen Menschen – wir werden übermorgen im genaueren davon sprechen –, erfordert vor allen Dingen wirkliche individuelle Menschenkenntnis, erfordert in dem Unterrichtenden, in dem Erziehenden besondere individuelle Fähigkeiten, die durchaus nicht dem Menschen dadurch eignen können, daß er einfach ein mündig gewordener Mensch ist. Entweder nimmt man es mit der Demokratie nicht ernst: dann läßt man sie beschließen auch über alles, was an individuellen Fähigkeiten hängt; oder man nimmt es mit der Demokratie ernst: dann muß man ausschließen von der Demokratie die Verwaltung des Geisteslebens auf der einen Seite. Man muß aber auch ausschließen von dieser Demokratie, was Wirtschaftsleben ist. Alles was ich gestern entwickelt habe, beruht auf Sachkenntnis und Fachtüchtigkeit, die sich der einzelne erwirbt in dem Lebenskreis wirtschaftlicher Art, in dem er drinnensteht. Niemals kann einfach die Mündigkeit, die Urteilsfähigkeit jedes mündig gewordenen Menschen darüber entscheiden, ob man ein guter Landwirt, ob man ein guter Industrieller und dergleichen ist. Daher können auch nicht Majoritätsbeschlüsse gefaßt werden von jedem mündig gewordenen Menschen über dasjenige, was auf dem Gebiete des Wirtschaftslebens zu geschehen hat.

Das heißt, das Demokratische muß ausgesondert werden von dem Boden des Geisteslebens, von dem Boden des Wirtschaftslebens. Dann ergibt sich zwischen beiden das eigentliche demokratische Staatsleben, in dem ein jeder Mensch dem anderen als urteilsfähiger, mündiger, gleicher Mensch gegenübersteht, in dem aber auch nur Majoritätsbeschlüsse gefaßt werden können über das, was abhängt von der gleichen Urteilsfähigkeit aller mündig gewordenen Menschen.

Wer diese Dinge, die ich eben ausgesprochen habe, nicht einfach abstrakt denkend sagt, sondern sie am Leben abmißt, der sieht, daß die Menschen gerade deshalb sich über diese Dinge täuschen, weil sie eigentlich unbequem vorzustellen sind, weil man nicht den Mut entwickeln möchte, in die letzten Konsequenzen dieses menschlichen Vorstellens einzudringen.

Das aber, daß man das nicht wollte, daß man der allgemeinen Forderung nach Demokratie nicht ganz andere Dinge entgegenstellte, das hatte in der neueren Menschheitsentwickelung eine sehr, sehr praktische Bedeutung. Ich möchte Ihnen diese Dinge viel weniger aus abstrakten

Prinzipien als aus der historischen Entwickelung der Menschheit selber heraus gestalten.

Wir haben in diesen Jahren einen Staat zugrunde gehen sehen, man möchte sagen: aus seinen eigenen Bedingungen heraus zugrunde gehen sehen, und dieser Staat kann geradezu als Experimentierobjekt auch für Rechtsfragen angesehen werden. Es ist das alte, nicht mehr bestehende Österreich-Ungarn. Wer die Kriegsjahre verfolgt hat, der weiß zwar, daß zuletzt Österreich gefallen ist durch die rein kriegerischen Ereignisse, aber die Auflösung dieses österreichischen Staates ist erfolgt als eine zweite Erscheinung, als etwas, was sich aus seinen inneren Zuständen heraus ergeben hat. Dieser Staat ist auseinandergefallen, und er wäre wahrscheinlich auch auseinandergefallen, wenn die kriegerischen Ereignisse für Österreich glimpflicher ausgefallen wären. Das kann man sagen, wenn man diese Verhältnisse in Österreich – wie es dem möglich war, der hier vor Ihnen spricht; dreißig Jahre meines Lebens habe ich in Österreich zugebracht – durch Jahrzehnte hindurch sachgemäß beobachtet hat.

Es war in den sechziger Jahren des vorigen Jahrhunderts, da trat aus diesem Österreich die Forderung hervor nach Demokratie, das heißt nach einer Volksvertretung. Wie wurde nun diese Volksvertretung gestaltet? Diese Volksvertretung wurde so gestaltet, daß die Volksvertreter sich rekrutierten im österreichischen Reichsrat aus vier Kurien, vier Kurien rein wirtschaftlicher Art: erstens die Kurie der Großgrundbesitzer, eine Kurie; zweitens die Städte, Märkte und Industrialorte, zweite Kurie; drittens die Handelskammern, dritte Kurie; die vierte Kurie waren die Landgemeinden, aber da kamen auch in den Landgemeinden nur eigentlich wirtschaftliche Interessen in Frage. Je nachdem man also Angehöriger einer Landgemeinde, Handelskammer und so weiter war, wählte man seine Vertreter in den österreichischen Reichsrat. Und da saßen nun die Vertreter rein wirtschaftlicher Interessen beisammen. Die Beschlüsse, die sie faßten, kamen, durch Majorität selbstverständlich, aus einzelnen Menschen heraus zustande, aber die einzelnen Menschen vertraten solche Interessen, wie sie sich ihnen ergaben aus ihrer wirtschaftlichen Zugehörigkeit zu den Grund- und Bodenbesitzern, zu den Städten, Märkten und Industrialorten, zu den Handelskammern oder zu den Landgemeinden. Und was kamen für öffentliche Rechte, die durch Majoritätsbeschlüsse gefaßt worden sind, dadurch zum Vorschein? Es kamen dadurch öffentliche Rechte zum Vorschein, die nur umgewandelte Wirtschaftsinteressen waren. Denn selbstverständlich, wenn zum Beispiel die Handelskammern mit den Großgrundbesitzern einig waren über irgend etwas, was ihnen wirtschaftliche Vorteile brachte, so konnte ein Majoritätsbeschluß gefaßt werden gegen die Interessen der Minderheit, die vielleicht gerade die Sache anging. Man kann immer, wenn Interessenvertretungen wirtschaftlicher Art in den Parlamenten sitzen, Majoritäten zusammenbringen, die aus den wirtschaftlichen Interessen heraus Beschlüsse fassen, dadurch Rechte schaffen, die aber gar nichts zu tun haben mit dem, was aus dem Gefühl heraus von Mensch zu Mensch als Rechtsbewußtsein waltet.

Oder nehmen Sie die Tatsache, daß zum Beispiel in dem alten deutschen Reichstag eine große Partei saß, die sich Zentrum nannte, und die rein geistige Interessen, nämlich katholisch-geistige Interessen vertrat. Diese Partei konnte sich zusammenschließen mit jeder anderen, um eine Majorität zu ergeben, und so wurden rein geistige Bedürfnisse in irgendwelche öffentlichen Rechte umgewandelt. Unzählige Male ist dies geschehen.

Was da lebt in den demokratisch werden wollenden modernen Parlamenten, hat man oftmals bemerkt. Aber man ist nicht darauf gekommen, einzusehen, was zu geschehen hat: Eine reinliche Abscheidung desjenigen, was das Rechtsleben ist, von dem, was die Vertretung, die Verwaltung wirtschaftlicher Interessen ist. Der Impuls für die Dreigliederung des sozialen Organismus muß daher in entschiedenster Weise die Abgliederung des Rechtslebens, des Rechtsbodens von der Verwaltung der wirtschaftlichen Verhältnisse, von der Verwaltung des Wirtschaftskreislaufes fordern.

Innerhalb des Wirtschaftskreislaufes sollen sich Assoziationen bilden, wie ich gestern auseinandergesetzt habe. Es werden Berufsstände einander gegenüberstehen, es werden Produzenten und Konsumenten einander gegenüberstehen. Was da geschehen wird an rein wirtschaftlichen Tatsachen und Maßnahmen, das wird beruhen auf Verträgen, die

die Assoziationen miteinander schließen. Im Wirtschaftsleben wird alles auf Verträgen, alles auf gegenseitigen Leistungen beruhen. Da werden Korporationen Korporationen gegenüberstehen. Da wird Sachkenntnis und Fachtüchtigkeit den Ausschlag zu geben haben. Da wird es sich nicht darum handeln, was ich für eine Meinung habe, sagen wir, wenn ich Industrieller bin, welche Geltung gerade mein Industriezweig im öffentlichen Leben haben soll; nein, darüber werde ich nichts beschließen können, wenn das Wirtschaftsleben selbständig ist, sondern ich werde zu leisten haben in meinem Industriezweige, werde Verträge zu schließen haben mit den Assoziationen anderer Industriezweige, und die werden mir die Gegenleistungen zu bieten haben. Ob ich in der Lage bin, sie zu Gegenleistungen zu verhalten, davon wird es abhängen, ob ich meine Leistungen anbringen kann. Vertragsweise wird sich eine Tüchtigkeitsassoziation abschließen. Das ist es, was Tatsachen sind.

Anders muß sich das Leben abspielen auf dem Rechtsboden. Auf dem Rechtsboden kann der Mensch dem Menschen gegenüberstehen. Auf dem Rechtsboden kann es sich nur handeln um die Festlegung von Gesetzen, die eben die öffentlichen Rechte durch Majoritätsbeschlüsse regeln. Gewiß, sehr viele Menschen sagen: Aber was ist denn schließlich das öffentliche Recht? Es ist ja nichts anderes als dasjenige, was, in Worte gefaßt, in Gesetze bringt, was in den wirtschaftlichen Zuständen lebt! – Es ist in vieler Beziehung so. Aber das läßt die Idee von der Dreigliederung des sozialen Organismus, wie sie die Wirklichkeit überhaupt nicht unberücksichtigt läßt, durchaus nicht außer acht: Was sich durch die Beschlüsse auf demokratischem Boden als rechtens ergibt, das tragen selbstverständlich die Menschen, die wirtschaften, in das Wirtschaftsleben hinein. Nur sollen sie es nicht heraustragen und zum Rechte erst machen. Sie tragen es in das Wirtschaftsleben hinein.

Abstraktlinge, die sagen: Ja, aber ist denn nicht im äußeren Leben dasjenige, was der eine mit dem anderen wirtschaftet, wenn er einen Wechsel ausstellt oder dergleichen, und was sich da im Wechselrecht ergibt, ganz in der Handlung des wirtschaftlichen Lebens drinnen enthalten? Ist denn das nicht eine völlige Einheit? Und du kommst, Dreigliederer, und willst das, was im Leben eine völlige Einheit ist, jetzt auseinandernehmen!

Als ob es nicht im Leben – gerade in dem Leben, wo der Mensch keinen Zutritt hat mit seinen Meinungen und das er dadurch nicht verderben kann – viele Gebiete gäbe, wo sich Kräfteströmungen von verschiedenen Seiten her zu einer Einheit verbinden! Nehmen Sie einmal bei dem Menschen, der heranwächst, an: er hat verschiedene Eigenschaften, die er durch Vererbung bekommen hat. Die haften ihm an. Dann hat er gewisse Eigenschaften, die ihm anerzogen werden. Von zwei Seiten her bekommt der heranwachsende Mensch Eigenschaften: durch Vererbung, durch Erziehung. Aber tun Sie etwas, wenn Sie fünfzehn Jahre alt geworden sind, so können Sie nicht sagen, es sei keine Einheit, was Sie tun! Es fließen als eine Einheit zusammen das Ergebnis Ihrer Vererbung und das Ergebnis Ihrer Erziehung. Dadurch lebt eine Einheit drinnen, aber nur dadurch richtig als eine Einheit, daß es von zwei Seiten zusammenströmt. Gerade dadurch wird es eine gesunde Einheit, daß es von zwei Seiten zusammenströmt.

So ergibt sich aus der Wirklichkeit des Lebens für die Idee des sozialen dreigegliederten Organismus, daß eine gesunde Einheit für das Handeln im Wirtschaftlichen nur entsteht, insofern Rechtsbegriffe darinnen inbegriffen werden, dadurch, daß die wirtschaftlichen Maßnahmen aus wirtschaftlichen Gesichtspunkten selbständig verwaltet werden, und daß auf dem demokratischen Rechtsboden die Rechte geschaffen werden. Die Menschen tragen das dann zu einer Einheit zusammen. Es wirkt zusammen, während Sie, wenn Sie die Rechte aus den Interessen des Wirtschaftens selber heraus entstehen lassen, diese Rechte zu Karikaturen machen. Es ist dann das Recht nur eine Photographie, nur ein Abdruck des wirtschaftlichen Interesses. Es ist das Recht gar nicht da. Nur dadurch, daß Sie das Recht ursprünglich und uranfänglich entstehen lassen auf seinem selbständigen demokratischen Boden, können Sie es hineintragen in das Wirtschaftsleben.

Man sollte glauben, dies wäre so ohne weiteres klar, daß man es eigentlich nicht weitläufig auseinanderzusetzen brauchte. Aber unsere Zeit hat gerade das Eigentümliche, daß die klarsten Wahrheiten durch das neuere Leben verdunkelt worden sind und daß man eigentlich die klarsten Wahrheiten verzerrt. Man denkt heute auf dem Boden, auf dem sich viele sozialistische Anschauungen entwickeln, die Abhängigkeit des Rechtslebens von dem Wirtschaftsleben müsse gerade fortgesetzt werden. Ich habe Ihnen gestern angedeutet, wie eine Art Hierarchie begründet werden soll nach politischem Muster, und wie das Wirtschaftsleben danach geregelt und verwaltet werden soll. Da, denkt man, werden diejenigen, die das Wirtschaftsleben verwalten, schon so nebenbei auch die Rechte entwickeln. Man hat, indem man das behauptet, keinen Sinn für das konkrete, wirkliche Leben. Nicht das Wirtschaftsleben, in dem man vor allen Dingen tüchtig zu sein hat für die Gestaltung der Produktionsverhältnisse, kann die Rechtsverhältnisse hervorbringen, sondern diese müssen neben dem Wirtschaftsleben aus ihrer eigenen Quelle hervorgebracht werden. Sie werden niemals bloß aus dem Nachdenken hervorgebracht, sondern dadurch, daß sich konkret neben dem Wirtschaftskreislauf ein staatliches Element entwickelt, in dem der einzelne individuelle Mensch dem anderen individuellen Menschen gegenübersteht.

Es handelt sich ja nicht darum, daß man aus irgendeinem ursprünglichen Bewußtsein heraus als Wirtschafter auch Rechtsgesetze hervorbringt, sondern darum, daß man erst den konkreten Boden schafft, auf dem die Menschen durch ihre Gefühle in solche Verhältnisse kommen, daß sie diese Verhältnisse in rechtliche Verhältnisse umgestalten können. Es handelt sich darum, daß man eine Realität schafft neben dem Wirtschaftsleben. Dann wird nicht das Recht ein bloßer Überbau über dem Wirtschaftsleben sein, sondern dann wird das Recht dastehen als eine selbständig sich gestaltende Wesenheit. Dann wird man nicht durch eine theoretische Antwort den Grundirrtum, den Aberglauben der sozialen Frage überwinden, als ob man nur das Wirtschaftsleben umzugestalten brauchte, um zu anderen Rechtsbegriffen zu kommen, dann wird man die Realität im dreigegliederten sozialen Organismus einfach dadurch schaffen, daß man den selbständigen Rechtsboden schafft, die Realität, aus der heraus durch Menschenverkehr und Menschenbeziehung diejenige starke Stoßkraft des Rechtslebens entsteht, die das Wirtschaftsleben meistern kann.

Und schließlich zeigt auch noch die geschichtliche Betrachtung der neueren Zeit von einer anderen Seite her, wie das, was ich eben auseinandersetzte, noch bewiesen ist. Blicken Sie zurück auf die Antriebe, die die Menschen bis zum 13., 14. Jahrhundert noch gehabt haben für ihre handwerklichen und sonstigen Arbeiten. Es wird oftmals betont von den modernen sozialistischen Denkern, daß der Mensch getrennt sei von seinen Produktionsmitteln. Das ist er in so hohem Grade, wie es jetzt der Fall ist, erst durch die modernen Wirtschaftsverhältnisse geworden. Namentlich ist er getrennt von seinen Produkten. Der Arbeiter, der in der Fabrik arbeitet, wieviel Anteil hat er denn an dem, was dann der Unternehmer verkauft? Was weiß er denn davon? Was weiß er von dem Weg, den das macht in die Welt? Ein kleines Stück von einem großen Zusammenhang! Er bekommt vielleicht den großen Zusammenhang niemals zu Gesicht. Denken Sie sich, was das für ein gewaltiger Unterschied ist gegenüber dem alten Handwerk, wo der einzelne Arbeiter an dem, was er hervorbrachte, seine Freude hatte – wer die Geschichte kennt, weiß, wie das der Fall ist; denken Sie an die persönliche Beziehung eines Menschen zu der Hervorbringung eines Türschlüssels, eines Schlosses und dergleichen. Wenn man in primitive Gegenden kommt, kann man in dieser Beziehung noch recht nette Erfahrungen machen, aber wo die Gegenden weniger primitiv sind, da macht man solche Erfahrungen nicht mehr. Ich kam einmal – verzeihen Sie, daß ich so etwas Persönliches erzähle, aber vielleicht dient es zur Charakteristik – in eine solche Gegend und war wirklich außerordentlich entzückt, als ich in einen Friseurladen hineinging und der Friseurgehilfe seine helle Freude daran hatte, wie er einem Menschen schön die Haare schneiden konnte! Er hatte seine helle Freude an dem, was er leistete. Es ist immer weniger und weniger von solchen persönlichen Zusammenhängen zwischen dem Menschen und seinem Produkte da. Daß dieser Zusammenhang nicht da ist, das ist einfach eine Forderung des modernen Wirtschaftslebens. Das kann nicht anders sein unter den komplizierten Verhältnissen, wo wir unter Arbeitsteilung arbeiten müssen. Und hätten wir die Arbeitsteilung nicht, so hätten wir das moderne Leben mit alldem, was wir notwendig haben, nicht, hätten wir keinen Fortschritt. Es ist nicht möglich, daß die alte Beziehung zwischen dem Menschen und seinem Produkte da ist.

Aber der Mensch braucht eine Beziehung zu seiner Arbeit. Der

Mensch hat nötig, daß Freude zwischen ihm und seiner Arbeit, daß eine gewisse Hingabe an seine Arbeit bestehen kann. Die alte Hingabe, das unmittelbare Beisammensein mit dem hervorgebrachten Objekte, das ist nicht mehr, das muß aber durch etwas anderes ersetzt werden. Denn das ist nicht erträglich für die menschliche Natur, daß nicht ein ähnlicher Antrieb zur Arbeit da sei, wie er da war durch die Freude am unmittelbaren Hervorbringen des Objektes. Das muß durch etwas anderes ersetzt werden. Durch was kann es ersetzt werden? Es kann allein dadurch ersetzt werden, daß der Horizont der Menschen vergrößert wird, daß die Menschen herausgerufen werden auf einen Plan, auf den sie mit ihren Mitmenschen in großem Kreise – zuletzt mit allen Mitmenschen, die den gleichen sozialen Organismus mit ihnen bewohnen – zusammentreffen werden, um als Mensch für den Menschen Interesse zu entwickeln. Das muß eintreten, daß selbst derjenige, der in dem verborgensten Winkel an einer einzelnen Schraube für einen großen Zusammenhang arbeitet, mit seinem persönlichen Verhältnisse nicht in dem Anblick dieser Schraube aufzugehen braucht, sondern daß er hineintragen kann in seine Werkstätte, was er als Gefühle für die anderen Menschen aufgenommen hat, daß er es wiederum findet, wenn er herausgeht aus seiner Werkstatt, daß er eine lebendige Anschauung hat von seinem Zusammenhang mit der menschlichen Gesellschaft, daß er arbeiten kann, auch wenn er nicht für das unmittelbare Produkt mit Freude arbeitet, aus dem Grunde, weil er sich als ein würdiges Glied innerhalb des Kreises seiner Mitmenschen fühlt.

Und aus diesem Drange ist hervorgegangen die moderne Forderung nach Demokratie und die moderne Art, auf demokratische Weise das Recht, das öffentliche Recht festzulegen. Die Dinge hängen innerlich mit dem Wesen der Menschheitsentwickelung zusammen. Und diese Dinge kann nur durchschauen, wer in das Wesen der Menschheitsentwickelung, wie sie sich auf sozialem Boden abspielt, wirklich hineinzuschauen die Neigung hat. Man muß fühlen, wie der Horizont der Menschen erweitert werden müßte, wie Sie fühlen müßten: Gewiß, ich weiß nicht, was ich meinen Mitmenschen tue, indem ich diese Schraube hier fabriziere, aber ich weiß, daß ich durch die lebendigen Beziehungen, in die ich durch das öffentliche Recht mit ihnen komme, innerhalb der gesellschaftlichen Ordnung ein würdiges Mitglied, ein mit allen anderen gleich geltendes Mitglied bin.

Das ist es, was zugrunde liegen muß der modernen Demokratie, und was zugrunde liegen muß, als von Gefühl zu Gefühl zwischen Menschen wirkend, den modernen öffentlichen Rechtssatzungen. Und nur dadurch, daß man so in das innere Gefüge des Menschen hineinschaut, kommt man zu wirklich modernen Begriffen von dem, was sich als öffentliches Recht auf allen Gebieten entwickeln muß. Im Genaueren werden wir darüber noch im fünften Vortrag zu sprechen haben. Jetzt aber will ich Ihnen zum Schlusse noch zeigen, wie das Gebiet der Rechtsfindung hinüberspielt von dem eigentlichen Rechtsboden auf den Geistesboden.

Man kann, indem man einfach die Verhältnisse durchblickt, die ich Ihnen jetzt charakterisiert habe, sehen, wie durch das Abschleifen von Gefühl an Gefühl zwischen gleichberechtigten Menschen auf demokratischem Boden die Gesetze entstehen, währenddem auf dem Wirtschaftsboden die Verträge zwischen den Koalitionen oder auch zwischen den einzelnen Menschen entstehen. Von dem Augenblicke an, wo es sich darum handelt, daß der einzelne zivilrechtlich, privatrechtlich oder sonst irgendwie, auch strafrechtlich, sein Recht zu suchen hat oder zu finden hat, in diesem Augenblicke geht das Recht über von dem eigentlichen Rechtsboden auf den Boden des Geisteslebens. Da liegt wiederum ein Punkt – geradeso wie bei der Steuergesetzgebung –, wo das moderne menschliche Vorstellen sich noch lange nicht anbequemen wird an das, was sich eigentlich, wenn man auf die Grundverhältnisse eingeht, als ein Selbstverständliches ergibt.

Sehen Sie, wenn es sich darum handelt, zu beurteilen, wie ein Gesetz, das gegeben ist, auf den einzelnen Menschen anzuwenden ist, da kommt die individuelle Beurteilung dieses einzelnen Menschen in Betracht; da kommt in Betracht, daß man wirklich durch seine geistigen Fähigkeiten eingehen kann auf diesen einzelnen Menschen. Die Strafrechtspflege, die Zivilrechtspflege, die kann nicht auf dem allgemeinen Rechtsboden stehen, die muß auf den Boden gerückt werden, dessen tiefere Eigentümlichkeit ich übermorgen bei der Besprechung des Geisteslebens klarlegen werde. Sie kann nur dadurch Rechts-Tat werden, daß jeder, der zum Richter wird, wirklich auch in die Lage versetzt wird, aus den individuellen Fähigkeiten, ja den individuellen Beziehungen zu dem Menschen, über den er zu richten hat, heraus zu richten. Vielleicht könnte man sich denken, daß so etwas auf die verschiedenste Art erreicht werden kann. Ich habe in meinen «Kernpunkten der sozialen Frage» darauf aufmerksam gemacht, wie es auf *eine* Art erreicht werden kann.

Es besteht im dreigliederigen sozialen Organismus die selbständige, Ihnen gestern charakterisierte Wirtschaftsverwaltung, es besteht der demokratische Rechtsboden, den ich heute skizziert habe und den ich im fünften Vortrag weiter auszuführen haben werde in seiner Wechselwirkung mit den anderen Gebieten. Es besteht aber auch das selbständige Geistesleben, wo vor allen Dingen das Unterrichts- und Erziehungswesen verwaltet wird in der Weise, wie ich es gestern angedeutet habe und übermorgen weiter ausführen werde. Diejenigen nun, die die Verwalter des Geisteslebens sind, werden zu gleicher Zeit die Richter zu stellen haben, und jeder Mensch wird das Recht und die Möglichkeit haben – sagen wir sogar bloß für Zeitdauer – sich zu bestimmen, von welchem Richter er abgeurteilt sein will, wenn er in die Lage kommt, für irgend etwas Zivil- oder Strafrechtliches abgeurteilt zu werden. Da wird aus den wirklichen individuellen Verhältnissen heraus der Mensch sich seinen Richter bestimmen. Da wird der Richter, der nicht ein juristischer Bürokrat ist, sondern der aus dem geistigen Organismus heraus bestellt wird, aus den Zusammenhängen, in die er mit seiner Umgebung in sozialer Beziehung versetzt ist, auch feststellen können, wie aus der sozialen Umgebung heraus derjenige zu beurteilen ist, über den zu richten ist. Es wird sich darum handeln, daß nicht aus staatlichen Bedürfnissen heraus die Richter bestellt werden, sondern daß die Gründe, aus denen heraus man einen Richter bestellt, ähnliche sind wie die, die man im freien Geistesleben geltend macht dafür, daß man den besten Erzieher an irgendeinen Platz hinbringt. Das Richterwerden wird etwas ähnliches sein wie das Lehrer- und Erzieherwerden.

Natürlich drängt sich dadurch die Rechtsfindung ab von der Feststellung des Rechtes, die auf demokratischem Wege erwächst. Wir sehen gerade an diesem Beispiel der Strafrechtspflege, wie aus der Demokratie dasjenige herauswächst, was individuelle Angelegenheit des Menschen ist, was auch individuellerweise beurteilt werden muß. Die Feststellung des Rechtes ist ja im eminentesten Sinne eine soziale Angelegenheit. In dem Augenblicke, wo man genötigt ist, sich an einen Richter zu wenden, hat man es in der Regel mit einer über- oder antisozialen Angelegenheit zu tun, mit etwas, was aus dem sozialen Leben herausfällt. Solche Angelegenheiten sind im Grunde genommen alle individuellen Angelegenheiten der Menschen. Solche Angelegenheiten sind die Verwaltungszweige des geistigen Lebens, und unter diesen auch die Verwaltung der Rechtsfindung. Die Rechtsfindung wächst heraus, über die Grenzen der Demokratie hinweg.

So handelt es sich darum, in Realität herzustellen, was zwischen Menschen als Realität das Rechtsleben bewirkt. Dann wird dieses Rechtsleben kein Überbau sein des Wirtschaftslebens, sondern dann wird dieses Rechtsleben hineinwirken in das Wirtschaftsleben. Niemals wird man durch eine bloße theoretische Betrachtungsweise auf das kommen, was auf diesem Gebiete zu geschehen hat, sondern allein dadurch, daß man ins praktische Leben hineinschaut und sich sagt: Ein wirkliches Rechtsleben mit einer entsprechenden Stoßkraft kann nur entstehen, wenn man einen selbständigen Rechtsboden schafft. Dieser Rechtsboden ist verschwunden unter dem alles überflutenden Wirtschaftsleben. Das Rechtsleben ist ein Anhängsel des Wirtschaftslebens geworden. Es muß wiederum selbständig werden, wie auch das Geistesleben emanzipiert werden muß vom Wirtschaftsleben. Der große Irrtum muß überwunden werden zum Klarsehen in der sozialen Frage – der große Irrtum, daß man bloß die wirtschaftlichen Einrichtungen umzugestalten habe, dann ergäbe sich alles übrige von selbst. Dieser Irrtum ist dadurch entstanden, daß das wirtschaftliche Leben in der neueren Zeit allein mächtig geworden ist. Man läßt sich suggestiv beeinflussen von der einzigen Macht des Wirtschaftslebens. Man wird dadurch niemals zu einer Lösung bringen, was die soziale Frage ist. Die Menschen werden sich Illusionen hingeben, gerade die vom Proletariat. Sie werden aus dem Wirtschaftsleben heraussaugen wollen, was sie «gerechte Verteilung der Güter» nennen. Die gerechte Verteilung der Güter wird aber nur bewirkt werden, wenn im sozialen Organismus

Menschen drinnenstehen, die Fähigkeiten haben, die entsprechenden Einrichtungen, durch die die wirtschaftlichen Forderungen befriedigt werden können, zu schaffen. Das kann nur geschehen, wenn man einsehen wird: Es handelt sich zur Befriedigung der sozialen Forderung nicht allein um die Umgestaltung des Wirtschaftslebens, sondern darum, die Frage zu beantworten: Was muß neben das Wirtschaftsleben hingestellt werden, damit fortdauernd dieses Wirtschaftsleben von den sozialen Menschen, die im Rechtsleben, im Geistesleben soziale Menschen werden, sozial gestaltet werde?

Das muß sich als die Wahrheit einem Aberglauben, einem Dogma entgegensetzen. Und diejenigen, die im Wirtschaftsleben die alleinigen Heilmittel suchen für eine Gesundung des sozialen Lebens, müssen verwiesen werden auf den Geist und auf das Recht. Nicht träumen sollen sie davon, als ob das Recht nur ein Rauch wäre, der aufsteigt aus dem Wirtschaftsleben, sondern wirklichkeitsgemäß denken: Gerade weil das Recht und das Rechtsbewußtsein zurückgetreten sind in der neueren Zeit durch die Überflutung des Wirtschaftslebens, haben wir zur sozialen Gestaltung unseres gesellschaftlichen Organismus nötig die reale Schöpfung eines Rechtsorganismus mit der entsprechenden sozialen Stoßkraft.

Fragenbeantwortung nach dem dritten Vortrag

Es sind nun noch eine Anzahl von Fragen an mich gestellt worden. Die erste:

Wie kann durch ein auf selbständigem Boden beschlossenes Recht das Wirtschaftswesen geregelt werden?

Nun ist es nur notwendig, daß man berücksichtigt, wie verschieden der hier gedachte dreigliederige Organismus ist von dem, was man im platonischen Staat findet als die Gliederung der Menschen eines sozialen Organismus in drei Stände: in den Nährstand, Wehrstand, Lehrstand. Ich habe es unter den mancherlei Mißverständnissen auch treffen müssen, daß Leute gesagt haben: Ja, diese Dreigliederung in einen geistigen Organismus, in einen Rechts- oder Staatsorganismus und in einen Wirtschaftsorganismus, das sei ja nur ein Aufwärmen des platonischen Prinzips von Lehrstand gleich geistiger Organismus – so glaubt man, Wehrstand gleich staatlicher rechtlicher Organismus, Nährstand gleich wirtschaftlicher Organismus. Das ist durchaus nicht so. Es ist das Gegenteil davon. Bei der Dreigliederung des sozialen Organismus handelt es sich nämlich darum, daß die Verwaltungen der betreffenden Zweige des menschlichen Lebens voneinander getrennt werden, daß also nicht etwa die Menschen gegliedert werden in Stände, sondern daß dasjenige, was vom Menschen abgesondert ist, die Verwaltung der Einrichtungen, in drei Glieder zerfällt, die ja zusammenzuwirken haben gerade durch den lebendigen Menschen. Der lebendige Mensch steht ja in allen drei Gebieten drinnen. Es ist nach und nach in der Menschheit das Bewußtsein entstanden, daß es eigentlich nicht menschenwürdig ist, Klassenunterschiede, Standesunterschiede und so weiter zu entwickeln. In der Realität werden diese nur überwunden werden, wenn man den sozialen Organismus nach dem Objektiven gliedert, nach dem, was vom Menschen abgesondert ist.

So muß man sich zum Beispiel folgendes vorstellen. Ich werde im fünften Vortrag über Ähnliches noch zu sprechen haben. Wer eine Anschauung von dem wirklich freien Geistesleben gewinnt, der wird durchschauen können, wie dieses wirklich freie Geistesleben gar nicht jene Abstraktheit hat, die vielfach das heutige Geistesleben hat. Sie kennen heute, oder könnten sie wenigstens kennen, allerlei philosophische, religiöse Weltanschauungen und dergleichen. Denken Sie nur, wie abstrakt, wie lebensfremd diese Weltanschauungen geworden sind. Man braucht sich nur daran zu erinnern, wie heute ein Mensch seine ethischen, ästhetischen, wissenschaftlichen, religiösen Anschauungen haben kann als Kaufmann, als Staatsmann, als Industrieller, als Landwirt, und daneben hat er die Verwaltung seines Amtes, seiner Wirtschaft und so weiter. Ja, beides läuft gewissermaßen nebeneinander her. Eines ragt nicht in das andere hinein. Das rührt davon her, daß wir im Grunde genommen heute noch immer auf dem Gebiete des Geisteslebens die

Fortsetzung des alten griechischen Geisteslebens haben, das aus ganz anderen sozialen Verhältnissen hervorgegangen ist. Das wissen die Menschen zum großen Teile nicht, aber wir haben tatsächlich in unserer sozialen Gesinnung die Fortsetzung des griechischen Geisteslebens, das darauf beruhte, daß ein vollständig menschenwürdiges Dasein nur derjenige führt, der eigentlich nicht arbeitet, der nur für Politik sorgt und höchstens Landwirtschaft beaufsichtigt und dergleichen. Derjenige, der arbeitete, der gehörte eigentlich nicht in Wirklichkeit zu den Menschen, die im höheren Sinne in Betracht kommen. Beim Griechen lag es gewissermaßen im Blute, sich so zum Menschtum zu stellen, und danach richtete sich sein ganzes Geistesleben ein. Das griechische Geistesleben ist nicht anders denkbar, denn als Oberbildung über eine breite Unterbildung von Leuten, die nicht an diesem Geistesleben teilnehmen konnten, die nicht das griechische Geistesleben als solches hatten.

Aber diese Anschauung vom Geistesleben ist in unserem Gefühl geblieben. Man braucht über solche Dinge wahrhaftig nicht mit Leidenschaft zu urteilen, aber man kann sie berücksichtigen: die leitenden, führenden Kreise haben sich oftmals in sehr abstrakter Weise mit dem beschäftigt, was menschliche Brüderlichkeit ist, Nächstenliebe ist und so weiter. Nehmen wir ein drastisches Beispiel. In der Mitte des 19. Jahrhunderts, wo die Leute auch vom Standpunkt ihrer religiösen, ihrer ethischen Weltanschauung aus über Nächstenliebe, über Brüderlichkeit nachgedacht haben, hat man eine statistische Aufnahme gemacht über die Schäden der Bergarbeit in England. Da hat sich herausgestellt, daß in der Tat in die Bergschächte neun-, elf-, dreizehnjährige Kinder vor dem Aufgang der Sonne hinuntergelassen und nach dem Untergang der Sonne erst wieder heraufgeholt worden sind, so daß die armen Kinder den ganzen Tag über nicht das Sonnenlicht gesehen haben, die ganze Woche nicht, nur am Sonntag. Ja, bei den Kohlen, die auf diese Weise zutage gefördert worden sind, in gut geheizten Zimmern, haben sich dann die gebildeten Klassen unterhalten in ihrer lebensfremden Weltanschauung über Brüderlichkeit, über Nächstenliebe, haben ihre ethischen Ansichten entwickelt, haben sogar entwickelt, daß ein ethischer Mensch nur derjenige ist, welcher ohne Unterschied des Standes und so weiter alle seine Mitmenschen liebt.

Aber ein solches Geistesleben – und im Grunde genommen geht dieser Zug durch unser ganzes Geistesleben – ist ein lebensfremdes Geistesleben. Das ist das Geistesleben, das man im Inneren führt, das nicht die Stoßkraft hat, bis ins Leben hinein sich zu erstrecken. Bedenken Sie, welche Kluft besteht zwischen dem, was der Kaufmann darlebt in seiner ästhetischen, seiner religiösen Bildung, und dem, was er notifiziert in seinem Kassenbuch. Da steht zwar auch auf der ersten Seite: «Mit Gott», aber es ist wenig bekannt mit dem Gott, den er da in seinem Herzen verehrt.

Nun, sehen Sie, da haben Sie die tiefe Kluft zwischen dem abstrakten Geistesleben und der äußeren konkreten Wirklichkeit. An diese Kluft hat man sich heute gewöhnt als an etwas Selbstverständliches. Es gibt Philosophen, Ethiker, die behandeln Wohlwollen, die behandeln Güte, Nächstenliebe und alles mögliche. Aber nehmen Sie ein solches philosophisches Buch und fragen Sie, wie man zum Beispiel irgendeine Bank gestalten soll, so können Sie daraus nicht irgendeine Anleitung haben, wie man die Bank gestalten soll. Ein Geistesleben, das wirklich emanzipiert ist, auf seine eigenen Füße gestellt ist, das wird wiederum verbinden Lebenspraxis mit dem geistigen Betriebe, mit demjenigen, was Geistesleben ist.

Wer namentlich den übermorgigen Vortrag hören wird von mir, wird nicht glauben, daß ich in irgendeiner Nuance nur dem Geistesleben einen materialistischen Zug geben will. Das gerade Gegenteil, werden Sie sehen, wird der Fall sein. Aber gerade wenn man das nicht will, wenn man das Geistesleben auf seine geistigen Grundlagen stellen will, dann kann das einen nicht dazu verleiten, das materielle Leben wie etwas dem Geistesleben Fremdes zu behandeln, sondern den Geist so zu behandeln, daß er untertauchen kann in die unmittelbare Wirklichkeit. Darüber sind heute schon Menschen erstaunt, wenn man zu ihnen im Konkreten so spricht.

Zum Beispiel fragte mich ein Industrieller: «Ja, also, Sie wollen, daß zum Beispiel an den Praktiker, der in einem praktischen Beruf arbeitet, drinnen sich auskennt, wenn er die Eignung hat – wenn die geistige Verwaltung findet, daß er die Eignung hat –, mag er fünfunddreißig, vierzig Jahre alt sein, der Ruf ergeht, ganz gleichgültig auf welchem Wissensgebiete es ist, nun zu lehren an irgendeiner höheren oder niedereren Schule eine gewisse Zahl von Jahren.» Dann tritt er wieder aus der Praxis heraus! Das Geistesleben ist getrennt vom Wirtschaftsleben. Aber der Wirtschaftende verwendet gerade dasjenige, was er sich aneignet im getrennten Geistesleben: Ein fortwährendes Hinüber und Herüber.

«Aber es ist doch so, daß der Mensch seinen Fähigkeiten nach auf einen eingeschränkten Posten gestellt werden muß. Sehen Sie, ich habe einen Menschen in meinem Geschäft, in meiner Fabrik, der ist ganz so geschaffen, daß er immer fordert, ich soll für ihn ein chemisches Laboratorium einrichten, in dem er einzig und allein Experimente machen kann. Die Menschen sind eben verschiedenartig!» Sie sind es, sie sind verschieden geartet, weil sie durch die Verhältnisse der neueren Zeit so erzogen sind. In Wahrheit kann niemand wirklich im Geistesleben drinnenstehen, der nicht auch im praktischen Leben seinen Mann stellen kann. Nur dann, wenn man den Geist überall hineintragen kann ins praktische Leben, dann kann man auch im Geistesleben seinen Mann stellen.

So wird gerade dadurch, daß dasjenige, was vom Menschen getrennt ist, dreigliederig wird, das Getrennte durch den Menschen zusammengeführt. Wenn also im demokratischen Staatswesen das Recht entsteht, so werden die Menschen, die dann im Wirtschaftsleben tätig sind, das Recht hineintragen ins Wirtschaftsleben, werden solche Einrichtungen machen, die dem Rechte entsprechen. Durch die lebendigen Menschen wird es hineingetragen, nicht durch die abstrakten Maßnahmen und dergleichen. Das ist es, um was es sich handelt: wiederum die sozialen Einrichtungen auf die Grundlage des lebendigen Menschen zu stellen. Das möchte ich auf diese Frage erwidern.

Sehen Sie, auch auf den einzelnen Gebieten wird sich ergeben, daß das Wissen wirklich dem Leben fruchtbar gemacht werden kann. Sehen Sie sich heute eine große Anzahl von Universitäten an. Da wird auch Pädagogik gelehrt. Nun ja, so im Nebenfach lehren die Philosophen Pädagogik, wovon sie in der Regel wenig verstehen. In einem gesunden sozialen Organismus wird irgendein geeigneter Schullehrer, der praktisch den Unterricht zu handhaben versteht, zwei oder drei Jahre Pädagogik zu lehren haben; dann wird er wiederum zurückkehren zu seinem praktischen Fach. So wird es im ganzen Leben sein. Dadurch, daß dasjenige, was vom Menschen getrennt ist, dreifach gegliedert ist, dadurch wird man gerade in der Lage sein, daß der Mensch in jedes dieser Gebiete dasjenige hineinträgt, was sich in seiner Selbständigkeit im anderen Gebiete auslebt.

Die zweite Frage:

Wer richtet in handelsgerichtlichen Angelegenheiten, wohl nicht Räte aus dem Kulturgebiet allein, die der Fachkenntnisse ermangeln, nicht Fachexperten allein?

Im Grunde genommen ist viel von dieser Frage schon beantwortet mit dem, was ich eben jetzt gesagt habe. Durch die Gestaltung unseres Geisteslebens wird einer so vorgebildet, wie er sein muß, damit er ein richtiger Referendar ist, damit er ein richtiger Kaufmann ist und dergleichen. Es handelt sich darum, daß eben im dreigliederigen sozialen Organismus, mit dem selbständigen Geistesleben, nicht so unterrichtet werden wird, sondern daß der Mensch tatsächlich durch die Art und Weise, wie das Geistesleben seine eigenen Bedingungen stellt, zu einer gewissen Lebenspraxis kommen wird, und daß er diese Lebenspraxis auch wird ausgestalten können. Man braucht ja durchaus nicht ein sachgemäßes Urteil auf jedem Gebiete zu haben. Das ist es gerade, was nicht sein kann und worauf nicht gerechnet werden darf. Daß der richtige Mensch in einem Handelsgerichte sitzt, dafür wird allerdings aus der geistigen Verwaltung heraus zu sorgen sein, weil in der geistigen Verwaltung drinnen auch diejenigen Menschen sitzen werden, die etwas von den Handelsgesetzen verstehen. Es wird, was Wissen ist, nicht in Fächern in dieser Weise zentralisiert wie heute, sondern es wird durch dasjenige, wie die Menschen untereinander sind in den Korporationen der geistigen Organisation, möglich sein, solch ein Gericht in der entsprechenden Weise zusammenzusetzen, sachgemäß zusammenzusetzen, nicht aus irgendwelchem wirtschaftlichem Bedürfnis heraus und dergleichen.

Wie kann man richtig die Bedürfnisse eines Menschen feststellen oder die richtige Wertschätzung eines von ihm erzeugten Gegenstandes bemessen, wo doch die Warenbedürfnisse des Menschen so verschieden sind?

Gerade weil sie verschieden sind, müssen reale Einrichtungen geschaffen werden, welche darinnen bestehen, daß Menschen da sind, welche diese Bedürfnisse studieren, diese Bedürfnisse kennenlernen. Solche Dinge hängen nicht in der Luft, solche Dinge können durchaus auf einen realen Boden gestellt werden. Ein kleines Beispiel könnte ich Ihnen ja anführen. Es gibt eine Gesellschaft, sie steht sogar unterschrieben auf den Plakaten: die Anthroposophische Gesellschaft. Sie hat sich neben dem, was ihr manche Menschen zuschreiben, auch mit recht praktischen Angelegenheiten schon beschäftigt, die durchaus in der Linie liegen, wenn auch im kleinen, von dem, was ich hier über die soziale Frage auseinandergesetzt habe. So fand sich innerhalb der Anthroposophischen Gesellschaft ein Mann, der Brot erzeugen konnte. Weil man gerade zur Verfügung hatte eine Korporation von Menschen, die ja natürlich auch Brotkonsumenten sind, eine Korporation von Anthroposophen, konnte man gewissermaßen eine Assoziation herbeiführen zwischen dem Mann als Broterzeuger und diesen Konsumenten; das heißt, er konnte sich in seiner Produktion nach den Bedürfnissen des Konsums richten, so, daß man die Bedürfnisse kennt und nach den vorhandenen Bedürfnissen die Produktion durchaus einrichten kann. Das wird nicht der Markt tun, der das Ganze anarchisch zufällig gestaltet, sondern das kann nur geschehen, wenn Einrichtungen da sind, durch die Menschen, die die Bedürfnisse wirklich studieren, nach den Bedürfnissen die Produktion lenken, sie mit den Assoziationen regeln.

Diese Feststellung der Bedürfnisse möchten sozialistische Denker heute nach der Statistik machen. Das kann nicht nach der Statistik gemacht werden. Das lebendige Leben läßt sich nie nach der Statistik formen, sondern allein nach dem unmittelbaren Beobachtungssinn der Menschen. Es müssen also innerhalb des Wirtschaftsorganismus die Menschen durch die sozialen Zustände in gewisse Ämter oder dergleichen gebracht werden, die da sind zur Verteilung der Bedürfniserkenntnisse an die Produktion. Gerade weil die Bedürfnisse verschieden sind, handelt es sich darum, nicht etwa eine Tyrannisierung der Bedürfnisse hervorzurufen, die ganz gewiß entstehen würde auf Grundlage des heutigen sozialdemokratischen Programms, sondern es handelt sich darum, aus den lebendigen Bedürfnissen zu erkennen, wie diese

Bedürfnisse befriedigt werden sollen. Daß selbstverständlich gewisse Bedürfnisse dann nicht befriedigt werden können, das wird auch die Praxis als solche ergeben. Aus einem Dogma heraus, weil irgend jemand meint, dies oder das sei kein richtiges menschliches Bedürfnis, darf darüber nicht entschieden werden. Aber wenn eine Anzahl von Menschen Bedürfnisse haben, die nach Gütern rufen, zu deren Herstellung Menschen ausgenützt werden müßten – das wird sich gerade im lebendigen Wirtschaftsleben ergeben, das auf seine eigenen Füße gestellt ist –, wird man diese Güter nicht herstellen können, für die einzelne Bedürfnisse haben. Es wird sich gerade darum handeln, zu erfassen, ob die Bedürfnisse ohne Vernachlässigung, ohne Schaden für die menschlichen Kräfte wirklich berücksichtigt werden können.

Wie denkt Dr. Steiner sich die praktische Verwirklichung der Dreigliederung? Ist es möglich, beim Bundesrat einzuwirken? Oder soll nach genügender Verbreitung der Gedanken ein Referendum stattfinden? Oder wird man abwarten müssen, bis Revolution und Bürgerkrieg die gegenwärtige Ordnung gestürzt haben werden?

Zunächst handelt es sich doch darum, ernst zu nehmen, daß hier eine neue Methode, wenigstens relativ neue Methode gegenüber den Methoden, die sonst eingehalten werden, eingeschlagen werden muß. Es handelt sich darum, daß nicht so, wie das bei den alten Parlamenten der Fall ist, Ziele angestrebt werden, sondern daß aus der Sache selbst heraus, ich möchte sagen, aus den Tendenzen des modernen Lebens heraus, erfaßt werde, was eigentlich die Menschen in ihrem Unterbewußtsein fordern, wenn sie sich auch nicht darüber klar sind. Und dann, wenn man in der Lage ist, das verständlich zu machen, um was es sich handelt, dann werden eine Anzahl von Menschen da sein, welche verstehen werden, was zu geschehen hat. Und wenn eine genügend große Anzahl von Menschen da ist, welche Verständnis dafür haben, was zu geschehen hat, dann werden sich, glaube ich, die Wege ergeben. Ich habe in meinen «Kernpunkten der sozialen Frage» gerade ausgeführt, wie an jedem Punkt des Lebens eigentlich angefangen werden kann mit dieser Dreigliederung, wenn man nur will, wenn man nur ihren Sinn wirklich versteht.

Daß nicht beabsichtigt wird, durch irgendeine Revolution herbeizuführen, was in der Dreigliederung lebt, das beruht auch auf einer geschichtlichen Betrachtung. Ich habe dabei eben das zu sagen, daß ja Umwandelungen auf geistigen Gebieten – man nehme nur das Christentum – im Abendlande stattgefunden haben, daß auch auf politischen Gebieten Umwandelungen stattgefunden haben. Aber schon auf politischen Gebieten lassen die Umwandelungen gewisse Reste übrig. Heute denken die Menschen an wirtschaftliche Revolutionen – wir werden über die ganze Frage im fünften Vortrage noch zu sprechen haben, überhaupt in den nächsten Vorträgen –, aber solche Revolutionen werden alle das Schicksal haben, das die Revolution des europäischen Ostens ganz gewiß haben wird: nur Abbau zu treiben, nicht Aufbau, das die ungarische Revolution hatte, das besonders die deutsche Revolution vom 9. November 1918 hat, die ja vollständig im Versanden ist, die im Versanden ist aus dem Grunde, weil sich deutlich zeigt, daß es heute wahrhaftig nicht darauf ankommt, irgendwelche gewaltigen Umwälzungen herbeizuführen, sondern Ideen zu haben, durch welche normale haltbare Zustände herbeigeführt werden.

Bekennt sich eine genügend große Anzahl von Menschen zum Verständnisse einer solchen Sache, dann ergeben sich die Wege. Denn die Idee von der Dreigliederung des sozialen Organismus ist nicht nur ein Ziel, sondern sie ist eben selbst ein Weg. Aber es handelt sich darum, daß man nicht etwa sich auf den Boden stellt, auf den sich so manche Leute stellen. Ich habe es zum Beispiel in gewissen Gebieten erlebt, als ich die Dreigliederung auseinandergesetzt habe, daß die Leute auch mein Buch «Die Kernpunkte der sozialen Frage» gelesen haben. Sie haben das plausibel gefunden, was drinnensteht. Aber Leute aus dem radikalen Flügel der Linken haben gefunden: Ja, diese Dreigliederung ist sehr gut, aber da muß zuerst Revolution, Diktatur des Proletariats vorausgehen, dann werden wir auf die Dreigliederung zurückgreifen – und recht wohlwollend ist das gesagt worden –; jetzt aber bekämpfen wir sie bis aufs Messer! – Das war die Folgerung: Weil man eigentlich einverstanden ist, bekämpft man sie bis aufs Messer! Das ist mir ja vielfach entgegengetreten. Diese Dinge beruhen eigentlich durchaus auf einem falschen Denken: daß man irgend etwas machen kann, bevor Verständnis dafür geschaffen ist.

Besonders charakteristisch ist eine kleine Episode: Ich habe an einem Orte Süddeutschlands über diese Dinge gesprochen. Da trat ein Kommunist auf. Der Mann war eigentlich ein ganz netter Mensch. Aber er sagte ungefähr im Laufe seines Vortrags das Folgende zu seinen Zuhörern, er war auch ein ganz bescheidener Mensch nach seinem Oberbewußtsein, im Unterbewußtsein sehr, sehr erheblich weniger bescheiden: Sehen Sie, ich bin ein Schuhflicker. Ich weiß ganz gut, da ich ein Schuhflicker bin, daß ich nicht imstande bin, in der zukünftigen sozialen Gesellschaft ein Standesbeamter zu werden. Zum Standesbeamten, da braucht man einen, der dazu vorgebildet ist. – Aber der Mann, der hatte vorher in aller Ausführlichkeit seine Pläne entwickelt über die soziale Ordnung, woraus hervorging: zum Minister in dem Zukunftsstaate, dazu fühlte er sich wohl berufen – zum Standesbeamten nicht, wohl aber zum Minister!

Daß solche Denkweise herrscht, das könnte ich Ihnen noch aus manchem anderen netten Beispiel beweisen. Aber es zeigt eben, daß es sich darum handelt, daß zunächst einmal wirklich Verständnis Platz greife für dasjenige, was der Inhalt der Dreigliederung ist. Dann werden sich die Wege ergeben. Und man sollte hoffen, daß dieses Verständnis Platz greifen könnte, ehe es zu spät ist. Wenn nur ein wenig die heutigen Menschen sich aufrütteln könnten zu dem Verständnis desjenigen, was notwendig ist, dann würde es schon dahin kommen. Dann würde man auch nicht eigentlich fragen, ob man beim Bundesrat vorstellig werden soll durch ein Referendum und dergleichen, sondern man würde wissen: Sobald genügend viel Menschen da sind, ist die Sache auch da – wenn genügend viel Menschen sie verstehen. Das ist es im Grunde genommen, was das Geheimnis gerade einer Gesellschaft ist, die nach Demokratie strebt: daß die Sache da ist, wenn sie wirklich inneres Verständnis findet und wenn sie wirklich innerlich klar ist. Das ist es, worauf es ankommt.

Ist das Prinzip des Strafrechts nicht ein Überbleibsel?

Weiter:

Hat der Gedanke des Strafens eine Berechtigung gegenüber dem Gedanken der pädagogischen Besserung?

Es ist tatsächlich der Gedanke des Strafens einer der allerschwierigsten, und alle möglichen Antworten sind im Laufe der geschichtlichen Betrachtung gerade auf diese Frage gegeben worden. Auf einem solchen Boden, aus dem Ideen hervorgehen wie die der Dreigliederung des sozialen Organismus, ergeben sich auch gewisse Konsequenzen, die sich auf einem anderen Boden nicht ergeben. Alles einzelne, was innerhalb einer sozialen Ordnung geschieht, ist im Grunde genommen doch eine Konsequenz der ganzen sozialen Ordnung. So wie jedes Stück Brot, das ich erwerben kann, mit seinem Preis eine Konsequenz der ganzen sozialen Ordnung ist, so sind auch die Antriebe beim Strafen in der ganzen Struktur des sozialen Organismus drinnen begründet. Und gerade an dem Umstande, daß Strafen notwendig werden, gerade darinnen zeigt sich, daß im ganzen sozialen Organismus etwas ist, was eigentlich nicht drinnen sein soll. Wenn man, ich sage jetzt nicht, den dreigliederigen sozialen Organismus als solchen vertritt, sondern überhaupt aus solchen Impulsen eine praktische Weltanschauung entwickelt, aus der heraus man die Idee vom dreigliederigen sozialen Organismus gewinnt, dann ergibt sich eigentlich die Anschauung, daß man allerdings mit Bezug auf Strafe und Strafvollzug zu anderen Dingen kommen wird, und die Notwendigkeit des Strafens wird viel weniger eintreten, wenn solche Dinge sozial wirklich sind, wie sie zum Beispiel gerade in dem heutigen Vortrage gefordert worden sind. Das Strafrecht, das wie der Schatten eigentlich unsoziale Zustände begleitet, wird in sozialen Zuständen auf ein Minimum herunter reduziert werden können. Daher werden die Fragen, die heute auftauchen gegenüber dem Strafrecht, ob es ein Überbleibsel ist und dergleichen, auf einen ganz neuen Boden gestellt werden, wenn eine solche Umwälzung wirklich geschieht. Ich möchte sagen: Wenn der Mensch krank ist, so tut er gewisse Dinge; wenn er gesund ist, tut er andere Dinge. So ist es auch hier. Es weist hin die Notwendigkeit, zu strafen, auf gewisse Krankheitssymptome innerhalb des ganzen sozialen Organismus. Wenn man anstrebt, den sozialen Organismus gesund zu machen, so werden die Begriffe über Strafe, Strafrecht, Strafvollzug eben doch auf einen ganz anderen Boden gestellt werden können. Also ich möchte sagen: Man muß versuchen, in der ganzen Auseinandersetzung über die soziale Umwandelung die Antwort zu suchen auf dasjenige, was dann auch aus dem einzelnen, wie zum Beispiel Strafrecht oder Strafvollzug, wird.

Liegt es in der Urteilsfähigkeit jedes Menschen, zu bestimmen, wieviel Arbeitszeit ein bestimmter Produktionszweig erfordert?

Ja, urteilsfähig zu sein mit anderen Menschen zusammen, über solche Fragen zu entscheiden, ist etwas anderes, als das Liegen in der Willkür eines einzelnen Menschen. Wenn Sie meine «Kernpunkte der sozialen Frage» lesen – und ich werde ja auf das Arbeitsrecht noch zurückkommen in den Vorträgen –, dann werden Sie sehen, daß im dreigliederigen sozialen Organismus die Regelung von Art der Arbeit, von Zeit der Arbeit eine Angelegenheit des öffentlichen Rechtes werden soll, daß also das, was hier gefragt wird, geregelt werden soll gerade auf dem demokratischen Rechtsboden. Da handelt es sich also darum, daß eine solche Frage geregelt wird von jedem Menschen mit allen anderen Menschen des sozialen Organismus zusammen. Dazu ist der Mensch urteilsfähig, daß er mit den anderen zusammen über eine solche Frage eine Regelung vornehmen kann. Also es ist nicht berechtigt zu fragen: Liegt es in der Urteilsfähigkeit jedes Menschen, zu bestimmen, wieviel Arbeitszeit ein bestimmter Produktionszweig erfordert? – Das liegt ganz gewiß nicht beim einzelnen Menschen, in seiner Willkür; aber es liegt in der Möglichkeit, darüber ein öffentliches Urteil zu gewinnen durch demokratische Regelung und demokratische Majorität auf einem solchen Rechtsboden, wie ich ihn heute geschildert habe.

Müssen wir nicht zuerst das Seelische im Menschen abklären, bevor wir an die Ausführungen im großen in diesem Staate gehen?

Nun, vieles von dem, was hier gemeint ist, wird ja gerade Gegenstand des nächsten Vortrages sein. Aber, sehen Sie, die Idee der Dreigliederung des sozialen Organismus ist eine praktische Idee. Daher sieht sie auch alle Dinge von einem wirklichkeitsgemäßen Gesichtspunkte an. Es gibt heute viele Menschen, die sagen einfach: Nun, wir haben die soziale Frage, also muß sie gelöst werden, also muß man über ein Programm nachdenken, durch das die soziale Frage gelöst wird; heute haben wir soziale Zustände, die nicht wünschenswert sind, wir werden eine Lösung der sozialen Frage finden; dann werden sich morgen soziale Zustände herausbilden, die sozial wünschenswert sind. – So liegt die Sache aber nicht. In jener Entwickelung der Menschheit, die ich heute geschildert habe, hat sich eben die soziale Frage ergeben aus gewissen Seelenverfassungen, Leibesverfassungen und den Konsequenzen davon in bezug auf das soziale Leben. Sie ist da, die soziale Frage, und man kann sie nicht theoretisch lösen, kann nicht Gesetze geben, durch die die soziale Frage gelöst wird. Sie ist da und wird da bleiben. Sie wird immer da sein. Sie wird jeden Tag aufs neue aufgeworfen werden. Dafür müssen auch immer Einrichtungen da sein, durch die sie jeden Tag aufs neue gelöst werden wird. Also es handelt sich nicht darum, daß man die Sache so hübsch einteilt: Zuerst machen wir die Menschenseelen geeignet, dann werden wir sozial wünschenswerte Zustände herbeiführen. – Nein, es handelt sich darum, daß man die soziale Frage anerkennt, daß man versucht, in der Realität so etwas zu verwirklichen, wie es zum Beispiel der selbständige Rechtsboden oder der selbständige Geistesboden ist, wodurch die soziale Frage fortdauernd gelöst werden kann.

Ich habe in meinem Buche «Die Kernpunkte der sozialen Frage» mich dagegen verwahrt, daß man das, was ich gesagt habe über die Ähnlichkeit zwischen dem einzelnen menschlichen Organismus und dem sozialen Organismus mit Bezug auf die Dreigliederung als ein müßiges Analogiespiel ansieht. Ich wollte wahrhaftig nicht irgendein dem *Meray* oder dem älteren *Schäffle* entsprechendes Analogiespiel treiben zwischen dem menschlichen Organismus und dem sozialen Organismus. Aber was ich in meinem Buche «Von Seelenrätseln» ausgeführt habe, daß eine wirkliche Naturbetrachtung dazu kommt, den menschlichen Organismus als eine Zusammenwirkung von drei selbständigen Gliedern anzusehen, das erfordert ein Denken und eine Betrachtungsweise, die dann fruchtbar auch auf den sozialen Organismus angewendet werden können, aber nicht durch Übertragung, sondern gerade durch unbefangene Betrachtung des sozialen wie des natürlichen Organismus. Da ist manches, was man an dem einen und an dem anderen lernen kann.

Nicht wahr, die Menschen möchten den sozialen Organismus so betrachten, daß da Einrichtungen enthalten sind, die ja alles in Idealzuständen erhalten, daß alles in der besten Weise gemacht wird. Es wird nie gefragt, ob das auch möglich ist. Die Leute möchten ein Wirtschaftsleben begründen, in dem Einrichtungen sind, durch die nie Schäden entstehen können. Man bedenkt nicht, daß es sich im Leben eben um Leben handelt und nicht um Abstraktionen! Im Menschen, im natürlichen Organismus, ist zum Beispiel die Einrichtung, daß wir den Sauerstoff einatmen; der wird umgewandelt in Kohlensäure. Der Sauerstoff spielt eine Rolle im menschlichen Organismus durch gewisse Organe, die ihn so in Verbindung bringen mit anderen Stoffen, daß gewisse Funktionen des menschlichen Organismus vor sich gehen können. Ja, da müssen besondere Organe da sein, welche das eine tun. Würden nur sie da sein, so würden Schäden im Organismus entstehen. Diese Schäden muß man auch entstehen lassen, aber im Entstehen müssen sie verhindert werden. Das ist das Wesen des Lebendigen. Diejenigen, die sagen: Wir haben einen Wirtschaftsorganismus, gestalten wir ihn so, daß er durch sich selber funktioniert; dann brauchen wir neben diesem einen Rechts- oder einen Geistesorganismus – die reden geradeso wie diejenigen, die sagen: Es wäre doch viel besser von dem Schöpfer oder den Naturkräften, wenn man bloß einmal im Leben zu essen brauchte und dann der menschliche Organismus so eingerichtet wäre, daß das nicht immer wiederum zerstört wird und immer wieder von neuem gegessen werden muß. – Wenn es sich ums Lebendige handelt, handelt es sich um Absteigen und Aufsteigen der Prozesse. Ein Wirtschaftsleben, das wirtschaftlich richtig eingerichtet ist, das läßt Schäden entstehen gerade durch seine Tüchtigkeit; und im Entstehen, im Status nascendi, muß man gleichzeitig diese Schäden aufheben. Das kann man nicht durch den Wirtschaftsorganismus selber, sondern durch den danebenstehenden Geistes- und Rechtsorganismus. Die müssen da sein, damit sie im Entstehen die Schäden des Wirtschaftsorganismus aufheben. Das ist der Charakter des Lebendigen, daß die Dinge in reger Wechselbeziehung stehen.

Eine solche Betrachtung ist freilich viel unbequemer, ist aber eine solche, die mit den Wirklichkeiten rechnet, die nicht den Wirtschaftsorganismus so reformieren will, daß er sich selber aufhebt, selber zerstört. Es ist leicht zu sagen: Diese und jene Schäden sind entstanden aus der modernen Produktion, also schafft man sie ab, setzt eine andere ein. – Nicht darum handelt es sich, einfach irgend etwas zu fordern, sondern zu studieren die Möglichkeiten eines lebendig Bestehenden. Und eine Möglichkeit ist diese, daß es in diesem einen Gliede, auf der einen Seite, gewisse Dinge hervorruft, die, wenn sie den einseitigen Prozeß nur verfolgen würden von diesem Organsystem aus, zum Tod des betreffenden Organismus führen würden. Andere Glieder des Organismus wirken entgegen, und schon im Status nascendi, im Entstehungszustande, wird Korrektur geübt durch das andere. So müssen die drei Glieder das Korrigieren aneinander üben. So ist es wirklichkeitsgemäß gedacht. Und wer sich wirklich heute mit der sozialen Frage beschäftigen will, der muß sich an wirklichkeitsgemäßes Denken gewöhnen. Wir segeln in die furchtbarsten Zustände hinein, wenn das verrenkte, karikierte Denken, das nichts zu tun hat mit Wirklichkeit, das Programme macht aus den menschlichen Leidenschaften, Emotionen heraus, überall Platz greift. Ein wirklichkeitsgemäßes Denken wird aber Wirklichkeit schaffen. Daher handelt es sich zunächst darum, ein wirklichkeitsgemäßes Denken zu gewinnen.

VIERTER VORTRAG

Zürich, 28. Oktober 1919

Geistesfragen
Geisteswissenschaft (Kunst, Wissenschaft, Religion)
Erziehungswesen – Soziale Kunst

Wenn man die Geschichte der letzten Jahre überblickt und sich dabei frägt: Wie nehmen sich die Fragen und Forderungen sozialer Natur, die ja seit mehr als einem halben Jahrhundert gestellt worden sind, innerhalb dieser Geschichte aus? – so wird man doch nicht umhin können, die folgende Antwort zu bekommen: In weiten Gebieten der zivilisierten Welt wurde Persönlichkeiten, die sich jahrzehntelang in ihrer Art der Betrachtung sozialer Fragen hingegeben haben, die Möglichkeit, in ihrem Sinne an einem Aufbau, an einer Neugestaltung der sozialen Verhältnisse positiv zu arbeiten, eingeräumt, und eine außerordentlich charakteristische Erscheinung ist wohl diese, daß sich all die Theorien, all die Anschauungen, die sich seit mehr als einem halben Jahrhundert von verschiedenen Seiten her als sozialistische ergeben haben, als machtlos erwiesen gegenüber einem wirklichen Aufbau, einer Neugestaltung der gegenwärtigen Verhältnisse. In den letzten Jahren ist viel gescheitert, wenig – für den Einsichtigen wird wahrscheinlich sogar gesagt werden müssen: gar nichts – aufgebaut worden. Muß sich da nicht die Frage hereindrängen in die menschliche Seele: Worinnen liegt eigentlich der Grund dieser Ohnmacht entwickelter Anschauungen gegenüber der positiven Arbeit?

Auf diese Frage habe ich mir erlaubt, eine kurze Antwort zu geben – auf die ich heute hinweisen darf – in dem Zeitpunkte, welcher vorangegangen ist der großen Weltkriegskatastrophe: im Frühjahr des Jahres 1914, in einem kleinen Vortragszyklus, den ich dazumal in Wien vor einer kleinen Gemeinde gehalten habe – eine größere hätte mich damals wahrscheinlich über das Gesagte ausgelacht. Ich habe mir dazumal zu sagen erlaubt gegenüber alledem, was die sogenannten Praktiker des Lebens über die nächste Zukunft annahmen, daß in unseren sozialen

Zuständen über die ganze zivilisierte Welt hin etwas lebt, was sich dem genauen Beobachter des inneren Lebens der Menschheit zeigt wie ein soziales Geschwür, wie eine soziale Krankheit, wie eine Art Krebsbildung, die in der nächsten Zeit in einer furchtbaren Weise über die zivilisierte Welt wird zum Ausbruche kommen müssen. Das konnten diejenigen, die dazumal von der politischen Entspannung sprachen und dergleichen – sie waren praktische Staatsmänner –, als den Pessimismus eines Idealisten ansehen. Allein das war herausgesprochen aus dem, was man als Überzeugung gewinnen kann aus einer geisteswissenschaftlichen Betrachtung der menschlichen Entwickelung, aus einer solchen geisteswissenschaftlichen Betrachtung, wie ich sie heute Abend vor Ihnen charakterisieren will.

Dieser geisteswissenschaftlichen Betrachtung ist gewidmet in einem nordwestlichen Winkel der Schweiz der Dornacher Bau, das Goetheanum. Dieser Bau soll der äußere Repräsentant sein für die geisteswissenschaftliche Bewegung, die ich hier meine. Sie können ja verschiedenes heute hören, verschiedenes heute lesen über das, was mit dem Dornacher Bau angestrebt werden soll, was mit der Bewegung gemeint ist, für die dieser Bau der Repräsentant sein soll. Und Sie können in den meisten Fällen sich sagen: Das Gegenteil von dem ist richtig, was zumeist über diese Dinge heute geschwätzt wird. Allerlei Mysteriöses, allerlei falsche, sinnlose Mystik, allerlei obskures Zeug sucht man in dem, was mit dieser Bewegung und ihrer Repräsentanz durch den Dornacher Bau angestrebt wird. Davon kann nicht anders die Rede sein, als daß eben über diese Strömung des Geisteslebens heute noch Mißverständnisse über Mißverständnisse walten. In Wahrheit handelt es sich darum, daß in bewußter Weise mit dieser Geistesströmung jene Erneuerung unseres gesamten zivilisierten Lebens angestrebt wird, wie es sich im Laufe der Menschheit in Kunst, Religion, Wissenschaft, Erziehung und so weiter ausgestaltet hat, und wie es für den Einsichtigen wahrhaftig einer Erneuerung bedarf, ja, man kann sagen, einer Erneuerung bedarf aus ihren Fundamenten heraus.

Und diese Geistesströmung führt zu der Überzeugung, die ich schon angedeutet habe in den Vorträgen, die diesem vorangegangen sind in diesem Zyklus: daß es heute gegenüber der sozialen Bewegung nicht getan ist mit dem Nachdenken über die eine oder die andere neue Einrichtung, sondern daß dasjenige, was aus den tiefsten Gründen der Menschheitsentwickelung gefordert wird, eine Umwandelung des Vorstellens, des Denkens, der innersten Seelenverfassung der Menschheit selber sei. Und eine solche Umwandelung strebt die hier gemeinte Geisteswissenschaft an. Und sie muß meinen, daß, weil die sozialen Anschauungen, von denen ich eben gesprochen habe, aus alten, nicht mehr der heutigen Menschheitsentwickelung und dem heutigen Leben gewachsenen Vorstellungsarten hervorgegangen sind, sie deshalb, da sie an einen Neuaufbau, an eine Neugestaltung gestellt wurden, so deutlich Schiffbruch erlitten.

Das, was wir brauchen, ist Einsicht. Was wollen eigentlich die unterbewußten, in das bewußte Denken noch nicht heraufgedrungenen Sehnsuchten und Forderungen der heutigen Menschheit? Was wollen sie vor allen Dingen gegenüber Kunst, gegenüber Wissenschaft, gegenüber Religion und gegenüber dem Erziehungswesen?

Sehen wir uns zum Beispiel dasjenige an, was sich gerade in der neueren Zeit als Kunst herausgebildet hat. Ich weiß sehr gut, indem ich das Folgende als eine kleine Charakteristik dessen geben werde, was sich als Kunst herausgebildet hat, werde ich bei vielen Anstoß erregen müssen, ja es wird von vielen die Sache so aufgefaßt werden, als ob damit die völlige Verständnislosigkeit gegenüber den Strömungen der neueren Kunst dokumentiert werde.

Das Hauptcharakteristikon der neueren Kunstentwickelung, wenn man von einzelnen eigentlich sehr anerkennenswerten Versuchen der letzten Jahre absieht, ist wohl dieses, daß diese Kunstentwickelung einen eigentlichen inneren Impuls verloren hat, um aus einer menschlichen Notwendigkeit heraus vor die Menschheit etwas hinzustellen, was diese Menschheit als ein unmittelbares Bedürfnis empfindet. Immer mehr und mehr ist doch die Meinung heraufgezogen, einem Kunstwerke gegenüber müsse man fragen, inwiefern in diesem Kunstwerke der Geist, der Sinn der äußeren Wirklichkeit lebe, inwiefern die äußere Natur oder das äußere Menschenleben durch die Kunst wiedergegeben wird. Man braucht sich bloß zu fragen: Was hat eine solche Meinung für eine Bedeutung gegenüber, sagen wir, einem Raffaelschen oder einem Leonardoschen Gemälde oder Kunstwerk? – Sehen wir daran nicht, daß die Beziehung zur unmittelbaren äußeren Wirklichkeit durchaus nicht das Maßgebende ist, daß das Maßgebende da ist das Schaffen aus etwas heraus, das der äußeren unmittelbaren Wirklichkeit fernsteht? Welche Welten strahlen uns an, wenn wir das jetzt schon kaum mehr überschaubare Bild in Mailand, das Abendmahl des *Leonardo da Vinci* sehen, oder wenn wir vor einem Bilde von *Raffael* stehen! Ist es nicht zum Schlusse eine völlige Nebensächlichkeit, inwiefern diese Künstler das eine oder das andere auch von den Gesetzen des natürlichen Daseins getroffen haben? Ist es nicht bei ihnen die Hauptsache, daß sie uns etwas sagen von einer Welt, die wir nicht sehen, wenn wir bloß mit Augen sehen, wenn wir bloß mit den äußeren Sinnen wahrnehmen? Und ist nicht immer mehr und mehr heraufgezogen wie das einzige Kriterium für ein Kunstwerk oder für ein Künstlerisches überhaupt, daß der moderne Mensch empfindet: Ist die Sache denn nun eigentlich wahr? – und wahr meint man da im gewöhnlichen naturalistischen Sinne. Fragen wir uns, so botokudisch es auch gewissen künstlerischen Anschauungen heute klingt: Was ist eine Kunst im Leben, also auch im sozialen Leben, was ist eine Kunst, die nichts anderes will als ein Stück Wirklichkeit wiedergeben?

In derselben Zeit, in welcher heraufgestiegen ist der moderne Kapitalismus, heraufgestiegen ist die moderne Technik, entwickelte sich ja vor allem auf künstlerischem Gebiete die Darstellung der Landschaft. Selbstverständlich kenne ich auch die malerische Berechtigung der Landschaft. Aber es ist auch die andere Frage voll berechtigt: Ich stehe vor einer noch so künstlerisch vollendeten Landschaft; kann sie in irgendeiner Weise das erreichen, was ich vor mir habe, wenn ich auf einem Berghang stehe und die Landschaft als Natur selber vor mir habe? – Gerade das Heraufkommen der Landschaft bezeugt, wie sehr die Kunst ihre Zuflucht nahm – weil sie nicht aus irgend etwas Geistigem, Übersinnlichem heraus schaffen konnte – zu dem bloßen Nachahmen des Natürlichen, das sie aber doch nicht erreichen kann.

Was wird eine Kunst, die von solchen Impulsen allein lebt? Eine solche Kunst wird nicht etwas, was wie eine Blüte aus dem Leben herauswächst; sie wird etwas, was sich neben das Leben hinstellt als ein

Luxus, wie etwas, was nur derjenige begehren kann, der mit seinen Sorgen nicht voll im Leben drinnensteht. Und ist es nicht begreiflich, daß dann diejenigen Menschen, die ganz in Anspruch genommen werden vom Morgen bis zum Abend durch die unmittelbare Lebenssorge, die auch keine Bildung erringen können, die sich hinaufringt zum Verständnisse, das selber erst ein künstlerisches sein muß, dieser Kunst, daß diese Menschen sich durch eine Kluft geschieden fühlen von dieser Kunst? Und wenn man es auch nicht auszusprechen wagt heute, weil man es philiströs empfindet, im sozialen Leben prägt es sich aus: daß weite Kreise hinschauen zu dieser Kunst und sie unbewußt empfinden als einen Luxus des Lebens, als etwas, das nicht dazugehört zu jedem Menschenleben, das aber in Wirklichkeit dazugehört zu jedem menschenwürdigen Dasein, weil es jedes menschenwürdige Dasein erst zu seinem vollen Inhalte bringt.

Naturalistische Kunst wird immer in einem gewissen Sinne eine Luxuskunst sein für diejenigen Menschen, die die Möglichkeit haben, außerhalb der Lebenssorgen zu stehen und sich besonders zu dieser Kunst erst zu bilden. Ich habe das empfunden, als ich jahrelang Lehrer an einer Arbeiterbildungsschule war und gerade an dieser Arbeiterbildungsschule die Möglichkeit fand, zu den unmittelbaren Gemütern des Volkes zu sprechen, um verstanden zu werden, verstanden zu werden gegenüber alldem, was als sozialistische Theorie zum Verderben dieses Volkes manche hineintrichtern, die sich «Volksführer» nennen. Ich habe es kennengelernt – verzeihen Sie diese persönliche Bemerkung –, was es heißt, unmittelbar aus dem Allgemein-Menschlichen diese oder jene Wissenschaft dem einfachen Gemüte nahezubringen. Aber es ging aus einer gewissen Sehnsucht, nun auch kennenzulernen, was die neuere Kunst hervorbringt, bei meinen Zuhörern dann die Forderung hervor, daß ich sie an Sonntagen durch Museen und dergleichen führen sollte. Und siehe da: Man konnte ja den Leuten natürlich erklären, was sie verstehen sollten, denn sie hatten ja auch den Drang, gebildet zu werden; aber man wußte ganz genau: so wirkte es nicht auf diese Gemüter wie dasjenige, was aus allgemeiner Menschlichkeit heraus zu den einfachen Gemütern gesprochen worden ist. Man konnte es empfinden wie eine Bildungslüge, erzählte man den Leuten von dem, was sich in dem neueren Naturalismus hingestellt hat wie eine Luxuskunst, fern dem wirklichen Leben. Das auf der einen Seite.

Und sehen wir nicht, wie auf der anderen Seite die Kunst den Zusammenhang mit dem Leben verloren hat? Auch da sind wiederum sehr löbliche Bestrebungen aufgetaucht in den letzten Jahrzehnten, aber durchaus nicht durchgreifend. Da sind Bestrebungen aufgetaucht auf dem Gebiete des Kunstgewerbes. Diese Bestrebungen haben gesehen, wie unsere alltägliche Umgebung kunstlos geworden ist. Die Kunst hat ihren scheinbaren Fortschritt genommen. Alles, was uns an Häusern umgibt, worauf wir täglich stoßen für unsere Gebrauchsgegenstände, das ist so kunstlos als möglich geworden. Das praktische Leben konnte nicht heraufgehoben werden zur künstlerischen Form, weil die Kunst sich selber vom Leben getrennt hatte. Eine Kunst, die nur die Natur nachahmt, wird keine Möglichkeit finden, Tische und Stühle und andere Gebrauchsgegenstände so zu gestalten, daß man, indem man auf sie stößt, zugleich den Eindruck des Künstlerischen haben kann, weil diese Gegenstände über die Natur hinausgehen müssen, wie das menschliche Leben selbst über das menschliche Leben hinausgeht. Will eine Kunst bloß nachahmen, so strauchelt sie vor der Gestaltung des praktischen Lebens, das gerade dadurch prosaisch nüchtern und trocken wird, daß wir nicht imstande sind, es so zu formen, daß wir unmittelbar vom Künstlerischen in diesem alltäglichen Leben umgeben sind. Solches könnte noch weiter charakterisiert werden. Ich will nur die Richtung angeben, welche unsere Kunstentwickelung nun doch ganz deutlich genommen hat.

Und in einer ähnlichen Weise haben wir uns bewegt auf den anderen Gebieten der modernen Zivilisation. Haben wir es nicht gesehen, wie die Wissenschaft immer mehr und mehr abgekommen ist davon, eine Künderin zu sein von etwas, das dem äußeren Sinnesleben zugrunde liegt? Kein Wunder, daß die Kunst nicht den Weg aus dem Sinnensein heraus fand, da die Wissenschaft ja selbst diesen Weg verloren hat! Immer mehr und mehr kam die Wissenschaft dazu, bloß die äußeren Sinnestatsachen zu registrieren oder höchstens in Naturgesetzen zusammenzufassen. Immer mehr und mehr breitete sich über der ganzen wissenschaftlichen Betätigung der neueren Zeit ein ausgesprochener

Intellektualismus aus, und es herrscht bei Wissenschaftern eine furchtbare Angst davor, bei ihrem Forschen nicht diesem Intellektualismus sich hinzugeben, sondern vielleicht in die Wissenschaft selber etwas von Phantasie, von künstlerischer Intuition hineinzutragen. Lesen Sie es nach oder hören Sie es bei denen, die sich in dieser Richtung äußern als Wissenschafter, welchen furchtbaren Schrecken sie davor haben, es könnte irgend etwas anderes als der nüchterne, trockene Verstand und die Sinneserforschung in der Wissenschaft Eingang finden. Bei allen Betätigungen, so sagen diese Leute, die sich nicht an die bloßen Begriffe halten, habe der Mensch nicht die genügende Distanz von der Wirklichkeit, um sie richtig zu beurteilen. Und so sucht der heutige Forscher, der heutige Wissenschafter seine Tätigkeit ganz und gar nur zu regeln durch den Intellekt, weil er dadurch glaubt, genügend weit von der Wirklichkeit weg zu sein, um sie objektiv, wie er sagt, beurteilen zu können. Da könnte vielleicht doch die Frage aufgeworfen werden: Sucht man durch den Intellektualismus nicht so weit von der Wirklichkeit wegzukommen, daß man sie überhaupt nicht mehr erlebt? Und dieser Intellektualismus ist es vor allen Dingen, der uns dazu gebracht hat, diese Wirklichkeit mit unserer Wissenschaft nicht mehr meistern zu können, wie ich es schon in den letzten Vorträgen angedeutet habe und heute weiter werde auszuführen haben.

Und mit Bezug auf das religiöse Leben: Wie wird von seiten der Religionsgemeinschaften jeder solche Versuch, wie er auf geisteswissenschaftlichem Gebiete, wie es hier gemeint ist, unternommen wird, in den Geist einzudringen, mit Mißtrauen, mit abfälliger Kritik aufgenommen! Aus welchem Grunde? Ja, den Grund sehen die Leute heute durchaus nicht ein. Wir vernehmen von unseren offiziellen Stätten aus eine Wissenschaft, die sich an die bloße äußere Sinneswelt halten will, und wir hören, wie von diesen Stätten aus scheinbar objektiv gerechtfertigt wird, daß nur dadurch eine strenge, eine wahre Wissenschaft entstehen könne. Für den Kenner der geschichtlichen Entwickelung der Menschheit ist die Sache nicht so. Für ihn stellt sich die Sache vielmehr so heraus, daß im Laufe der neueren Zeit, eigentlich schon seit den letzten Jahrhunderten, immer mehr und mehr die Religionsgemeinschaften das Monopol in Anspruch genommen haben, über Geist und Seele Anschauungen zu entwickeln und nur diejenigen Anschauungen gelten zu lassen, welche von ihnen der Menschheit anzuerkennen gestattet werden. Und unter dem Einflusse dieser Monopolansprüche haben es die Wissenschaften unterlassen, sich mit etwas anderem als dem äußerlich Sinnlichen zu befassen. Höchstens mit einigen abstrakten Begriffen haben sie in das geistige Gebiet einzudringen versucht. Sie glauben, um der Objektivität der Wissenschaft willen das zu tun, und ahnen nicht, daß sie es tun unter der Wirkung des Monopols des Wissens, der Erkenntnis über Geist und Seele auf seiten der religiösen Bekenntnisse. Was durch Jahrhunderte den Wissenschaften verboten worden ist, das erklären heute die Wissenschaften als eine objektive Notwendigkeit für ihre Exaktheit, für ihre Objektivität. Und so kommt es, daß, weil die Religionsgemeinschaften die Einsicht in die geistige, die Einsicht in die seelische Welt nicht vorwärts entwickelt, sondern alte Traditionen bewahrt haben, daß man in dem Forschen mit neuen Vorstellungsarten, nach neuen Wegen zur Seele und zum Geist, den Feind des Religiösen sieht, während man in diesem Forschen, in diesen Wegen gerade den besten Freund des Religiösen sehen sollte.

Über diese drei Gebiete werden wir zunächst zu sprechen haben. Denn auf diesen drei Gebieten an einem Neuaufbau zu arbeiten, das stellt sich die hier gemeinte anthroposophisch orientierte Geisteswissenschaft zu ihrer Aufgabe. Dazu, um dieses auseinanderzusetzen, muß ich mit einigen Worten hinweisen auf den eigentlichen Nerv dieser Geisteswissenschaft. Diese Geisteswissenschaft geht von ganz anderen Voraussetzungen aus als die heutige landläufige Wissenschaft. Sie anerkennt vollständig die naturwissenschaftlichen Methoden. Sie anerkennt auch vollständig die Triumphe der neueren Naturwissenschaft. Allein gerade weil sie glaubt, die naturwissenschaftliche Forschung besser zu verstehen als die Naturforscher selbst, muß sie für die Erkenntnis des Geistes und der Seele andere Wege einschlagen als diejenigen sind, die von breiten Kreisen heute noch als die durchaus allein richtigen angesehen werden. Ja, weil man mit so großen Vorurteilen jedem Forschen nach Geist und Seele entgegenkommt, verbreiteten sich eben die großen Irrtümer und Mißverständnisse über dasjenige, was durch die Dornacher Bewegung eigentlich gemeint ist.

Daß mit ihr wahrhaftig nichts falsch Mystisches gemeint ist, nichts irgendwie Obskures, das könnte man aus demjenigen ersehen, was von mir versucht worden ist schon im Beginne der neunziger Jahre als Ausgangspunkt für die geisteswissenschaftliche Bewegung, die ich hier meine, und für die der Dornacher Bau eben der Repräsentant ist. Ich habe damals, im Beginne der neunziger Jahre, dasjenige, von dem ich dazumal glaubte, daß es am notwendigsten sei für die soziale Erkenntnis der Gegenwart, zusammengefaßt in meiner «Philosophie der Freiheit». Wer diese «Philosophie der Freiheit» liest, der wird wohl kaum die hier gemeinte Geisteswissenschaft irgendwie einer falschen Mystik beschuldigen. Allein er wird auch erkennen, welcher Abstand herrscht zwischen der dort gegebenen Auffassung der menschlichen Freiheit und dem, was sonst heute aus unserer modernen Zivilisation heraus als Impuls, als Idee von Freiheit dem Menschen entgegentritt.

Als ein Beispiel für dieses letztere möchte ich die Idee *Woodrow Wilsons* von der Freiheit anführen, eine merkwürdige Idee, aber eine Idee, die durchaus charakteristisch ist gerade für die Bildung, für die Zivilisation unserer Zeit. Woodrow Wilson fordert aus einem ehrlichen Herzensgrunde heraus für das politische Leben der Gegenwart die Freiheit. Aber was stellt er sich unter der Freiheit vor? Man gelangt dazu, zu erkennen, was er sich unter der Freiheit vorstellt, wenn man Worte bei ihm liest wie diese: Ein Schiff, sagt er, es bewegt sich frei, wenn es angepaßt ist all den Kräften, die sich aus der Windrichtung, aus der Wellenrichtung und so weiter ergeben, wenn es in seiner Konstruktion genau seiner Umgebung angepaßt ist, so daß nirgends durch die Kräfte, die aus Wind und Welle kommen, ein Hemmnis entstehen kann für die Vorwärtsbewegung des Schiffes. So muß auch die menschliche Wesenheit frei durch das Leben gehen können, daß sie angepaßt ist dem, was ihr an Kräften aus dem Leben entgegentritt, daß nirgendsher ein Hemmnis eintritt. – Auch mit dem Teil einer Maschine vergleicht Woodrow Wilson das freie Leben des Menschenwesens, indem er sagt: Von irgendeinem Glied, das in eine Maschine eingebaut ist, sagt man, daß es sich frei bewegen könne, wenn es nirgends aufstoße, sondern wenn die übrige Maschine so konstruiert wird, daß eben das Glied drinnen frei läuft.

Ich habe wohl nur das eine zu sagen: daß man von Freiheit des Menschenwesens nur sprechen kann, wenn man in ihr das Gegenteil von einer solchen Anpassung an die Umgebung versteht, daß man von Freiheit des Menschen nicht sprechen kann, wenn seine Äußerungen nur so sind wie die eines Schiffes auf dem Meere, das in der besten Weise den Winden und den Wellenkräften angepaßt ist, sondern dann, wenn man es etwa vergleichen kann mit einem Schiffe, das gegen Wind und Welle sich umkehren und stoppen kann, ohne Rücksicht zu nehmen auf die Kräfte, für die es angepaßt ist. Das heißt: In der Wilsonschen Anschauung über die Freiheit ist die ganze mechanistische Auffassung der Welt zugrunde gelegt, wie man sie in der Gegenwart für die allein mögliche hält und wie sie sich aus dem in der neueren Zeit heraufgekommenen Intellektualismus ergeben hat.

Solchen Anschauungen mußte ich mich gegenüberstellen in meiner «Philosophie der Freiheit». Ich weiß sehr gut – gestatten Sie mir auch noch diese persönliche Bemerkung –, daß dieses Buch gewissermaßen die Eierschalen der Brutstätte hat, aus der es hervorgegangen ist. Es ist selbstverständlich hervorgegangen aus der europäischen philosophischen Weltanschauung. Es mußte sich auseinandersetzen mit den Begriffen, die innerhalb dieser Weltanschauung üblich waren. Und so kann dieses Buch manchem schulmäßig erscheinen, allein, es ist wahrhaftig nicht schulmäßig gemeint. Es ist so gemeint, daß, was drinnen als Impulse angedeutet wird, Ingredienz werden kann des unmittelbar praktischen Lebens, daß, was in den menschlichen Willen einströmen kann durch die dort entwickelten Ideen, einlaufen kann in das unmittelbare soziale Leben des Menschen.

Dazu aber mußte ich allerdings die Frage nach der menschlichen Freiheit ganz anders stellen, als es üblich ist, sie zu stellen. Wo Sie sich umsehen, überall, durch Jahrhunderte der Menschheitsentwickelung, ist die Frage nach der Freiheit des menschlichen Willens und des menschlichen Wesens so gestellt worden, daß man sich fragte: Ist dieses Menschenwesen frei oder ist es unfrei? – Ich mußte zeigen, wie diese ganze Frage, so gestellt, falsch gestellt ist, wie diese Frage auf eine ganz neue Grundlage gestellt werden müsse. Denn wenn man das nimmt, was der Mensch durch die moderne naturwissenschaftliche Weltanschauung und auch durch das moderne menschliche Bewußtsein als sein eigentliches

Wesen ansieht, was der Mensch aber ansehen muß als sein natürliches Wesen: das kann niemals ein freies Wesen sein. Das muß aus innerer Notwendigkeit heraus handeln. Wäre der Mensch nur das, als was ihn die moderne Naturwissenschaft anschaut, dann wäre das, was er für seine Freiheit hält, das, wofür Woodrow Wilson die Freiheit hält. Aber diese Freiheit wäre keine Freiheit, sondern sie wäre nur das, was man nennen kann bei jeder einzelnen Handlung das notwendige Ergebnis aus natürlichen Ursachen.

Aber von dem anderen, bei dem die Frage nach der Freiheit erst im menschlichen Wesen beginnt, hat sich dieses moderne menschliche Bewußtsein nicht viele Gedanken gemacht. Dieses moderne menschliche Bewußtsein spricht nur von dem, was im Menschen als das Naturgemäße, als das bloß von Naturkausalität abhängige Wesen zugrunde liegt. Derjenige, der aber tiefer in das menschliche Wesen eindringt, der muß sich sagen: Der Mensch kann im Laufe seines Lebens mehr werden, als das ist, zu dem er durch die Natur geboren ist. – In dem Augenblick lernt man erst erkennen, was der Mensch ist, wenn man dieses letztere Ziel hat, wenn man sich sagt: Eines von der menschlichen Wesenheit, das ist das, wozu der Mensch geboren ist, was in ihm vererbt ist; das andere ist das, was der Mensch aus sich machen kann, wozu er nicht veranlagt ist durch seine leibliche Wesenheit, indem er einen schlummernden Menschen in seinem Inneren zum Erwachen bringt. Weil dies so ist, habe ich die Frage nicht gestellt: Ist der Mensch frei oder nicht frei? – sondern ich habe die Frage so gestellt: Kann der Mensch durch seine innere Entwickelung zum freien Wesen werden oder nicht? – Und er kann zum freien Wesen werden, wenn er das in sich entwickelt, was in ihm sonst schlummert, was erweckt werden und erst frei werden kann. Das heißt, Freiheit eignet dem Menschen nicht von Natur aus. Freiheit eignet dem im Menschen, das der Mensch aus sich heraus erst erwecken kann und erwecken muß.

Sollte aber das, was in meiner «Philosophie der Freiheit» mehr ausgeführt worden ist, ich möchte sagen, mit Bezug auf das äußere soziale Leben, sollte das nun völlig klar werden für einen weiteren Menschheitskreis, so mußte aufgebaut werden über der Grundlage dieser Philosophie das, was ich anthroposophisch orientierte Geisteswissenschaft nenne.

Dann mußte gezeigt werden, wie der Mensch wirklich in die Lage kommen kann, dadurch, daß er seine Eigenentwickelung selbst in die Hand nimmt, ein schlummerndes Wesen in sich zum Erwachen zu bringen. Das versuchte ich namentlich in meinem Buche «Wie erlangt man Erkenntnisse der höheren Welten?» und in den anderen Büchern, die ich der geisteswissenschaftlichen Literatur gegeben habe. Da versuchte ich zu zeigen, daß der Mensch in der Tat seine eigene Entwickelung in die Hand nehmen kann, und daß er erst dadurch, daß er diese Entwickelung in die Hand nimmt und sich zu etwas anderem macht, als er geboren ist, zu einer wirklichen Erkenntnis des Seelischen, des Geistigen aufsteigen kann.

Allerdings, von einem großen Teil der Menschheit wird diese Anschauung heute noch als eine recht unglückliche empfunden. Denn, was setzt sie denn eigentlich voraus? Sie setzt voraus, daß der Mensch sich durchringt zu einer gewissen intellektuellen Bescheidenheit. Das wollen die wenigsten Menschen heute. Ich möchte diese intellektuelle Bescheidenheit, zu der der Mensch heute sich durchringen muß, in der folgenden Art charakterisieren.

Wir können einem fünfjährigen Kind einen Band lyrischer Gedichte *Goethes* in die Hand geben. Das fünfjährige Kind wird sich ganz gewiß gegenüber diesem Band Goethescher lyrischer Gedichte nicht so benehmen, wie man sich ihm gegenüber benehmen soll; es wird ihn zerreißen oder irgend etwas anderes tun. Jedenfalls steht es oder sitzt es vor diesem Band Goethescher Lyrik, aber es weiß nicht, wovor es steht. Aber es ist möglich, daß das Kind zehn, zwölf Jahre älter wird, daß wir es entwickeln und heranbilden, dann wird es in anderer Weise vor diesem Band Goethescher Lyrik stehen oder sitzen. Und schließlich, auf das Äußere hin gesehen, ist kein großer Unterschied: Das Kind saß mit fünf Jahren vor dem Band lyrischer Gedichte von Goethe und sitzt mit zwölf oder vierzehn Jahren davor. Im Äußeren ist wenig Unterschied. Aber im Inneren des Kindes ist ein Unterschied. Wir haben es heranentwickelt, so daß es mit dem Band Goethescher Lyrik nunmehr das Richtige machen kann. So ungefähr, wie das Kind vor dem Band Goethescher Lyrik, müßte sich der Mensch empfinden, wenn er es mit Seele und Geist ernst nimmt, gegenüber der Natur, gegenüber dem Kosmos, der Welt überhaupt. Er müßte sich sagen: Ich muß die Entwickelung meines inneren Menschen erst dazu fördern, um lesen zu lernen in Natur und Welt, wie das fünfjährige Kind erst entwickelt werden muß, um zu verstehen, was in dem lyrischen Goethe-Bande steht.

Daß wir durch dasjenige, zu dem wir geboren sind, die Welt nicht durchschauen können, das müßten wir uns in intellektueller Bescheidenheit gestehen, und dann zugeben, daß es Wege geben kann zur Selbstentwickelung, zur Entwickelung der Kräfte im Inneren des Menschen, die dann imstande sind, in dem, was sonst nur den Sinnen vorliegt, dasjenige zu sehen, was Geistiges und was Seelisches ist. Und daß das in der Praxis möglich ist, das sollen die genannten Schriften zeigen. Das muß heute aus dem Grunde gezeigt werden, weil jener Intellektualismus, welcher sich im Laufe der letzten Jahrhunderte ergeben hat in der Entwickelung der Menschheit, nicht imstande ist, das Leben wirklich weiter zu meistern. Er ist imstande, in ein Gebiet dieses Lebens einzudringen, in das Gebiet der leblosen Natur, allein er muß straucheln gegenüber der menschlichen Wirklichkeit selbst, namentlich der sozialen Wirklichkeit.

Und das, was ich eben als intellektuelle Bescheidenheit bezeichnet habe, das wird auch zugrunde liegen müssen jeder wirklich modernen Auffassung des menschlichen Freiheitsimpulses. Das wird aber auch zugrunde liegen müssen einer wirklichen Einsicht in die notwendige Umgestaltung von Kunst, Religion und Wissenschaft. Das bloße intellektuelle Leben hat deutlich, nur allzudeutlich gezeigt, wie es zu keiner Erkenntnis kommen kann, die das Geistige wirklich schaut, die das Seelische wirklich durchdringt. Es hat sich beschränkt, wie ich schon angedeutet habe, auf die äußere Sinneswelt und ihre Kombination, ihre Systematisierung. Daher konnte es nicht aufkommen gegen die Monopole der Religionsgemeinschaften, die allerdings auch nicht zu einer neueren Erkenntnis des Geistigen und Seelischen aufgestiegen sind, aber dafür eine ältere Anschauung in die neuere Zeit unzeitgemäß hereingetragen haben.

Eines aber wird überwunden werden müssen: das ist die Furcht, die ich eben vorhin charakterisiert habe, zu stark in den Dingen drinnenzustehen, wenn man sie geistgemäß erkennen soll. Man findet es so bequem, sich zum Intellektualismus zu bekennen, weil man sich eben, wenn man sich bloß mit den abstrakten Ideen auch der Naturwissenschaft befaßt, so fern der Wirklichkeit bewegt, daß man Distanz von ihr hat, daß man nicht durch diese Wirklichkeit selbst sich irgendwie beeinflußt glauben darf. Aber man muß mit einer solchen Erkenntnis, wie sie hier gemeint ist, die man sich erst aneignet, wenn man seine eigene Entwickelung in die Hand nimmt, gerade in die Wirklichkeit des Lebens untertauchen, und man muß auch im Menschen selber in tiefere Tiefen seines Wesens hinuntersteigen, als man mit der bloßen Selbsterziehung innerhalb des Intellektualismus hinabsteigt. Innerhalb des bloßen Intellektualismus kommt man nur zu den Oberschichten des eigenen Lebens. Steigt man mit einer solchen Erkenntnis, wie sie hier gemeint ist, in die Tiefen des inneren Menschenwesens hinunter, so trifft man nicht bloß Gedanken, nicht bloß Empfindungen, etwas, was Bild einer Außenwelt ist, sondern da trifft man Geschehnisse, Tatsachen des menschlichen Inneren, vor denen der bloß intellektuell Erkennende zurückschaudert, die aber gleichartig sind mit dem, was in der Natur, in der Welt geschieht. Da lernt man in seinem eigenen Inneren das Wesen der Welt selber kennen.

Aber man lernt es nicht kennen, wenn man bei den bloßen abstrakten Begriffen oder Naturgesetzen bleibt. Man muß eindringen zu einem Verschmolzensein mit der Wirklichkeit. Man darf nicht Furcht haben davor, der Wirklichkeit nahezustehen, sondern man muß durch innere Entwickelung eben so weit kommen, daß man in der Wirklichkeit stehen kann und dennoch nicht von ihr aufgezehrt, nicht von ihr verbrannt, nicht erstickt werde, sondern, trotzdem man in ihr steht, trotzdem man nicht die Distanz des Intellektuellen hat, die Wirklichkeit der Dinge zu erfassen weiß. So findet man in meinem Buche «Wie erlangt man Erkenntnisse der höheren Welten?» die innere Entwickelung des Menschen geschildert zu der geistigen Erkenntnis hin, daß der Mensch untertaucht in die Wirklichkeit, aber er treibt dieses Untertauchen so, daß er Erkenntnisse schöpft durch dieses Untertauchen, die allerdings nicht die Distanz des Intellektuellen haben, aber dafür auch gesättigt sind von der Wirklichkeit selbst, daher in diese Wirklichkeit untertauchen können. Und das werden Sie finden als ein Grundkennzeichen der hier gemeinten Geisteswissenschaft: daß sie in der Lage ist, in die Wirklichkeit unterzutauchen, daß sie nicht von einem abstrakten Geiste bloß spricht, sondern daß sie von dem konkreten Geiste spricht, der so in der menschlichen Umgebung lebt, wie die Dinge der Sinneswelt in der menschlichen Umgebung leben.

Abstrakte Betrachtungen, das sind die Ergebnisse des neueren Geisteslebens. Nehmen Sie irgend etwas in die Hand, was im neueren Geistesleben nicht rein naturwissenschaftliche Betrachtung ist, nicht rein philosophische Betrachtung ist, so werden Sie sehen, wie diese Lebensanschauungen dem wirklichen Leben, der wirklichen Erkenntnis der Dinge fernstehen. Lesen Sie zum Beispiel heute in einer Seelenlehre etwas über den Willen: kaum über das, was man einen bloßen Wortsinn nennen könnte, kommen die Dinge hinaus, die in den heutigen Psychologien oder Seelenkunden stehen. Die Menschen, die sich solchen Betrachtungen hingeben, haben in ihren Ideen nicht die Kraft, wirklich einzudringen in das Wesen der Natur selber. Sie haben die äußere Materie neben sich, weil sie mit dem Geiste nicht in diese äußere Materie hinuntertauchen können. Lassen Sie mich Ihnen das an einem Beispiel erörtern.

Ich habe in meinem Buche «Von Seelenrätseln», einem der letzten meiner Bücher, angedeutet, wie eine althergebrachte naturwissenschaftliche Anschauung durch die moderne Geisteswissenschaft überwunden werden müsse. Ich weiß, wie stark paradox das für viele klingen wird, was ich jetzt sagen werde; aber dasjenige, was gewachsen sein wird den Forderungen an die menschliche Vorstellungsart, die schon in der Gegenwart sich zeigen und in der Zukunft immer mehr und mehr sich zeigen werden, das wird sich oftmals gegenüber dem, was man heute noch als das allein Richtige ansieht, als etwas sehr Paradoxes ergeben. Jeder Naturwissenschafter, der sich mit den Dingen befaßt hat, spricht heute davon, im menschlichen und tierischen Leibe – wir wollen uns jetzt nur für den Menschen interessieren – seien zwei Arten von Nerven enthalten. Die einen führen von den Sinnen zum Zentralorgan, es sind die sensitiven Nerven; auf sie wird ein Reiz ausgeübt, wenn man sinnlich wahrnimmt. Dieser Reiz pflanze sich fort bis zu dem Nervenzentrum der Menschen. Dann gebe es eine zweite Sorte, die sogenannten motorischen Nerven. Sie gehen vom Zentrum aus zu den menschlichen Gliedern. Durch sie, durch diese motorischen Nerven, sei der Mensch imstande, seine Glieder zu bewegen. Sie seien, wie die anderen die Sinnesnerven, die Willensnerven.

Nun, ich habe in meinem Buche «Von Seelenrätseln» das Folgende gezeigt, wenn auch nur skizzenweise zunächst: daß zwischen den Sinnesnerven und den sogenannten motorischen Willensnerven ein prinzipieller Unterschied nicht besteht, daß die sogenannten Willensnerven keine Diener des Willens sind. Die Dinge, durch die man das beweisen will, daß sie Diener des Willens seien, wie zum Beispiel die traurige Erkrankung der Tabes, die beweisen das gerade Gegenteil, wie leicht gezeigt werden kann, die beweisen, was ich sogleich als meine Meinung aussprechen werde: diese sogenannten Willensnerven sind auch sensitive Nerven. Während die anderen sensitiven Nerven von den Sinnen zum Zentralorgan gehen, damit das wahrgenommen werden kann, was die Sinne vermitteln, nehmen die sogenannten Willensnerven, die aber auch nichts anderes sind, alles wahr, was in uns selber als Bewegung ist. Sie dienen der Wahrnehmung von Bewegungen. Dagegen gibt es keine Willensnerven. Der Wille ist rein geistiger Natur, rein geistig-seelischer Natur, und wirkt unmittelbar als Geistig-Seelisches, und wir brauchen die sogenannten Willensnerven deshalb, weil sie Sinnesnerven sind für dasjenige Glied, das sich bewegen soll, das wahrgenommen werden muß, wenn der Wille es bewegen soll.

Aus welchem Grunde führe ich dieses Beispiel an? Weil Sie heute zahlreiche Auseinandersetzungen sehen können, lesen können, hören können, in denen über den Willen gesprochen wird. Allein es werden Ideen entwickelt, die nicht die Stoßkraft haben, zum realen Erkennen vorzudringen, so vorzudringen, daß Sie den Willen erschauen, wo er wirkt. Solche Erkenntnisse bleiben abstrakt und lebensfremd. Neben ihnen kann die Naturwissenschaft davon reden, daß es den motorischen Willensnerv gebe. Die Geisteswissenschaft entwickelt Ideen über den Willen, die da zeigen, welcher Natur auch das Leibliche des menschlichen Willenssystems ist. Das heißt, Geisteswissenschaft wird die Naturerscheinung, die Naturtatsache durchdringen. Sie wird nicht in einem lebensfremden Gebiete stehenbleiben, sie wird untertauchen in die Wirklichkeit. Sie wird den Mut haben, das Materielle nicht außer sich stehen zu lassen, sondern das Materielle mit dem Geiste zu durchdringen. Alles wird für sie geistig werden.

Daher will diese Geisteswissenschaft auch untertauchen können und eindringen können in die soziale Gestaltung und wird als solche mitarbeiten können an der Wirklichkeit des sozialen Lebens, vor der die abstrakte intellektualistische Naturwissenschaft straucheln muß. Und so wird diese Geisteswissenschaft wieder zu sprechen haben von einer Geist-Erkenntnis, von einem neuen Wege, in das Geistige und Seelische der Welt einzudringen. Sie wird den Mut haben dürfen, zu sagen: Diejenigen geistigen Welten, zu denen hingeschaut haben Künstler wie Raffael, wie *Michelangelo,* wie Leonardo da Vinci, die lieferten noch Bilder von der geistigen Welt, die heute für uns nicht mehr maßgebend sein können. Wir müssen in Gemäßheit der Fortentwickelung der Menschheit einen neuen Weg in die geistige Welt hinein suchen. Lernt man aber die geistige Welt wieder kennen, dringt man ein in die geistige Welt, lernt man sie nicht so erkennen, wie der nebulose Pantheismus, der redet von Geist, Geist, Geist, er müsse da sein, vom allgemeinen abstrakten dunklen Geist, sondern dringt man in die wirklichen Erscheinungen der geistigen Welt ein – nicht durch Spiritismus, sondern durch die Entwickelung der menschlichen Geist- und Seelenkräfte, wie sie hier geschildert worden ist –, dann weiß man in einer der heutigen Entwickelung der Menschheit gemäßen Weise wiederum von einer geistigen Welt, dann enthüllen sich die Geistgeheimnisse der Welt, und dann wird das eintreten, was Goethe, der in diesen Dingen zwar im Anfange stand, aber von diesen Dingen, die die neuere Geisteswissenschaft in seinem Sinne weiter ausbildet, schon geahnt hat – dann wird das eintreten, was Goethe so schön mit den Worten bezeichnet: «Wem die Natur ihr offenbares Geheimnis zu enthüllen anfängt, der empfindet eine unwiderstehliche Sehnsucht nach ihrer würdigsten Auslegerin, der Kunst.»

Dann wird der Künstler wiederum eine Offenbarung empfangen von einer geistigen Welt. Dann wird er nicht zu dem Glauben verführt werden, wenn er das Geistige darstelle im sinnlichen Bilde, so sei das eine abstrakt stroherne symbolische oder eine papierene Allegorie, sondern er wird wissen vom lebendigen Geiste, und er wird diesen lebendigen Geist durch die sinnlichen Mittel ausdrücken können. Und man wird das Beste an dem Kunstwerke nicht dasjenige nennen, in dem es die äußere Natur nachahmt, sondern dasjenige, in dem es offenbart, was der Mensch vom Geiste geoffenbart erhält. Es wird wiederum eine durchgeistigte Kunst entstehen, eine Kunst, die durchaus nicht Symbolismus, durchaus nicht Allegorismus ist, die aber auch nicht ihre Luxusart dadurch verrät, daß sie sich neben die Natur, die sie doch nie erreichen kann, hinstellt, sondern die ihre Notwendigkeit, ihre Berechtigung im menschlichen Leben dadurch erweist, daß sie von etwas kündet, von dem die gegenwärtige, die unmittelbare Sinnesanschauung der Natur, der unmittelbare Naturalismus nicht künden kann. Und selbst wenn es stümperhaft wäre, was der Mensch gestaltet, indem er aus dem Geiste heraus gestaltet: er gestaltet etwas, was neben dem Leben der Natur eine Bedeutung hat, weil es über das Leben der Natur hinausgeht, und er stümpert nicht nach, was die Natur doch besser kann als er. Hier eröffnet sich der Weg zu jener Kunst, die versucht worden ist auch im äußeren Bau und in der äußeren Ausgestaltung des Dornacher Goetheanum.

Da wurde versucht, für das, was dort getrieben werden soll als Hochschule für Geisteswissenschaft, in jeder Wand, in alldem was an den Wänden gemalt ist, was in Holz geschnitzt ist und so weiter, das zu gestalten, was der Geisteswissenschaft sich offenbart, die darinnen vertreten werden soll. Daher ergab sich ganz naturgemäß dieser Bau. Es konnte nicht mit dem alten Baustil gebaut werden, weil darin von einer neuen Art des Geistes gesprochen werden soll. Wie in der Natur selbst – betrachten Sie nur eine Nußschale, sie ist so gestaltet, wie die Nuß darinnen das bestimmt – jede Hülle so gestaltet ist, wie der innere Kern es verlangt, so ist alles an dem Dornacher Bau so gestaltet, wie es dasjenige verlangt, was einstmals als Musik drinnen tönen soll, was aufgeführt werden soll an Mysterien, was gesprochen werden soll an Offenbarung der Geisteswissenschaft. Es soll das gleichsam widerklingen in dem, was in den Säulen, in den Kapitälen und so weiter in den Bau hineingeschnitzt worden ist. Es soll eine Kunst – die allerdings damit in ihrem Anfange steht, darinnen sind diejenigen, die daran arbeiten, wohl selbst die strengsten Kritiker – damit gegeben werden, die wirklich aus einem neuen Geiste und damit überhaupt wiederum aus einem Geiste heraus geboren ist. Man muß sich, wenn man so etwas unternimmt, schon durchaus den Mißverständnissen aussetzen, die eigentlich natürlich sind bei einer solchen Sache. Da sind Leute hineingekommen – auch andere, die nicht diesen Mißverständnissen sich ausgesetzt haben, die mit jedem Tag mehr werden, die diesen Dornacher Bau vorurteilsfrei ansehen –, die haben geschrieben: O ja, diese Anthroposophen haben einen Bau aufgeführt, der voller Symbole, voller Allegorien ist. – Das Charakteristische an diesem Bau ist, daß kein einziges Symbol, keine einzige Allegorie darinnen ist, sondern daß alles, was geistig geschaut worden ist, in die unmittelbar künstlerische Form aufgelöst worden ist. Nichts von Symbolen, nichts von Allegorie ist das, was darinnen ausgedrückt ist. Alles ist so, daß es durch seine Formen selber etwas sein will.

Wir konnten ja allerdings in der Zeit, in der man im alten griechischen Stil, in dem man der Athene Häuser gebaut hat, Bankgebäude aufrichtet, bis jetzt nur einer geistigen Werkstätte eine Umhüllung schaffen. Denn das ist noch nicht gestattet worden von den äußeren sozialen Verhältnissen, etwa auch einen Bahnhof zu bauen oder gar ein Bankgebäude. Aus vielleicht Ihnen leicht begreiflichen Gründen konnten wir noch nicht den Stil eines modernen Bankgebäudes oder den Stil eines modernen Warenhauses finden. Aber auch diese Dinge müssen gefunden werden. Gefunden werden muß vor allen Dingen gerade auf diesem Wege der Zusammenhang mit einer künstlerischen Formung des unmittelbar praktischen Lebens.

Denken Sie nur einmal, welche soziale Bedeutung das haben wird auch für das Brot der Menschen! Denn – wie ich neulich schon gesagt habe und weiter ausführen werde – dessen Bereitung hängt davon ab, wie die Menschen denken und empfinden. Eine große Bedeutung, eine soziale Bedeutung wird es für die Menschen haben, wenn das, was sie im Leben unmittelbar umgibt, in künstlerischer Formung vor die Menschenseele tritt, wenn jeder Löffel, wenn jedes Glas nicht eine Form hat, die zufällig ist für den Dienst, für den es gewidmet ist, sondern wenn die Form wohl angepaßt ist diesem Dienst, wenn man der Form unmittelbar anschaut und es auch als schön empfindet, wie die Sache im

Leben drinnensteht. Dann erst werden weite Kreise das geistige Leben als lebensnotwendig empfinden, wenn dieses geistige Leben so mit dem Leben der Praxis in einer unmittelbaren Verbindung steht. So wie die Geisteswissenschaft imstande ist, hineinzuleuchten in das Materielle, wie ich es an dem Beispiel der sensitiven und motorischen Nerven gezeigt habe, so wird jene Kunst, welche geboren wird aus geisteswissenschaftlicher Gesinnung, imstande sein, auch vorzurücken bis zu einer unmittelbaren Gestaltung jedes Stuhles, jedes Tisches und so weiter.

Und wenn es deutlich wahrzunehmen ist, daß gerade von seiten der religiösen Bekenntnisse die schwersten Vorurteile und Mißverständnisse dieser geisteswissenschaftlichen Richtung entgegengebracht werden, so ist darüber folgendes zu sagen. Wozu hat man es denn in den Religionsbekenntnissen zuletzt gebracht? Die Religionsbekenntnisse können es ihrer Natur nach nur mit dem Übersinnlichen zu tun haben, wenn sie eine Berechtigung haben sollen. Aber alte übersinnliche Anschauungen, die aus ganz anderen Voraussetzungen der Menschenseele heraus geboren sind, sind in unserer Zeit erhalten worden. Geisteswissenschaft bemüht sich, in der neuen Art des menschlichen Vorstellens, des inneren Seelenlebens zu der Geistwelt vorzudringen. Sollte ihr das gerade der religiöse Sinn der Menschheit verübeln, wenn er sich selbst richtig versteht? Kann er das? Nie und nimmermehr. Denn womit sollte es eigentlich der religiöse Sinn, somit alle religiöse Arbeit, zu tun haben? Alle religiöse Arbeit sollte es nicht damit zu tun haben, Theorien und Dogmen über die übersinnliche Welt zu verkündigen, sondern alle religiöse Arbeit sollte es damit zu tun haben, den Menschen die Gelegenheit zu geben, das Übersinnliche zu verehren. Religion ist eine Sache der Verehrung des Übersinnlichen. Die Menschennatur braucht diese Verehrung. Sie braucht das Hinaufschauen in Verehrung zu dem Erhabenen im Übersinnlichen. Verwehrt man ihr das gegenwärtige Eindringen in die übersinnliche Welt, dann muß man ihr allerdings ein altes Eindringen in die übersinnliche Welt vorhalten. Da aber das dem gegenwärtigen Menschensinn nicht mehr gemäß sein kann, muß man es gebieten, muß man es befehlen, muß man es auf Autorität hin zur Anerkennung bringen. Daher das Äußerliche, das die religiösen Bekenntnisse gegenüber der gegenwärtigen Menschennatur haben. Alte Einsichten in die übersinnliche Welt werden den Menschen von ihren religiösen Führern befohlen.

Müssen Gemeinschaften, die Verständnis haben für das wahre Wesen des Religiösen, das in der Verehrung des Geistigen besteht, nicht das höchste Interesse daran haben, daß ihre Glieder eine lebendige Erkenntnis des Übersinnlichen entwickeln? Werden nicht gerade diejenigen Menschen am besten zur Verehrung des Übersinnlichen zu bringen sein, die in ihrer Seele ein Schauen des Übersinnlichen tragen, die in ihrem Erkennen dem Übersinnlichen nahestehen? Und es ist in der neueren Phase der Menschheitsentwickelung ja so, daß sich seit der Mitte des 15. Jahrhunderts die Entwickelung der Menschenwesenheit zum Individuellen, zur Ausbildung des Persönlichen hin ergeben hat. Mutet man heute dem Menschen zu, daß er nicht aus der Kraft seiner Individualität, seiner Persönlichkeit heraus, autoritätsfrei, zum Schauen, zum Auffassen des Übersinnlichen kommt, so mutet man ihm etwas zu, was gegen seine Natur ist. Läßt man ihm Gedankenfreiheit mit Bezug auf die Erkenntnis des Übersinnlichen, dann wird er sich an seinen Mitmenschen anschließen, damit in der Gemeinschaft gepflegt werden könne die Verehrung desjenigen Übersinnlichen, das jeder auf seine persönliche, eigene Art erkennt. Und gerade der gemeinsame Dienst zum Übersinnlichen, die wahre Religiosität, wird sich am besten entwickeln, wenn die Menschen Gedankenfreiheit haben, sich zu nähern durch ihre eigene Individualität der Erkenntnis der übersinnlichen Welt.

Das wird sich insbesondere zeigen können an der Auffassung der Christus-Wesenheit selbst. Diese Christus-Wesenheit selbst, sie war etwas anderes in früheren Jahrhunderten, als sie selbst bei vielen Theologen der letzten Jahrhunderte, insbesondere des 19. Jahrhunderts geworden ist. Wie weit ist die Menschheit abgekommen von einem Hinschauen zur wirklich übersinnlichen Wesenheit des Christus, der in dem Menschen Jesus gelebt hat! Wie weit ist die Menschheit davon abgekommen, einzusehen, daß durch das Mysterium von Golgatha die Verbindung einer übersinnlichen Wesenheit mit einem menschlichen Leibe stattgefunden hat, damit die Erde in ihrer Entwickelung einen eigentlichen tieferen Sinn erhalte. Diese Ehe zwischen Übersinnlichem und Sinnlichem, die sich vollzogen hat durch das Mysterium von Golgatha, wie wenig ist sie im Grunde genommen selbst von Theologen einer gewissen Art in der letzten Zeit verstanden worden! Immer mehr und mehr wurde der Christus zu dem «schlichten Mann aus Nazareth»; immer mehr und mehr wurde die Auffassung der Religion eine materialistische. Weil man nicht in der Lage war, die der neueren Menschheit gemäßen Wege ins Übersinnliche zu finden, verlor man auch den übersinnlichen Weg zu der Christus-Wesenheit selber. Und viele Menschen, die heute glauben, zu dem Christus aufschauen zu können, die glauben es eben nur. Sie ahnen nicht, wie wenig das, was sie über den Christus reden oder über den Christus denken, wirklich dem entspricht, was derjenige findet, der in einer geistgemäßen Erkenntnis sich wiederum diesem Urmysterium der Menschheit nähert.

So kann man sagen: Geisteswissenschaft will gewiß keine neue Religionsbegründung sein, ganz gewiß nicht; Geisteswissenschaft will eine Wissenschaft, eine Erkenntnis sein. Aber anerkennen sollte man dafür auch, daß sie die Grundlage abgeben kann für eine Verjüngung des religiösen Lebens der Menschheit selbst. Wie sie verjüngen kann das wissenschaftliche, das künstlerische Leben, so kann sie auch das religiöse Leben der Menschen verjüngen.

Insbesondere wird diese Geisteswissenschaft befruchtend wirken können auch auf einem Gebiete, das von ganz besonderer Wichtigkeit dem erscheinen muß, der namentlich die soziale Zukunft der Menschheit ganz ernst zu nehmen in der Lage ist, auf dem Gebiet des Erziehungswesens. Über das Erziehungswesen ist in der letzten Zeit viel, sehr viel gesprochen worden. Allein man muß sich sagen, vieles von dem, was über das Erziehungswesen gesprochen worden ist, trifft gerade die Hauptsache nicht. Ich versuchte, dieser Hauptsache nahezukommen gerade in der letzten Zeit, da mir die Aufgabe gestellt war, einen seminaristischen Kursus für Lehrer abzuhalten, welche bilden sollten den Lehrkörper einer Schule, der Waldorfschule in Stuttgart, die begründet worden ist im September dieses Jahres im Sinne der Dreigliederung des sozialen Organismus. Da versuchte ich nicht nur die Äußerlichkeiten bei dieser Schulgründung so zu gestalten, daß sie den Anforderungen, dem Impuls der Dreigliederung des sozialen Organismus entsprechen, sondern ich versuchte, die Pädagogik, die Didaktik, die ich vorzutragen hatte für die Lehrerschaft dieser neuartigen Schule, so zu gestalten, wie man sie sich denken muß, damit der Mensch hineinerzogen werden könne in diejenige Zukunft, die nach gewissen unbesieglichen Forderungen der Menschennatur eine soziale Zukunft im richtigen Sinne eben werden soll. Da kommt man dazu, sich zu sagen: Die alte Normpädagogik, die gewisse Regeln aufstellt, so und so soll man erziehen, diese Normpädagogik ist etwas, was überwunden werden soll. Gewiß, es reden heute viele Menschen davon, bei der Erziehung, beim Unterrichten müsse die Individualität des Menschen berücksichtigt werden. Es werden allerlei Regeln angeführt, wie diese Individualität des Menschen berücksichtigt werden soll. Allein Pädagogik wird in der Zukunft nicht eine Normwissenschaft sein, Pädagogik wird in der Zukunft eine wahrhaftige Menschheitskunst sein. Pädagogik wird in der Zukunft beruhen auf einer Erkenntnis des ganzen Menschen. Man wird wissen in der Zukunft: In diesem Menschen, der sich heranentwickelt von der Geburt durch die späteren Jahre, in dem arbeitet sich ein Geistig-Seelisches durch die Organe an die Oberfläche. Man wird es schauen, wie vom Schulbeginn jedes Jahr andere Kräfte sich aus den Tiefen der Menschennatur herausentwickeln. Man wird dieses Schauen nicht unterstützen können durch eine abstrakte Normpädagogik, sondern nur durch eine lebendige Anschauung der menschlichen Natur selber.

Viel hat man gesprochen in der letzten Zeit vom Anschauungsunterricht. Da ist manches in gewissen Grenzen gewiß durchaus berechtigt. Aber es gibt Dinge, die sich nicht durch äußere Anschauung vermitteln lassen, die auch vermittelt werden müssen dem heranwachsenden Kinde, und die nur vermittelt werden können, wenn in dem Lehrenden, Erziehenden, Unterrichtenden eine wahrhaftige Erkenntnis des werdenden Menschen lebt, wenn er heraussprießen sieht mit jedem Jahr das, was mit jedem Jahr anders als im vorhergehenden Jahr herausspringt, wenn er weiß, was im siebenten, neunten, zwölften Jahre die menschliche Natur erfordert. Denn nur wenn man im Sinne der Natur erzieht, erzieht man den Menschen so, daß er stark werde im Leben.

Heute sieht man im Leben viele gebrochene Existenzen, viele Menschen, die nichts Rechtes mit dem Leben anzufangen wissen, und mit denen das Leben nichts Rechtes anzufangen weiß. Viel mehr sind solche Existenzen vorhanden, als man gewöhnlich glaubt. Woher rührt dieses? Das rührt davon her, daß man die wichtigsten Gesetze des werdenden Menschen gerade bei der Erziehung und beim Unterricht nicht berücksichtigen kann.

Ich will nur eines anführen. Wie sehr wird heute bei gutmeinenden Pädagogen immer wieder und wiederum betont, man solle anschaulich dem Kinde entwickeln, was man vor seine Seele hinstellt, was es begreifen kann. Ja, in der Praxis kommen dann die Dinge schon zum Vorschein: in der Praxis entwickelt man eine Banalität, eine Trivialität! Man will zu dem Verständnis des Kindes hinuntersteigen, will das künstlich, und es ist heute schon zum Instinkt geworden, so zu erziehen. Wenn man so erziehen will, wenn man auf diese falsche Anschaulichkeit hinarbeitet, was bleibt da unberücksichtigt? Da bleibt unberücksichtigt ein wichtigstes Lebensgesetz. Da kennt man nicht, was es heißt für den Menschen, der, sagen wir, fünfunddreißig Jahre alt geworden ist und sich erinnert: Mein Lehrer hat mir einmal dies oder jenes gesagt, es war vielleicht in meinem neunten, zehnten Jahre; dazumal habe ich es bloß aufgenommen, weil ich verehrungsvoll zu der Autorität dieses Lehrers aufgesehen habe, weil in dem Lehrer etwas Lebendiges war, wodurch das, was er sagte, in mich überging. Jetzt blicke ich zurück: es hat in mir gelebt, jetzt bin ich reif, es zu verstehen! – Ein ungeheurer Glanz des Lebens geht davon aus, wenn man in seinem fünfunddreißigsten Jahre durch die eigene Reife zurückgeführt wird zu dem, was man nur in Liebe aufgenommen hat, was man dazumal noch nicht verstehen konnte. Dieser Glanz des Lebens, der Kraft des Lebens ist, geht verloren, wenn man hinuntersteigt zu der banalen Anschaulichkeit, die heute immer als ein Ideal angepriesen wird. Man muß erkennen, welche Kräfte man in dem Kinde zu entwickeln hat, damit die Kräfte dann in der Menschennatur sind, die das ganze Leben bleiben, so daß das Kind nicht nur zurückzuschauen hat gedächtnismäßig zu dem, was es zwischen dem siebenten und fünfzehnten Jahre aufgenommen hat, sondern daß, was es aufgenommen hat, sich immer erneut und erneut verwandelt zeigen kann gegenüber den späteren Lebensreifen, daß in jeder Epoche neu werden kann, was das Kind aufgenommen hat.

Was ich eben ausgesprochen habe, versuchte ich zur Grundcharakteristik einer Pädagogik zu machen, durch die in der Tat das Erziehen zur Kunst werden kann, wodurch der Mensch so ins Leben hineingestellt wird, daß er den sozialen Anforderungen der Zukunft gewachsen ist. Mögen – Sie können es an Einzelheiten sehen – die Leute heute deklamieren von diesen oder jenen sozialen Idealen, man überschaut ja den ganzen weiten Umfang des Lebens nicht im allergeringsten, den man überschauen müßte, wenn solche Ideale in Betracht kommen. Man redet zum Beispiel davon, man könne die Produktionsmittel in die Gemeinsamkeit überführen, und glaubt, wenn man sie so der Verwaltung des einzelnen entziehe, dann sei etwas getan. Ich habe ja über diese Sache mich schon ausgesprochen, werde mich in den folgenden Vorträgen noch genauer darüber aussprechen. Aber ich nehme jetzt für einen Augenblick an, man könnte wirklich für diese unmittelbare Gegenwart die Produktionsmittel in die Gemeinsamkeit überführen. Wären sie dann bei jener Gemeinsamkeit, die als die nächste Generation heraufwächst? Nein, denn wollte man sie ihr auch übergeben, so würde man nicht berücksichtigen, daß diese nächste Generation neue fruchtbare Kräfte heraufbringt und aus sich die ganze Produktion umwandeln muß.

Man muß sich hineinstellen in das volle, ganze Leben, wenn man an irgendeine Gestaltung der sozialen Zukunft denkt. Aus der Auffassung des Menschen als eines Wesens, das Leib, Seele und Geist ist, und aus der wirklichen Erkenntnis von Leib, Seele und Geist wird auch eine Erziehungskunst entstehen, so wie ich gezeigt habe, eine Kunst, die wirklich im sozialen Leben als eine Notwendigkeit empfunden werden kann.

Aus solcher Denkweise ist dann auch dasjenige entstanden, was ja vielfach auch innerhalb der an Dornach sich anlehnenden Geistesbewegung in mißverständlicher Weise aufgefaßt wurde. Es hat ja immerhin Leute gegeben, die schon die Jahre her dazu gekommen sind, auch nicht ganz schlecht von unserer geisteswissenschaftlichen Bewegung zu denken. Als wir aber vor einiger Zeit begonnen haben, hier in Zürich und anderswo die sogenannte eurythmische Kunst aufzuführen, die herausgeboren ist ihrer Idee nach aus der Geisteswissenschaft – aber sie ist auch erst im Anfange, das wissen wir sehr genau –, da haben die

Leute gesagt: Nun kann auch die Geisteswissenschaft nichts Ordentliches sein, denn wenn man solche Tanzerei neben der Geisteswissenschaft pflegen kann, ist auch die Geisteswissenschaft für verrückt zu halten!

Nun, man berücksichtigt bei einer solchen Sache eben doch nicht, wie paradox erscheinen will, was gerade aus solchen Grundlagen heraus auf eine Neugestaltung der Welt in der Weise arbeitet, wie dasjenige, was Geisteswissenschaftlichem dient. Diese eurythmische Kunst will im allerbesten Sinne eine soziale Kunst sein, denn sie will vor allen Dingen die Geheimnisse des Menschen vermitteln. Sie will diejenigen Bewegungsanlagen anwenden, die im Menschen selbst sind, will sie vor allen Dingen aus dem Menschen herausholen in der Art, wie es auseinandergesetzt werden soll bei der nächsten Aufführung, die in eurythmischer Kunst stattfinden soll. Aber hier will ich noch andeuten, daß diese eurythmische Kunst erstens wirkliche Kunst ist, indem sie die tiefsten Geheimnisse der menschlichen Kunst selber offenbart. Indem sie eine wirkliche Sprache, eine sichtbare Sprache, ausgeführt durch den ganzen Menschen, ist, ist sie eine Kunst, diese eurythmische Kunst. Aber zu gleicher Zeit stellt sie neben dem bloßen leiblichen Tun, das bloß auf dem Physiologischen beruht, das bloß aus dem Studium des Gliederbaus in leiblicher Form hervorgeht, eine menschliche Bewegungsfähigkeit dar, durch die sich der Mensch Bewegungen hingibt, die durchseelt, durchgeistigt sind. Was ein materialistisches Zeitalter als bloßes physiologisches Turnen gelehrt hat, das wird auch den Kindern gelehrt werden können. Dazu muß kommen – wie es in der Waldorfschule, von der ich gesprochen habe, schon gemacht wird – durchseelte Bewegung, die nun wirklich den ganzen Menschen ergreift, während das bloße physiologische, das bloße materielle Turnen nur einen Teil der menschlichen Wesenheit ergreift und daher so vieles in dem werdenden Menschen verkümmern läßt.

Aus den Tiefen der Menschennatur heraus muß ein neugestaltetes Geistesleben – das wollte ich heute vor Ihnen entwickeln – in die wichtigsten Lebenszweige eingreifen.

Dann wird es in den nächsten Tagen meine Aufgabe sein, zu zeigen, wie dieses äußere Leben in der Gegenwart und gegen die Zukunft hin sich wirklich gestalten kann, wenn aus einem solchen neuen Geiste heraus dieses Leben zu formen versucht wird. Mancherlei Leute – heute sogar schon recht sonderbare Leute – empfinden die Notwendigkeit, vom Geiste aus die großen Forderungen des sozialen Lebens zu beherrschen, die an die Menschheit der Gegenwart herantreten. Man empfindet es tief schmerzlich, wie viele Menschen heute noch gegenüber diesen sozialen Forderungen des Lebens schlafen, wie viele ihnen nur in einer verkehrt agitatorischen Weise zugetan sind. Man findet auch schon leise Hindeutungen darauf, daß alle äußerlichen Programme nichts helfen werden, wenn nicht ein Umdenken, ein Umvorstellen, ein Umlernen vom Geiste aus stattfindet. Aber wie äußerlich ist es oftmals noch, wenn diese Sehnsucht nach einem neuen Geiste ausgesprochen wird! Und man kann sagen, dumpf und dunkel wird diese Sehnsucht nach dem neuen Geiste oftmals heute von ganz sonderbaren Menschen empfunden, die ganz gewiß nicht an das denken, wofür der Dornacher Bau der äußere Repräsentant sein soll. Aber man hört das Verlangen nach einem neuen Geiste aussprechen. Ein Beispiel für viele sei hier vor Sie hingestellt.

In der nächsten Zeit sollen zu den vielen Betrachtungen über die verflossene Weltkriegskatastrophe auch noch diejenige des österreichischen Staatsmannes *Czernin* treten, die außerordentlich interessant zu werden versprechen, weil – es ist schwer, diese Charakteristik, die ich jetzt geben werde, auszusprechen, ohne mißverstanden zu werden –, ich möchte also sagen: weil Czernin doch noch um ein gutes Stück weniger unbescheiden war als die anderen, die ihre Kriegsbetrachtungen bis jetzt losgelassen haben. So will ich mich glimpflich aussprechen. Aber in diesem Buch des Czernin soll vielleicht folgendes gelesen werden: «Der Krieg geht weiter, wenn auch in veränderter Form. Ich glaube, daß die kommenden Generationen das große Drama, welches seit fünf Jahren die Welt beherrscht, gar nicht den Weltkrieg nennen werden, sondern die Weltrevolution, und wissen werden, daß diese Weltrevolution nur mit dem Weltkriege begonnen hat.

Weder Versailles noch St. Germain werden ein dauerndes Werk schaffen. In diesem Frieden liegt der zersetzende Keim des Todes. Die Krämpfe, die Europa schütteln, sind noch nicht im Abnehmen, so wie bei einem gewaltigen Erdbeben dauert das unterirdische Grollen an. Immer wieder wird sich bald hier, bald dort die Erde öffnen und Feuer gegen den Himmel schleudern, immer wieder werden Ereignisse elementaren Charakters und elementarer Gewalt verheerend über die Länder stürmen. Bis alles das hinweggefegt ist, was an den Wahnsinn dieses Krieges erinnert.

Langsam, unter unsäglichen Opfern, wird eine neue Welt geboren werden. Die kommenden Generationen werden zurückblicken auf unsere Zeit wie auf einen langen bösen Traum; aber der schwärzesten Nacht folgt einmal der Tag. Generationen sind in das Grab gesunken, ermordet, verhungert, der Krankheit erlegen. Millionen sind gestorben in dem Bestreben, zu vernichten und zu zerstören, Haß und Mord im Herzen.

Aber andere Generationen erstehen, und mit ihnen ein neuer Geist. Sie werden aufbauen, was Krieg und Revolution zerstört haben. Jedem Winter folgt der Frühling. Auch das ist ein ewiges Gesetz im Kreislauf des Lebens, daß dem Tod die Auferstehung folgt.

Wohl denen, die berufen sein werden, als Soldaten der Arbeit die neue Welt mitaufzubauen.»

Fragenbeantwortung nach dem vierten Vortrag

Zunächst ist mir hier die Frage vorgelegt:

Ist Ihr Freiheitsbegriff mit dem Nietzsches vom Übermenschen in der «Fröhlichen Wissenschaft» nicht verwandt?

Nun, über meine Auffassung des menschlichen Wesens kann ich auf die Darstellung in bezug auf den Freiheitsbegriff zuerst in meiner kleinen Schrift «Wahrheit und Wissenschaft», dann in der «Philosophie der Freiheit» hinweisen. Zu der Nietzscheschen Weltauffassung habe ich mich dann – ich schrieb, 1895 war es, das Buch – in meinem Buche «Friedrich Nietzsche. Ein Kämpfer gegen seine Zeit» ausgesprochen.

Es ist durchaus richtig, daß auch derjenige, der so, wie ich selber, die Notwendigkeit einer Vertiefung und Erneuerung des Freiheitsbegriffes und, damit zusammenhängend, dann der ganzen menschlichen Wesenheit einsieht, in der ja von gewissen Seiten her durchaus stark anzufechtenden Nietzscheschen Weltanschauung aufsprießende Keime sehen kann zu dem, was eigentlich tiefste Sehnsucht der Menschen nach einer Zukunftsgestaltung der Zivilisation ist. *Nietzsches* Leben und Weltanschauung ist überhaupt außerordentlich interessant, und man wird vielleicht am besten eindringen, wenn man gerade das für ihn Charakteristische in seinem Verhältnis zum Ringen in der Zeit des letzten Drittels des 19. Jahrhunderts ansieht. Nietzsches tragisches Leben rang allerdings nach einer Auffassung der Freiheit der menschlichen Natur und Wesenheit. Aber es rang heraus, ich möchte sagen, aus einem tief tragischen Verhältnis zu der ganzen Weltanschauungsentwickelung im letzten Drittel des 19. Jahrhunderts.

Mir erscheint Nietzsches Persönlichkeit in der folgenden Art: In Nietzsche lebte vielleicht am intensivsten alles, was in den besten Menschen des letzten Drittels des 19. Jahrhunderts lebte. Aber es lebte in ihm zum Teil in einer Natur, die der intensiven Fassung der Probleme nicht gewachsen war, die der Aufgabe nicht gewachsen war, die Probleme, die auf der Seele lasteten, voll durchzugestalten und durchzudenken. Man möchte sagen, Nietzsche habe das Schicksal gehabt, an allen möglichen Weltanschauungsströmungen zu leiden, an denen im letzten Drittel des 19. Jahrhunderts gelitten werden konnte. Man nehme zunächst, wie er sich hineingefunden hat, nachdem er das Schulmäßige, das er geistreich als Philologe aufgenommen hatte, überwunden hatte, in die Wagner-Schopenhauersche Weltanschauung. Wer die schöne Schrift «Schopenhauer als Erzieher» von Nietzsche kennt, der wird wissen, daß dieses Hineinfinden in Schopenhauer und Wagner bei Nietzsche ein inneres Kämpfen, ein inneres Ringen war und zuletzt geendet hat und enden mußte mit einem Leiden an dieser Weltanschauung, die vieles in sich hatte von den Zukunftsimpulsen der Menschheit, aber eben nicht bis zu dem kam, was wirklich sozial gestaltend werden konnte.

So verließ Nietzsche, man kann sagen, 1876 diese Anschauung und wendete sich zu der mehr positivistischen Anschauung, der mehr wissenschaftlichen Anschauung. Während seines Drinnenlebens in *Schopenhauers* und *Wagners* Weltanschauung war sein Bestreben, sich aus dem Wissenschaftlichen herauszuarbeiten und der Wirklichkeit durch eine künstlerische Seelenstimmung nahe zu kommen, näher zu kommen, als man dieser Wirklichkeit durch Wissenschaft kommen kann. Nachdem er das Ungenügende darinnen empfunden hat, wandte er sich der positivistischen Richtung zu, suchte durch eine Übersteigerung des wissenschaftlichen Strebens dahin zu kommen, die Wirklichkeit zu durchdringen, und wagte sich zuletzt zu dem, was man findet als seine Idee von der «Wiederkunft des Gleichen» und als seine Idee vom «Übermenschen». Die letztere hat er ja namentlich in schöner Weise lyrisch in seinem «Zarathustra» zum Ausdrucke zu bringen versucht. Er brach dann zusammen in dem Augenblicke, als er das, was sich ihm als Übermenschenidee, als Herauswachsen eines höheren Menschen aus dem gewöhnlichen Menschen ergeben hatte, anwenden wollte auf die größeren Menschheitsentwickelungsprobleme der neueren Zeit.

Nun ist es sehr bedeutsam, gerade bei Nietzsche zu sehen, wie er sich hineinleben konnte in all das, was da war. Denn im Grunde genommen ist sein Übermenschenproblem auch nichts anderes als die Ausdehnung des darwinistischen Prinzips auf die ganze Entwickelung des Menschlichen: Wie der Mensch selber etwas darstellt, was sich herausentwikkelt aus der Tierheit, so soll der Übermensch etwas sein, was sich herausentwickelt aus dem Menschen.

Nun liegt das Tragische bei Nietzsche daran, daß er sich überall im Gegensatze fühlte gegen gewisses Charakteristisches seiner Zeit, also des letzten Drittels des 19. Jahrhunderts. Und interessant ist zum Beispiel ja, daß Nietzsche vordrang bis zu seiner manchem so grotesk erscheinenden Idee von der Wiederkunft des Gleichen, also von einer Weltordnung, in der sich das, was geschieht, in rhythmischen Bewegungen immer in gleicher Weise wiederholen müsse. Diese Wiederkunftsidee war auch psychologisch vielen außerordentlich paradox erschienen. Als ich einmal Gelegenheit hatte, im Nietzsche-Archiv die Dinge mit verschiedenen Gelehrten zu besprechen, da wurde auch über diese Wiederkunft des Gleichen im Zusammenhange mit der Nietzscheschen Übermenschenidee gesprochen, und ich sagte dazumal: So wie die Wiederkunftsidee bei Nietzsche zutage trat, so erscheint sie mir wie die Gegenpolidee zu einer Idee, die ein sehr pedantischer, steifer Positivist des 19. Jahrhunderts, *Eugen Dühring*, gehabt hat. Dühring kommt nämlich merkwürdigerweise – ich glaube, es ist in seinem «Kursus der Philosophie» – an einer Stelle darauf zu sprechen. Ich sagte: Die Nietzschesche Idee der Wiederkunft des Gleichen ist die Gegenidee, und es kann eigentlich auch gar nicht anders sein, als daß Nietzsche sich diese Idee so gebildet hat, daß er sie bei Dühring gefunden und sich gesagt hat: Was so ein Kerl des 19. Jahrhunderts denkt, davon muß das Gegenteil richtig sein! – Und, sehen Sie, wir hatten ja nahe die Bibliothek Nietzsches; ich nahm den «Kursus der Philosophie» heraus, schlug die Seiten auf, die entsprechende Stelle bei Dühring – dick angestrichen «Esel» steht daneben! Das ist ja das, was in sehr vielen Büchern bei Nietzsche am Rande steht. Da ist ihm der Gedanke aufgesprossen, die Gegenidee gegen etwas zu geben, was er bei einem Geist im letzten Drittel des 19. Jahrhunderts gefunden hat.

Das wiederholte sich bei Nietzsche ungeheuer oft: Ausführung von Dingen, die er für elementar hielt, die weiter gedeihen sollten, aus dem Widerspruch heraus. Wenn Sie einmal sein Exemplar in die Hand nehmen im Nietzsche-Archiv: «Französische Moralforschung», da werden Sie sehen, daß die ganzen Seiten voll angestrichen sind. Sie können verfolgen, wie er gelitten hat an den Ideen des 19. Jahrhunderts und wie er sie auszugestalten versuchte. Ebenso ist ein Exemplar von *Emersons* «Essays» interessant, wo nicht nur angestrichen ist, sondern wo ganze Abschnitte in Bleistiftstriche eingefaßt und numeriert sind; er hat sich da eine Systematik aus Emerson zurechtgerichtet.

Das also kann sich einem ergeben, wie Nietzsche in der Tat danach strebte, solch einen Freiheitsbegriff zu finden. Allein ich kann doch nicht sagen, daß irgendwo bei Nietzsche dieser Impuls klar zum Vorscheine kommt, der durch die Geisteswissenschaft herauskommen soll, wie ich ihn Ihnen heute charakterisiert habe durch den Vergleich mit dem fünfjährigen Kind und dem Goetheschen lyrischen Bande. Nietzsche hatte doch nicht in sich jene Seelengesinnung, die dazu vorrücken möchte. Das können Sie entnehmen aus seinem «Antichrist», gleich im

Anfange, im ersten, zweiten, dritten Kapitel, wo er nun doch wiederum davon spricht, daß der Übermensch nichts Geistiges sei, sondern etwas, was physisch herangezüchtet werden soll in der Zukunft und dergleichen. Also es schillert bei Nietzsche fast jeder Begriff. Das ist aber gerade das, über das wir hinauskommen müssen, dieses Schillernde. Und so glaube ich, daß Nietzsche im höchsten Grade ein anregender Geist ist, daß es aber nicht möglich ist, in irgend etwas bei Nietzsche stehenzubleiben. So möchte ich diese vorhin ausgesprochene Frage beantworten.

Aus Ihrem Vortrag scheint sich zu ergeben, daß wir dem Christus-Mysterium uns wieder nähern sollten. Soll das heißen, wir müßten ihm den gleichen Inhalt geben, wie ihn ihm die Zeit seiner Schöpfung gab?

Eine der besten Ausführungen in *Schellings* «Philosophie der Offenbarung» ist, daß er darauf hinweist, daß es beim Christentum weniger ankommt auf irgendeine Lehre, als auf die Auffassung einer Tatsache. Was geschehen ist am Ausgangspunkte des Christentums, das ist eine Tatsache. Wenn man nur von einer Lehre spricht, dann wird man sehr leicht verleitet werden können, auf diese Lehre hin dogmatisieren zu wollen. Wenn man sich aber über die Entwickelung der Menschheit klar ist, so muß man sich sagen: Lehren sind in lebendiger Fortentwikkelung; Lehren schreiten, so wie die Menschheit selber, fort. Tatsachen stehen natürlich an der Stelle der geschichtlichen Entwickelung, an der sie geschehen sind.

Aber ist es denn nicht schon beim gewöhnlichen Menschen so? Wenn wir ihm entgegentreten, können wir irgend etwas von seinem Wesen lernen; werden wir vielleicht etwas klüger im Leben, lernen wir dieses Wesen anders und besser kennen. Insbesondere einem bedeutenden Menschen gegenüber können wir sagen: Wir verstehen dies oder jenes bei ihm; wenn wir selber weitergekommen sind, verstehen wir mehr von ihm. Das gilt auch einer Tatsache gegenüber, die in ihrer ganzen Grundgesetzlichkeit tiefer ist. Gewiß, in irgendeiner Weise haben die Christen des ersten Jahrhunderts die Tatsache des Mysteriums von Golgatha aufgefaßt. Aber es ist möglich, daß die Auffassungen eines solchen Ereignisses fortschreiten. Und das ist es, was der Geisteswissenschaft vorschwebt: Nicht eine Anschauung, die schon dagewesen ist, zu erneuern, sondern eine fortgeschrittene, menschengeistgemäße Auffassung dieses Mysteriums ahnen zu können. Das ist es, was ich gerade auf diese Frage sagen möchte.

Kann man von einer naturwissenschaftlichen Erkenntnis, wie zum Beispiel derjenigen der Nervennatur, sagen, sie sei in sich sozial oder unsozial?

Ja, das ist etwas, worüber ich ganz gern morgen einiges im Vortrage noch besprechen werde. Ich möchte heute das Folgende darüber sagen: Zuletzt geht wirklich auch alles äußere Geschehen im sozialen Zusammenleben der Menschen von der Art und Weise aus, wie die Menschen denken, empfinden und wollen. Es ist nur eine Schwäche unserer Zeit, wenn man alles, was der Mensch denkt und empfindet und will, herleiten möchte aus den äußeren Ereignissen, den Menschen gewissermaßen als ein Produkt der äußeren Ereignisse und Einrichtungen ansehen möchte. In Wahrheit geht alles, was es an äußeren Einrichtungen gibt, auf das zurück, was Menschen gedacht und empfunden und gewollt haben. Daher handelt es sich auch darum, daß gesunde äußere Einrichtungen auf gesunde Gedanken, ungesunde äußere Einrichtungen auf ungesunde Gedanken hinweisen und umgekehrt. Ein Zeitalter, das über viele Dinge ungesund denken muß, das wird über das äußere Leben nicht gesunde Wollungen, gesunde Willensimpulse entwickeln können.

Innerhalb unserer landläufigen sozial-ökonomischen Auffassung ist der fragwürdigste Begriff der der menschlichen Arbeit. Ich habe diesen Begriff der menschlichen Arbeit schon berührt. Ich habe gesagt, im Marxismus spiele der Begriff der Arbeitskraft eine große Rolle, aber es handle sich darum, daß innerhalb dieser marxistischen Theorie der Begriff der Arbeit ganz falsch angeschaut werde. Arbeit, Arbeitskraft als solche hat sozial eine Bedeutung durch die Leistung beziehungsweise durch die Funktion der Leistung im sozialen Zusammenleben der Menschen. Ich habe vor einigen Tagen hier gesagt, es sei ein großer Unterschied, ob jemand Sport treibt und dabei seine Arbeitskraft aufbraucht, oder ob er Holz hackt. Wenn er Holz hackt, so ist die Art, wie seine Arbeit hineinfließt in das soziale Zusammenleben das Bedeutsame, nicht der Verbrauch der Arbeitskraft als solcher. Und so wird sich uns in den nächsten Tagen herausstellen, daß wir gar nicht der Arbeit als sozialer Funktion gerecht werden, wenn wir sie nicht in diesem ihrem Einfließen in den sozialen Organismus betrachten, sondern wenn wir von dem Verbrauch der Arbeitskraft als solcher sprechen.

Nun kann man sich fragen: Woher rühren denn die falschen Begriffe über die Arbeit? – Wer richtige Begriffe über die sogenannten motorischen Nerven hat, der wird sicher auch bald zu richtigen Begriffen über die Funktion der Arbeit im sozialen Organismus kommen. Wer nämlich einsieht, daß es keine motorischen Nerven gibt, sondern daß die sogenannten motorischen Nerven nur Empfindungsnerven für die Natur des betreffenden Gliedes sind, auf das der Wille seine Kraft überträgt, der wird finden, wie stark jeder Willensimpuls schon dadurch, daß er ein solcher ist, in der Arbeit zum Ausdruck kommt, wie stark er in der Außenwelt steht. Dadurch aber, durch einen wirklichen Begriff des Willens und der Beziehung des Willens zum menschlichen Organismus, wird er eine wirkliche Unterlage bekommen, die Verwandtschaft einzusehen zwischen Wille und Arbeit. Dadurch aber wird er auch zu richtigen sozialen Begriffen, zu richtigen sozialen Vorstellungen und auch Empfindungen über eine solche Idee kommen. Man kann sagen: Wie der Mensch sozial denkt, das ist in vieler Beziehung abhängig davon, ob er gewisse Naturbegriffe in richtiger oder unrichtiger Weise entwickeln kann. Man muß sich klar sein darüber, daß derjenige, der da meint, im Menschen selber seien motorische Nerven die Erreger des Willens, niemals eigentlich einen wirklichen Zusammenhang herausfinden kann zwischen dem Erreger der Arbeit, dem Willen, und der Funktion der Arbeit im sozialen Organismus. Das ist es, was ich heute voraus darüber sagen will.

Wie ist Expressionismus zu bewerten?

Nun, ich kann das gerade in Zusammenhang bringen mit dem, was hier noch gefragt worden ist:

Inwiefern die moderne Kunst als naturalistisch charakterisiert werden kann.

Ich bin durchaus, wie ich ja schon im Vortrage angedeutet habe, nicht der Ansicht, daß etwa alle Künstler auf naturalistischem Boden stehen. Das wäre ja falsch. Denn gerade die letzten Jahrzehnte haben uns gezeigt, wie viele Künstler herausstreben aus dem Naturalismus. Etwas anderes ist es aber, von dieser Entwickelung der Kunst in allerlei Anfängen zu sprechen, die sich noch weiter ausgestalten müssen, etwas anderes, von der ganzen Erscheinung der Kunst in unserem gegenwärtigen Leben. Und mit der habe ich es heute zu tun.

Man wird also erstens sagen können: Unsere Kunstauffassung als solche, die Stellung unserer Kunst im öffentlichen Leben, die ist durchaus so, daß nur das Naturalistische der Kunst dieser Stellung zugrunde liegt. Was herausstrebt aus dem Naturalismus, das hat sich durchaus noch nicht in irgendeiner Weise sozial zur Geltung bringen können. Daß das Wesentliche, das Maßgebende in unserem Kunststreben das Naturalistische ist, das erkennen Sie ja vielleicht am besten nicht dann, wenn Sie Kunstwerke charakterisieren wollen, wo Sie mehr zu den Künstlern hinblicken müssen, als wenn Sie heute das Publikum bei seinen Kunstgenüssen prüfen, prüfen, für wie viele Menschen der einzige Maßstab ist, ob eine Romanfigur gut oder schlecht ist, wenn sie sich sagen können: Das ist durchaus lebenswahr – womit sie meinen: naturalistisch dem äußeren Leben nachgebildet. Es ist das das unkünstlerischste Urteil, das man fällen kann, aber es ist das zumeist heute gefällte. Und es ist heute in vielen Dingen geradezu handgreiflich, wie alles in den Naturalismus hineinarbeitet. Nur sieht man nicht, wie die Dinge naturalistisch sind.

Nehmen wir die Deklamationskunst der Gegenwart. Ich erinnere daran, daß man heute zum großen Teil so deklamiert – und es für richtig hält, so zu deklamieren –, daß man vorzugsweise den Prosainhalt des Gedichtes in irgendeiner Weise durch Betonung, durch irgend etwas anderes zum Ausdruck zu bringen versucht. Gehen wir zurück in ältere Zeiten der Menschheitsentwickelung. Wir finden – und man hat es bei primitiven Leuten auf dem Lande selber noch, wenn man etwas älter geworden ist in der heutigen Zeit, sehen können –, da rezitierten die Leute so, daß sie auf und ab gingen und den ganzen Organismus in Rhythmus brachten. Ich erinnere daran, daß sich da etwas zeigt, was auf das eigentlich Künstlerische auch der Dichtkunst zum Beispiel hinweist. *Schiller* hatte, wenn er ein Gedicht schrieb – bei vielen der Gedichte, die er schrieb, war das der Fall –, zumeist eine unbestimmte Melodie in seiner Seele. Dann fand er erst die Worte dazu. Das heißt: Melodiöses, Rhythmus, Takt, das lag ursprünglich zugrunde. Goethe studierte seine «Iphigenie», also eine dramatische Dichtung, wie ein Kapellmeister mit dem Taktstock ein und hielt darauf, daß das, was in der heutigen Rezitation unter den Tisch fällt, gerade den Ausschlag gab, während er sehr, sehr wenig darauf gab, das zum Ausdruck zu bringen, was man heute als das Wesentliche ansieht, den Prosainhalt.

Erst wenn wir über den Naturalismus der heutigen Zeit, der von vielen gar nicht als Naturalismus empfunden wird, sondern oftmals sogar, wie bei der Rezitationskunst, als der eigentliche Geist der Kunst, erst wenn wir über den Naturalismus hinauskommen, über den Naturalismus auf den verschiedensten Gebieten, werden wir sehen, wie die heutige Zeit in ihm drinnen stand.

Allerdings, solche Dinge wie der Expressionismus suchen über den Naturalismus hinauszukommen. Und da muß man sagen: Wie viel man auch einzuwenden hat gegen das, was die heutigen Expressionisten leisten – es gibt aber schon sehr respektable Leistungen darunter –, so ist das gerade ein Anfang, das zu gestalten, was nicht in der äußeren Wirklichkeit geschaut wird, sondern was nur im inneren Schauen sich dem Menschen wirklich ergeben kann. Weil die Menschen heute noch nicht sehr weit sind in der Anschauung des Geistes, deshalb sind die expressionistischen Versuche oftmals so linkisch. Den Impressionismus aber rechne ich erst recht zu den letzten Extremen des Naturalismus. Denn da wird nicht der Versuch gemacht, irgend etwas naturalistisch an sich aufzufassen, sondern da wird der Versuch gemacht, die Impression eines einzigen Augenblicks aufzufassen. Dieser Impressionismus ist, so geistvoll er sein mag, die letzte Konsequenz nach dem Naturalismus hin gewesen. Und der Expressionismus ist, ich möchte sagen, ein krampfhaftes Sich-Herausarbeiten aus dem Naturalismus.

An diesen Dingen könnte äußerlich gesehen werden, wenn man es innerlich nicht empfindet, wie allerdings die moderne Kunstrichtung stark in dem Naturalismus drinnensteckt. Und schließlich: Ich glaube, wenn heute etwas auftritt, was nicht den Anspruch machen kann, mit der äußeren Wirklichkeit zu konkurrieren, sondern was offenbaren will ein geistig Erschautes, dann wird es herb getadelt. Das ist es, worauf ich hauptsächlich hinweisen wollte.

Dann ist an mich noch die Frage gestellt worden,

wie sich dasjenige, was ich in diesen Vorträgen ausführe, in die Praxis überführen lasse.

Derjenige, der auf dem Boden steht, daß schließlich alles, was im äußeren sozialen Menschenleben bewirkt wird, von Menschen kommt, wird keinen Augenblick daran zweifeln: Wenn eine genügend große Anzahl von Menschen durchdrungen ist von irgendeiner Sache, dann ist der Weg in die äußere Praxis gegeben. Es handelt sich nur darum, daß man endlich einmal einsähe, wie sich diese Beziehung des innerlich wirklich Erlebten, und solches ist heute auch für das Geisteswissenschaftliche gemeint, zur äußeren Praxis verhält. Nehmen Sie es heute im kleinen – über diese Dinge kann nur sprechen, wer eine Erfahrung darinnen hat –, Sie mögen es heute glauben oder nicht, mögen glauben, daß der Mensch, wenn er Geisteswissenschaft in sich aufnimmt, innerlich versteht, lebensvoll versteht, was die Geisteswissenschaft bedeutet, dadurch ein Wissen erwirbt, ein Wissen vielleicht von ganz interessanten Welten. Das ist nicht der Fall. Das ist es, wovon ich sagen möchte: Sie mögen es glauben oder nicht. Es ist so, wenn der Mensch das, was ich heute als Geisteswissenschaftliches gemeint habe, wirklich innerlich durchdringt, so ist das nicht bloß ein Abstraktes, so sind es nicht bloß solche Ideen, wie sie auch in den Naturwissenschaften oder in der heutigen Sozialökonomie gegeben werden, sondern das ist innerliche Kraft, das ist etwas, was innerlich Kraft gebiert. Geradeso wie das, was ich heute als Pädagogik gemeint habe, den Lehrer mit innerlicher Kraft durchdringt, so daß er nicht den Erziehungsnormen folgt, sondern dem, was sich als Imponderabilien zwischen dem Schüler und ihm abspielt. Der Mensch wird durch das, was ich heute als Geisteswissenschaft beschrieben habe, auch geschickter bis in die Fingerspitzen hinein. Nur muß man, wenn man solche Dinge verstehen will, sie wirklich auch im kleinen verstehen. Dann wird man keinen Zweifel mehr daran haben, daß, wenn eine genügend große Anzahl von Menschen – und die gehören natürlich zum sozialen Zusammenleben – diese Impulse in sich aufnehmen, diese Impulse durch diese Menschen auch unmittelbar praktisch werden.

Nehmen Sie zum Beispiel, um zu exemplifizieren an einem Beispiel im kleinen, die menschliche Handschrift. Es gibt zweierlei Handschriften. Die eine ist die Handschrift, die gewöhnlich angestrebt wird. Da schreibt der Mensch, indem er, nun, eben eine Handschrift hat. Solche Handschriften haben die meisten Menschen. Da geht aus ihrem Organismus wie mit einer Notwendigkeit eine Handschrift hervor. Aber Sie sehen, andere haben eine andere Handschrift, die im Grund genommen nach ihrer Art eine ganz andere Handschrift ist, als was man gewöhnlich Handschrift nennt. Die zeichnen nämlich die Buchstaben. Bei denen liegt das Schreiben im Anschauen, wie in der die Hand durchpulsenden Kraft. Es gibt Handschriften, die nur aus der Hand stammen, aber auch Handschriften, die niedergeschrieben werden mit dem Auge, indem Buchstabenformen verfolgt werden. Da lebt das Geistige nicht bloß organisch in den Gliedern, sondern da lebt das organisch in der Gliederung der Schrift. Es wird unmittelbar praktisch, was der Mensch geistig erlebt.

So erlebt man alles Geisteswissenschaftliche. Und so wird derjenige, der den lebendigen Geist erfaßt, von dem heute gesprochen worden ist, auch mit der Anlage für die Praxis diese Dinge erfassen. Gewiß, er wird in der heutigen Zeit als Einsiedler, als Prediger in der Wüste dastehen, aber das macht für das heutige Leben die Sache nicht besser. Man fühlt sich, wenn man heute die wahre Lebenspraxis vertritt, allerdings kuriosen «Praktikern» gegenüber, die nur für die allernächsten Kreise eine gewisse Routine haben, während die wirkliche Lebenspraxis in der Beherrschung des äußeren Lebens durch lebenumspannende Ideen besteht.

So daß gesagt werden kann: Das erste, worauf es ankommt bei solchen Dingen, wie sie hier in diesem Vortrage gemeint sind, ist, Aufklärung darüber zu schaffen, sie möglichst vielen Menschen nahezubringen. Sind sie in Herz und Sinn vieler Menschen, dann werden sie unzweifelhaft praktisch. Sie werden nur deshalb nicht praktisch, weil sie heute noch nicht in genügend vielen Menschen eingedrungen sind. Für soziale Ideen ist nämlich nicht bloß notwendig, daß der einzelne, der einsam steht, sie beherrscht, sondern daß er diejenigen findet, bei denen er Verständnis findet zum Zusammenarbeiten mit ihnen. Die Praxis aber folgt bei wirklich praktischen Ideen aus dem Dasein der Ideen selber. Und nur der absolute Unglaube, die absolute Skepsis, nicht die Praxis der Ideen, nicht die Praxis des Geistes, ist es, was verhindert, daß unser Leben ein wirklich praktisches werde.

Man erlebt es ja überall, nicht wahr. Der Unpraktiker in dem Sinne von vielen Leuten – ich bezeichnete es Ihnen heute im Beginn des Vortrages –, der mußte sagen im Frühling 1914: Unser soziales Leben leidet an einem Krebsgeschwür, das in der nächsten Zeit in furchtbarer Weise zum Ausbruch kommen muß. – Ein paar Monate darauf folgte die Weltkriegskatastrophe, auf die ich damals hinweisen wollte. Natürlich hätten mich alle «Praktiker» ausgelacht. Aber diese «Praktiker», sie haben auch anders gesprochen. Staatsmänner könnte ich Ihnen anführen, die gesagt haben noch in diesem Frühling 1914, zum Beispiel Staatsmänner der mitteleuropäischen Staaten: Wir leben in den freundnachbarlichsten Beziehungen zu Petersburg; und diese freundnachbarlichen Beziehungen werden dem Weltfrieden in der nächsten Zeit eine sichere Grundlage bieten. – Ein Ähnliches hat der betreffende Herr gesprochen über die Beziehungen der Mittelmächte zu England. Dann hat er das zusammengefaßt in die Worte: Die allgemeine politische Entspannung macht gute Fortschritte. – Nun, die politische Entspannung hat so erfreuliche Fortschritte gemacht, daß wenige Wochen darauf jene Ereignisse gefolgt sind, wodurch zehn bis zwölf Millionen Menschen totgeschlagen und dreimal soviel zu Krüppeln geschlagen worden sind. In der letzten Art hat der «Praktiker» geredet, in der ersten Art derjenige, der von den «Praktikern» für einen Idealisten gehalten wurde.

Das ist es, was uns bitter not tut, daß wir gerade in der Praxis umlernen müssen, daß wir erkennen lernen müssen, daß für wahre Praxis erst dann ein Boden geschaffen werden kann, wenn ein wirkliches Umlernen mit Bezug auf das Leben des Geistes da ist. Daher müßte man eigentlich auf die Frage: Wie können solche Ausführungen in die Praxis hinausgetragen werden? – antworten: Man trage sie nur erst in die Seelen der Menschen hinein, dann, dann wird man bald sehen, wie sie aus der Praxis heraus den Menschen entgegenstrahlen werden.

FÜNFTER VORTRAG

Zürich, 29. Oktober 1919

Die Zusammenwirkung des Geistes-, Rechts- und Wirtschaftslebens zum einheitlichen dreigegliederten sozialen Organismus

Im zweiten Vortrage habe ich bereits skizziert, wie eine solche Gestaltung des Geistes-, Rechts- und Wirtschaftslebens, wie ich sie zu schildern versuchte in den drei vorangegangenen Vorträgen, nur erreichbar ist dadurch, daß dasjenige, was man bisher als einen streng in sich gestalteten Einheitsstaat gedacht hat, dreigegliedert werde, zum dreigliederigen sozialen Organismus werde, das heißt, daß alles, was sich auf Rechts-, politische, Staatsverhältnisse bezieht, in einem demokratischen Parlamente seine Verwaltung finde, daß dagegen abgegliedert werde von dieser politischen oder Rechtsorganisation alles, was sich auf das Geistesleben bezieht einerseits und dieses Geistesleben in seiner Freiheit selbständig verwaltet werde; daß sich andererseits abgliedere vom politischen das wirtschaftliche Leben, das wiederum aus seinen eigenen Verhältnissen heraus, aus seinen eigenen Bedingungen heraus seine Verwaltung finde, begründet auf Sachkenntnis und Fachtüchtigkeit.

Nun wird ja immer wieder der Einwand erhoben, daß eine solche Gliederung des sozialen Organismus der Notwendigkeit widerspreche, das gesellschaftliche Leben zu einer Einheit zu formen, denn alle einzelnen Einrichtungen, alles einzelne, was der Mensch vollbringen kann innerhalb des sozialen Organismus, müsse zusammenstreben zu einer solchen Einheit. Und eine solche Einheit würde durchbrochen, so wird gesagt, wenn man versuche, den sozialen Organismus in drei Glieder zu zersprengen. – Ein solcher Einwand ist aus den Denkgewohnheiten der Gegenwart heraus ganz begreiflich und verständlich. Aber er ist, wie wir heute sehen wollen, durchaus nicht gerechtfertigt. Er ist verständlich, weil man ja nur zunächst hinzuschauen braucht auf das wirtschaftliche Leben selbst: wie in diesem wirtschaftlichen Leben im kleinsten alles zusammenfließt, Geistiges, Rechtliches und eigentlich Wirtschaftliches. Demgegenüber kann man schon sagen: Wie soll da irgendeine Trennung, eine Gliederung zu einem Heil kommen?

Nehmen wir nur einmal das Wertproblem der Waren, der Güter selbst, so werden wir finden, daß der Güter-, der Warenwert für sich schon Dreifaches zeitigt, Dreifaches aber, das, indem das Gut im sozialen Organismus produziert wird, zirkuliert und konsumiert wird, sich als eine Einheit, ich möchte sagen, gebunden an die Einheit des Gutes, zeigt in der folgenden Weise: Was bedingt den Wert eines Gutes, durch das der Mensch seine Bedürfnisse befriedigen kann? – Zunächst muß der Mensch subjektiv irgendwelchen Bedarf für dieses Gut haben. Sehen wir aber zu, wodurch sich ein solcher Bedarf bestimmt. Das hängt zusammen, erstens, selbstverständlich mit der leiblichen Artung des Menschen. Die leibliche Artung bedingt namentlich den Wert der verschiedensten materiellen Güter. Aber auch materielle Güter werden verschieden beurteilt, je nachdem der Mensch diese oder jene Erziehung durchgemacht und diese oder jene Ansprüche hat. Und erst, wenn es sich um geistige Güter handelt, die ja oft gar nicht getrennt werden können von der Sphäre der leiblichen, physischen Güter, da werden wir sehen, daß die ganze Verfassung des Menschen durchaus die Art und Weise bedingt, wie einer irgendein Gut bewertet, was er für irgendein Gut für eine Arbeit leisten möchte, was er aufbringen möchte an eigenen Leistungen für solch ein Gut. Da sehen wir, daß das geistige Element, das im Menschen lebt, bestimmend ist für den Wert eines Gutes, für den Wert einer Ware.

Auf der anderen Seite sehen wir, daß ja die Waren, indem sie ausgetauscht werden zwischen Mensch und Mensch, gebunden sind an Besitzverhältnisse, das heißt auch nichts anderes als an Rechtsverhältnisse. Indem irgendein Mensch von einem anderen ein Gut erwerben will, stößt er auf Rechte, die der andere in irgendeiner Weise an diesem Gut hat. So daß das Wirtschaftsleben, die Wirtschaftszirkulation durchaus durchdrungen ist von lauter Rechtsverhältnissen.

Und zum dritten: Ein Gut hat auch einen objektiven Wert, nicht nur denjenigen Wert, den wir ihm beilegen durch unsere Bedürfnisse und die subjektive Bewertung dieser Bedürfnisse, die sich dann auf das Gut überträgt, sondern ein Gut hat einen objektiven Wert, indem es haltbar oder unhaltbar, dauerhaft oder nicht dauerhaft ist, indem es durch seine Natur mehr oder weniger brauchbar ist, indem es mehr oder weniger häufig oder mehr oder weniger selten ist. Das alles bedingt einen objektiven, einen eigentlich wirtschaftlichen Wert, zu dessen Bestimmung eine objektive Sachkenntnis und zu dessen Herstellung eine objektive Fachtüchtigkeit notwendig ist.

Aber diese drei Wertbestimmungen sind in dem Gute zu einer Einheit vereinigt. Und daher kann man mit Recht sagen: Wie soll also, was in dem Gute sich vereinigt, in drei Verwaltungsgebiete getrennt werden, die sich auf dieses Gut beziehen, die mit diesem Gute in seinen Zirkulationen irgend etwas zu schaffen haben?

Nun, zunächst handelt es sich, rein der Idee nach, darum, einzusehen, daß sich allerdings im Leben Dinge vereinigen können, die von den verschiedensten Seiten her verwaltet werden. Warum sollte nicht auf der einen Seite das, was der Mensch subjektiv von sich aus an Wertschätzung den Gütern entgegenbringt, von seiner Erziehung aus, die ihre selbständige Verwaltung hat, bestimmt sein? Warum sollte nicht von ganz anderer Seite her das in das wirtschaftliche Leben hineingestaltet werden, was Rechtsverhältnisse sind, und warum sollte nicht hinzukommen zu alldem und sich im Objekte zu einer Einheit vereinigen, was aus der Sachkenntnis und Fachtüchtigkeit an objektivem Werte dem Gute zukommt? Aber das ist zunächst ideell und hat nicht viel besonderen Wert. Es muß vielmehr tiefer begründet werden, was in dieser Richtung die Dreigliederung des sozialen Organismus eigentlich will.

Und da muß zunächst gesagt werden: Diese Dreigliederung des sozialen Organismus ist nicht irgendeine Idee, die heute aus subjektiven Antrieben eines oder ein paar Menschen heraus gefaßt wird, sondern dieser Impuls von der Dreigliederung des sozialen Organismus ergibt sich aus einer objektiven Betrachtung der geschichtlichen Entwickelung der Menschheit in der neueren Zeit. So daß man sagen kann: Eigentlich schon seit Jahrhunderten tendiert unbewußt die Menschheit in den wichtigsten Antrieben nach dieser Dreigliederung. Sie hat nur niemals die Kraft gefunden, diese Dreigliederung wirklich durchzuführen, und aus dem Mangel an dieser Kraftentwickelung sind unsere heutigen Zustände, ist das Unheil unserer Umgebung entstanden. Heute aber sind die Dinge so weit reif, daß man sagen muß: Es muß in Angriff genommen werden, was sich seit Jahrhunderten für die Gestaltung des sozialen Organismus vorbereitet hat.

Zunächst muß man sagen: Es hat sich ja eigentlich seit langer Zeit das wirklich freie Geistesleben abgegliedert von dem Staatsleben und von dem Wirtschaftsleben. Denn das Geistesleben, das abhängig ist vom Wirtschaftsleben und vom Rechts- und Staatsleben, dieses Geistesleben ist eben durchaus kein freies. Es ist ein Stück Geistesleben, das losgerissen worden ist von dem eigentlich fruchtbaren freien Geistesleben. Wir können vielmehr sagen, daß im Beginne der Zeit, in der der Kapitalismus, in der die moderne technische Wirtschaftsordnung mit ihrer großartigen Arbeitsteilung heraufgekommen ist, daß in dieser Zeit das eigentlich freie Geistesleben – jenes Geistesleben, das nur aus den Antrieben der Menschen selbst heraus schafft, so wie ich es gestern für das gesamte Geistesleben gefordert habe –, daß dieses freie Geistesleben, aber eben nur als ein Teil des Geisteslebens, in gewissen Gebieten der Kunst, der Weltanschauung, der religiösen Überzeugungen sich losgelöst hat vom Wirtschaftsleben und vom Staatsleben und gewissermaßen zwischen den Zeilen des Lebens getrieben wird, während wiederum losgerissen ist von diesem freien, aus den menschlichen Antrieben selbst heraus schaffenden Geistesleben, was das Wirtschaftsleben zu seiner Verwaltung braucht, was der Staat zu seiner Verwaltung braucht.

Was das Wirtschaftsleben zu seiner Verwaltung braucht, ist abhängig geworden von den wirtschaftlichen Mächten selbst. In den Stellen, in den Kreisen, in denen wirtschaftliche Macht ist, ist die Möglichkeit vorhanden, die Nachkommen auch wirtschaftswissenschaftlich vorzubilden, so daß sie wiederum geeignet sind, wirtschaftliche Macht zu erringen. Aber was da als Wirtschaftswissenschaft aus der Wirtschaft selbst hervorgeht, ist nur ein Teil desjenigen, was hineinfließen könnte in das Wirtschaftsleben, wenn das gesamte Geistesleben für das Wirtschaftsleben fruchtbar gemacht würde. Es ist nur das, was von der Zufallswirtschaft noch für das Nachdenken übrigbleibt, und was dann zur Wirtschaftswissenschaft gemacht wird.

Und wiederum das Staatsleben: Der Staat braucht seine Beamten, ja selbst seine Gelehrten so, daß sie den Schablonen entsprechen, die er einmal für seine Stellungen ausgebildet hat. Er wünscht, verlangt, daß in dem Menschen das herangebildet werde, was sich hineinschickt in den Umkreis dessen, was er für seine Stellungen bestimmt hat. Das aber ist ein unfreies Geistesleben, selbst wenn es wähnt, frei zu sein. Es bemerkt nicht seine Abhängigkeit, es bemerkt nicht, wie es in die Grenze der Stellungsschablonen hineingestellt wird.

Das eigentlich freie Geistesleben aber hat sich, unabhängig vom Wirtschaftsleben, vom Staatsleben, immerhin eine gewisse Stellung in der Welt erworben. Aber was für eine! Ich habe sie zum Teil schon charakterisiert. Es ist dieses Geistesleben, das sich seine Freiheit bewahrt hat, lebensfremd geworden. Es hat in einem gewissen Sinn einen abstrakten Charakter angenommen. Man braucht nur heute zu sehen, was in den ästhetischen, in den religiösen, selbst in den wissenschaftlich orientierten Weltanschauungen des freien Geisteslebens vorhanden ist, so wird man sehen: Es wird ja mancherlei gesagt, aber was gesagt wird, ist mehr oder weniger nur Predigt für die Menschheit. Es ist da, um den Verstand und das Gemüt zu ergreifen. Es ist da, um im Inneren des Menschen eine Rolle zu spielen, die Seele mit innerem Wohlbehagen und Wohlgefühl zu erfüllen, aber es hat nicht die Kraft, nicht die Stoßkraft, wirklich ins äußere Leben einzugreifen. Daher ist auch der Unglaube an dieses Geistesleben gekommen, jener Unglaube, den ich auch charakterisiert habe, der da ausgeht von sozialistischer Seite, der da sagt: Niemals wird irgendeine soziale Idee, und wenn sie noch so gut gemeint ist, wenn sie bloß aus dem Geiste heraus geboren ist, das soziale Leben umgestalten. Dazu bedarf es realer Kräfte. – Und zu den realen Kräften wird eben dieses abgespaltene Geistesleben gar nicht gerechnet. Wie weit entfernt ist das – ich habe das auch schon ausgesprochen –, was heute als sein inneres, religiöses, selbst sein wissenschaftliches Überzeugungsleben der Kaufmann, der Staatsbeamte, der industriell Tätige hat, von den Gesetzen, die er anwendet im wirtschaftlichen Leben, in seiner äußeren Stellung, in der Verwaltung öffentlicher Angelegenheiten! Vollständig eine zweifache Würdigung des Lebens! Auf der einen Seite gewisse Grundsätze, die aber ganz hervorgegangen sind aus Wirtschafts- und Staatsleben, auf der anderen Seite ein Rest von Freiheit, von Geistesleben, der aber zur Ohnmacht gegenüber den äußeren Angelegenheiten des Lebens verurteilt ist.

Das muß auf der einen Seite gesagt werden, daß sich ein einheitliches freies Geistesleben schon seit Jahrhunderten abgegliedert hat, daß aber, weil man es nicht anerkennen wollte in der Gestaltung des öffentlichen Lebens, dieses freie Geistesleben abstrakt, lebensfremd geworden ist. Es fordert dieses Geistesleben aber heute, weil man den Einfluß des Geistes auf das äußere soziale Leben braucht, seine Macht, seine Kraft zurück. Das ist die Situation, die uns heute gegeben wird.

Einen anderen Weg hat das Rechtsleben genommen. Während das Geistesleben sich gewissermaßen, insoferne es ein freies ist, emanzipiert hat, hat das Rechtsleben sich im Laufe der letzten Jahrhunderte vollständig verschmelzen lassen mit den wirtschaftlichen Machtverhältnissen. Man hat es gar nicht bemerkt, aber beide sind völlig eins geworden. Was wirtschaftliche Interessen und Bedürfnisse waren, das wurde in öffentlichen Rechten ausgedrückt. Diese öffentlichen Rechte hält man oftmals für Menschheitsrechte. Genau besehen sind sie nur in den Rechtscharakter umgesetzte wirtschaftliche und staatliche Interessen und Bedürfnisse. Während das Geistesleben auf der einen Seite seine Kraft fordert, sehen wir auf der anderen Seite, wie nun eine Verwirrung eingetreten ist mit Bezug auf die Beziehung von Rechts- und Wirtschaftsverhältnissen. Weite Kreise unserer heutigen Bevölkerung durch die zivilisierte Welt hindurch fordern in dem, was sie die soziale Frage nennen, weitere Zusammenschweißung des Rechtslebens und des Wirtschaftslebens. Wir sehen, wie unter politischen, unter Rechtsbegriffen das gesamte Wirtschaftsleben gestaltet werden soll. Und wenn wir die bei vielen heute beliebten Schlagworte ansehen, was sind sie denn anderes als die letzte Konsequenz der Verschmelzung des Rechtslebens mit dem Wirtschaftsleben? Wir sehen heute die weite Kreise ziehende radikalsozialistische Partei fordern, daß – wie ich es hier schon ausgesprochen habe – über das Wirtschaftsleben ein politisches System zentral, hierarchisch übergebauter, gegliederter Verwaltungen gestülpt werde. Ganz eingefaßt werden soll das Wirtschaftsleben in lauter Rechtsverhältnisse. Wir sehen geradezu, wie die Macht der Rechtsverhältnisse ganz und gar ausgedehnt werden soll über die Wirtschaftsverhältnisse.

Das ist das andere, was als die Krisis in unserer Zeit eintritt, was man dadurch aussprechen kann, daß man sagt: Indem in radikaler Weise diese politischen und Rechtsverhältnisse für das Wirtschaftsleben gefordert werden, soll gewissermaßen die Tyrannis des Staates, des Rechtssystems über das wirtschaftliche Wesen hereinbrechen. Wir sehen, daß für das Wirtschaftsleben und seine Heilung nicht eine Gestaltung des Wirtschaftslebens gefordert wird, die aus wirtschaftlichen Verhältnissen heraus selber gebildet ist, sondern daß Eroberung der politischen Macht gefordert wird, aber Eroberung der politischen Macht von dem Gesichtspunkte aus, das Wirtschaftsleben durch diese politische Macht an sich zu bringen und zu beherrschen. Diktatur des Proletariats, was ist es anderes, als die letzte Konsequenz der Zusammenschweißung von Rechts- oder Staatsleben und Wirtschaftsleben?

So wird hier, freilich auf eine negative Art, bewiesen, wie nötig es heute ist, über das Verhältnis von Rechts- oder Staatsleben und Wirtschaftsleben gründlich nachprüfend zu Werke zu gehen. So sieht man auf der einen Seite, daß das in einem Teil seiner Kraft freie Geistesleben sich emanzipiert hat und seine ursprüngliche Kraft fordert; so sieht man auf der anderen Seite, daß das Rechtsleben, wenn es weiter immer enger und enger an das Wirtschaftsleben gebunden werden soll, den ganzen sozialen Organismus in Unordnung bringt.

Genügend lange hat es gewährt, daß unter der Suggestion des Einheitsstaates, des einheitlichen sozialen Organismus gedacht wurde. Heute ist die Zeit gekommen, wo die Frucht dieses Denkens uns entgegentritt in dem sozialen Chaos, das über einen großen Teil der zivilisierten Welt ausgegossen ist. Die wirtschaftlichen Zustände fordern im strengsten Sinne, getrennt zu werden von dem Rechtsleben, weil es sich gezeigt hat, welchen Unfug dieses Rechtsleben selber nach und nach für das Wirtschaftsleben anrichten müßte, wenn die letzte Konsequenz von dem gezogen würde, was sich im Lauf der letzten Jahrhunderte herausgebildet hat.

Mit diesen Tatsachen rechnet der Impuls vom dreigliederigen sozialen Organismus. Und ich möchte Ihnen an einem anschaulichen Beispiel zeigen, wie durch diese Tatsache gerade dasjenige auseinandergerissen worden ist, was im Leben als eine Einheit wirken sollte. Man sagt heute, die Dreigliederung des sozialen Organismus wolle die Einheit des sozialen Lebens zerreißen. Man wird in der Zukunft sagen: Diese Dreigliederung begründet erst im rechten Sinne diese Einheit. Daß das abstrakte Streben nach der Einheit gerade diese Einheit zerstört hat, das kann man eben an einem anschaulichen Beispiel sehen. Heute sind gewisse Leute außerordentlich stolz darauf, den theoretischen Unterschied zu machen zwischen Recht und Moral. Moral ist die Schätzung einer Handlung eines Menschen rein nach inneren Gesichtspunkten der Seele. Die Beurteilung einer Handlung, ob sie gut oder böse ist, wird nur von solchen inneren Gesichtspunkten der Seele geleitet. Und man unterscheidet sehr sorgfältig, gerade in Weltanschauungsfragen, von dieser moralischen Beurteilung die rechtliche Beurteilung, die das äußere öffentliche Leben angehe, die bestimmt sein soll durch die Verfügungen, durch die Maßnahmen des staatlichen oder sonstigen sozialen öffentlichen Lebens.

Von dieser Trennung von Moral und Recht wußte man die ganze Zeit nichts bis zu jenem Zeitpunkte, als die neuere technische wirtschaftliche Entwickelung und der neuere Kapitalismus heraufzogen. Erst in den letzten Jahrhunderten wurden die Impulse des Rechtes und der Moral auseinandergerissen. Und warum? Weil die moralische Beurteilung abgewälzt wurde in jenes freie Geistesleben hinein, das sich emanzipiert hat, das aber gegenüber dem äußeren Leben machtlos geworden ist, das gewissermaßen nur zum Predigen, zum Beurteilen da ist, dem aber die Kraft geschwunden ist, wirklich einzugreifen in das Leben. Diejenigen Maximen aber, die in das Leben eingreifen können, die brauchen, weil sie rein menschliche Antriebe nicht mehr finden können, die auf die Moral abgeschoben sind, wirtschaftliche Antriebe, und die werden dann in das Recht umgesetzt. So ist mitten auseinandergerissen, was im Leben wirkt: Rechtsbestimmung und ihre Durchwärmung mit menschlicher Moral – mitten auseinandergerissen zu einer Zweiheit, was gerade eine Einheit sein sollte.

Wer daher die Entwickelung der modernen Staaten genauer studiert, der wird finden, daß gerade die Suggestion des Einheitsstaates eine Trennung der Kräfte herbeigeführt hat, die eigentlich zu einer Einheit zusammenwirken sollen. Gerade gegen diese Trennung will der Impuls von der Dreigliederung des sozialen Organismus wirken. Schon wenn man das eigentliche Prinzip dieses Impulses richtig betrachtet, wird man sehen, daß von einer Spaltung des Lebens dabei gar nicht die Rede sein kann.

Das Geistesleben, das seine eigene Verwaltung haben soll – steht nicht jeder Mensch zu diesem Geistesleben, wenn es so, wie ich es geschildert habe, völlig frei sich entwickelt, in einer Beziehung? Er wird in diesem freien Geistesleben erzogen, er läßt wiederum seine Kinder erziehen, er hat seine unmittelbaren geistigen Interessen bei diesem Geistesleben, er ist mit diesem Geistesleben verbunden. Und dieselben Menschen, die auf diese Weise mit diesem Geistesleben verbunden sind, die ihre Kraft aus diesem Geistesleben ziehen, stehen im Rechts- oder Staatsleben und bestimmen in diesem, was als Rechtsordnung zwischen ihnen wirkt. Sie bestimmen aus dem Geiste heraus, den sie aus diesem Geistesleben aufnehmen, diese Rechtsordnung. Diese Rechtsordnung ist unmittelbar bewirkt durch das, was durch die Beziehung zum Geistesleben erworben wird. Und wiederum, was von Mensch zu Mensch demokratisch auf dem Boden der Rechtsordnung entwickelt wird, das, was so der Mensch aufnimmt als den Impuls seiner Beziehung zu anderen Menschen, das trägt er, weil es ja wiederum dieselben Menschen sind, die zum Geistesleben Beziehungen haben, im Rechtsleben drinnenstehen und wirtschaften, hinein in das Wirtschaftsleben. Die Einrichtungen, die er trifft, die Art und Weise, wie er sich mit anderen Menschen assoziiert, die Art und Weise, wie er überhaupt wirtschaftet, das alles ist durchdrungen von dem, was er im Geistesleben ausbildet, was er als Rechtsordnung regelt im Wirtschaftsleben, denn dieselben Menschen sind es, die in dem dreigegliederten sozialen Organismus drinnenstehen, und nicht durch irgendeine abstrakte Ordnung, sondern durch den lebendigen Menschen selber wird die Einheit bewirkt. Nur daß jedes der Glieder seine eigene Natur und Wesenheit durch seine Selbständigkeit sich ausbilden und so gerade in der kraftvollsten Weise zur Einheit wirken kann. Jedes der Glieder kann so wirken, während wir eben sehen können, wie durch die Suggestion des Einheitsstaates gerade das, was im Leben zusammengehört, selbst was so innerlich zusammengehört wie Recht und Moral, auseinanderfällt. Also nicht um Zusammengehöriges zu trennen, sondern um Zusammenwirkendes oder dasjenige, was zum Zusammenwirken bestimmt ist, wirklich zum Zusammenwirken zu bringen, macht sich der Impuls für die Dreigliederung des sozialen Organismus geltend.

Das Geistesleben, das ich gestern geschildert habe, das kann nur auf seinem eigenen freien Boden sich entwickeln. Aber wenn es sich auf seinem eigenen freien Boden entwickelt, dann wird es, wenn man ihm zugesteht, daß es gleiches Recht habe neben den beiden übrigen Gliedern des sozialen Organismus, nicht ein lebensfremdes Gebilde sein wie dasjenige Geistesleben, das sich seit Jahrhunderten eben lebensfremd und abstrakt entwickelt hat, sondern es wird die Stoßkraft entwickeln, unmittelbar in das wirkliche, äußerlich wirkliche Rechts- und Wirtschaftsleben einzugreifen. Es könnte als ein grotesker, als ein paradoxer Widerspruch erscheinen, wenn auf der einen Seite behauptet wird, das Geistesleben solle völlig selbständig werden, solle sich aus seinen eigenen Grundlagen heraus, so wie ich es gestern geschildert habe, entwickeln, und es könne doch auf der anderen Seite eingreifen in die praktischsten Gebiete des Lebens. Aber gerade dann, wenn der Geist sich selber überlassen ist, dann entwickelt er die Impulse, die das ganze Leben umfassen können. Denn dieser sich selbst überlassene Geist, der ist nicht darauf angewiesen, hinzuhorchen auf das, was der Mensch in sich ausbilden soll zum Zwecke irgendeiner Staatsschablone; er ist nicht bestimmt dadurch, daß nur derjenige ausgebildet werden kann, dem eine gewisse wirtschaftliche Macht zusteht, sondern es wird aus den Bedingungen der menschlichen Individualität heraus, aus der Beobachtung der menschlichen Fähigkeiten heraus entwickelt, was zutage treten will in irgendeiner Generation.

Das aber, was so zutage treten will in irgendeiner Generation, das wird, weil der Geist sein Interesse über das ganze Leben hin ausdehnt, nicht nur die Natur in ihren Erscheinungen und Tatsachen umfassen, sondern das wird vor allen Dingen das Menschenleben selbst umfassen. Wir waren verurteilt, unpraktisch zu sein auf geistigem Gebiete, weil uns für das freie Geistesleben nur diejenigen Gebiete überlassen waren, die nicht eingreifen durften in die äußere Wirklichkeit. In dem Augenblicke, wo man dem Geiste es zugestehen wird, nicht bloß zu registrieren, was Parlamente als Staatsrecht bestimmen, sondern wo er von sich aus, wie es sein soll, das Staatsrecht zu bestimmen hat, in diesem Augenblicke wird er das Staatsrecht zu seiner Schöpfung machen und er wird eingreifen in das Getriebe, in die Ordnung der Wirtschaft in dem Augenblicke, wo man nicht bloß nach einer sich selbst überlassenen Wirtschaft, die nach ihren Tatsachen weiterrollt, ohne daß sie von Gedanken beherrscht wird, gewisse Gesichtspunkte und Maximen ausbilden wird für dieses Wirtschaftsleben, sondern wenn es dem Geiste überlassen wird, in dieses Wirtschaftsleben einzugreifen. Dann wird er sich auch fähig erweisen zur Lebenspraxis innerhalb des Wirtschaftskreislaufes. Man braucht ihm nur die Kraft zuzugestehen, ins praktische Leben einzugreifen, dann wird er es tun. Aber diese Wirklichkeitsanschauung ist notwendig, daß man den Geist nicht hermetisch abschließe in die Abstraktion, sondern daß man ihm den Einfluß in das Leben gebe. Dann wird er aus sich heraus jederzeit das Wirtschaftsleben gerade befruchten, während es sonst unbefruchtet bleibt oder nur durch Zufallserscheinungen befruchtet wird.

Das muß berücksichtigt werden, wenn man klar sehen will, wie im dreigliederigen sozialen Organismus Geist, Recht und Staat und Wirtschaft zusammenwirken sollen. Über diese Dinge sind auch sehr einsichtige Persönlichkeiten der Gegenwart durchaus im unklaren. Diese einsichtigen Persönlichkeiten sehen oftmals, wie sich unter dem Wirtschaftsleben, das gewissermaßen von sich den Geist herausgetrieben hat, Zustände entwickelt haben, die heute sozial unhaltbar geworden sind. Da haben wir einen heute sehr angesehenen Denker über das Wirtschaftsleben, der findet zum Beispiel das Folgende. Er sagt: Wenn wir uns heute das Wirtschaftsleben anschauen, so sehen wir vor allen Dingen ein Verbrauchssystem, das im höchsten Grade zu sozialen Schäden führt. Die Menschen, die es können, die verbrauchen dies oder jenes, was eigentlich nur Luxus ist. – Dieser Denker weist darauf hin, welche Rolle das, was er Luxus nennt, im Leben der Menschen heute spielt, welche Rolle das auch spielt im wirtschaftlichen Leben der Menschen. Gewiß, man kann das leicht; man braucht nur auf solche Erscheinungen hinzuweisen, wie zum Beispiel, wenn sich, sagen wir, heute eine Dame eine Perlenkette kauft. Das werden manche heute noch immer für einen ganz geringen Luxus ansehen. Aber es wird dabei nicht bedacht, was innerhalb der heutigen wirtschaftlichen Struktur diese Perlenkette eigentlich wert ist. Für diese Perlenkette, für den Wert dieser Perlenkette kann man sechs Monate hindurch fünf Arbeiterfamilien erhalten! Das hängt die betreffende Dame um den Hals. Ja, man kann das einsehen, und man kann aus dem heutigen Geiste heraus nach Abhilfe suchen. Der angesehene Denker, den ich hier im Auge habe, der findet heraus, daß es notwendig sei, daß der Staat – selbstverständlich, vom Staat ist jeder suggeriert! – hohe Luxussteuern einführe, und zwar solche Luxussteuern, daß es den Leuten überhaupt vergeht, solchen Luxus sich anzuschaffen. Er läßt den Einwand nicht gelten, den sehr viele machen, daß wenn man den Luxus besteuere, dann ja der Luxus nachlasse und der Staat nichts habe von diesem Luxus. Er sagt: Nein, das ist gerade richtig, daß der Luxus aufhört, denn das Besteuern soll einen sittlichen Zweck haben. Die menschliche Sittlichkeit soll durch die Besteuerung gefördert werden.

Sehen Sie, so ist das Denken. So wenig Glauben hat man an die Kraft des menschlichen Seelischen, des menschlichen Geistigen, daß man das, was aus dem menschlichen Seelischen, aus dem menschlichen Geistigen heraussprießen soll, herstellen will auf dem Wege der Besteuerung, das heißt des Rechtes! Kein Wunder, daß man da allerdings nicht zu einer einheitlichen Gliederung des Lebens kommt.

Derselbe Denker weist dann darauf hin, wie Besitzerwerbung dadurch Unrecht wird, daß in unserem Leben Monopole möglich sind, daß noch immer das soziale Leben unter dem Einflusse des Erbrechtes steht und dergleichen. Wiederum macht er den Vorschlag, diese Dinge alle durch die Steuergesetzgebung zu regeln. Wenn man vererbten Besitz so stark als möglich besteuere, dann werde eine Gerechtigkeit in bezug auf den Besitz, wie er meint, herauskommen. Ebenso könnte man durch Staatsgesetze, das heißt durch rechtliche Maximen, gegen die Monopole wirken und dergleichen mehr. Das Merkwürdige ist, daß dieser Denker sagt: Ja, aber es komme gar nicht darauf an, daß durch Staatsgesetze, Steuergesetze und so weiter dies alles, was er ja in Aussicht stellt, wirklich bestimmt werde, denn es zeige sich ja, daß der Wert solcher Staatsgesetze ein durchaus anfechtbarer sei, daß solche Staatsgesetze gar nicht immer das bewirken, was sie bewirken sollen. Aber nun sagt er: Darauf komme es nicht an, daß diese Gesetze tatsächlich die Sittlichkeit heben, die Monopole verhindern und so weiter, sondern es käme auf die Gesinnung an, aus welcher heraus diese Gesetze gegeben werden.

Jetzt sind wir ja nun doch wirklich bei dem absolutesten Drehen im Kreise angelangt. Ein angesehener politischer Denker der Gegenwart sagt ungefähr, was ich Ihnen hier charakterisiert habe. Gesinnung, ethische Gesinnung will er durch die Gesetzgebung hervorrufen; aber es komme nicht darauf an, daß die Erfolge dieser Gesetzgebung einträten, sondern daß die Menschen die Gesinnung zu dieser Gesetzgebung haben! Es ist der reine Chinese, der sich an seinem eigenen Zopfe auffangen will. Es ist ein merkwürdiger Zirkelschluß, aber ein Zirkelschluß, der gründlich in unserem heutigen sozialen Leben drinnen wirkt. Denn unter dem Einflusse einer solchen Denkweise macht man heute das öffentliche Leben. Und man sieht nicht, daß alle diese Dinge letzten Endes doch dahin führen, anzuerkennen, daß die Grundlagen werden müssen für eine wirkliche Neugestaltung des sozialen Lebens: das Geistesleben in seiner Selbständigkeit, das Rechtsleben in seiner Selbständigkeit, in seiner Losgelöstheit vom Wirtschaftsorganismus, und die freie Ausgestaltung der Wirtschaftsorganisation als eine solche.

Solche Dinge treten einem besonders deutlich heute entgegen, wenn man, wie es jetzt zum Beispiel bei *Robert Wilbrandt* der Fall ist, der sein Buch über Sozialismus schrieb, das eben erschienen ist, wenn man da sieht, wie bei außerordentlich wohlmeinenden Leuten, bei Leuten, die durchaus das Ethos haben für eine Neugestaltung des sozialen Lebens, auftritt, ich möchte sagen, ein leises Hindeuten auf die absolute Notwendigkeit zum Beispiel einer geistigen Grundlage des sozialen Aufbaues, wie aber überall die Einsicht fehlt, wodurch diese geistige Grundlage zu erringen sei. Robert Wilbrandt ist kein Mensch, der bloß rein aus der Theorie heraus redet. Erstens redet er aus einem warmen und sozial begeisterten Herzen heraus. Zweitens hat er schier die ganze Welt bereist, um die sozialen Verhältnisse kennenzulernen, und er schildert in seinem Buche treulich, wie hart das Elend dem Menschen heute noch mitspielt über die ganze zivilisierte Welt hin. Er gibt anschauliche Beispiele von dem Elend des Proletariats in der zivilisierten Welt. Er deutet aber auch von seinem Gesichtspunkte an, wie in den verschiedensten Gebieten, in denen heute die soziale Frage aktuell geworden ist, die Leute versucht haben, an einem Neuaufbau zu arbeiten, wie sie aber entweder gescheitert sind, oder wie es sich deutlich zeigt, wie zum Beispiel im heutigen Deutschland, daß sie scheitern müssen; und Robert Wilbrandt ist sich ganz klar darüber, daß alle die Versuche, die aus dem heutigen Sinne heraus gemacht werden, scheitern müssen. Damit schließt er ungefähr sein Buch. Nachdem das schon in verschiedenen Tönen im Verlauf des Textes des Buches angedeutet worden ist, klingt dann das ganze Buch in dieser merkwürdigen Weise aus. Da sagt er: Scheitern müssen diese Versuche, die da gemacht werden; zu keinem Aufbau werden sie wiederum kommen, weil dem sozialen Organismus heute die Seele fehlt, und ehe er die Seele bekommt, wird er keine fruchtbare Arbeit leisten. – Das Interessanteste ist, daß das Buch mit diesem Tone schließt, daß es nicht spricht von der Art und Weise, wie diese Seele gefunden werden soll.

Das möchte eben der Impuls für den dreigliederigen sozialen Organismus: nicht theoretisch reden, daß Seele notwendig ist, und warten, bis die Seele von selber sich einstellt, sondern hinweisen darauf, wie diese Seele sich entwickeln wird. Sie wird sich entwickeln, wenn man herauslöst aus dem Staatsleben und aus dem Wirtschaftsleben das Geistesleben. Und dann wird dieses Geistesleben, wenn es nur den Antrieben folgen kann, die der Mensch sich selbst für den Geist gibt, stark werden, um auch in das übrige praktische Leben eingreifen zu können. Dann wird sich dieses Geistesleben so gestalten, wie ich das Geistesleben gestern zu schildern versuchte. Dann wird dieses Geistesleben Wirklichkeit in sich selber enthalten. Und dann wird man von diesem Geistesleben sagen können, daß man in der Lage ist, ihm aufzubürden, was ihm zum Beispiel aufgebürdet wird in meinen «Kernpunkten der sozialen Frage in den Lebensnotwendigkeiten der Gegenwart und Zukunft».

Gewiß, man kann heute hinweisen darauf – und wir haben es im zweiten Vortrage getan –, wie das Kapital im sozialen wirtschaftlichen Prozeß heute wirkt. Allein, wenn man bloß davon spricht, daß das Kapital abgeschafft werden soll oder in Gemeineigentum übergeführt werden soll, so hat man keinen Begriff davon, wie eigentlich im wirtschaftlichen Leben drinnen, besonders unter den heutigen Produktionsverhältnissen, das Kapital wirkt, wie es notwendig ist, daß die Kapitalansammlungen stattfinden, damit die befähigten Menschen durch die Verwaltung dieser Kapitalmassen gerade zum Gemeindienste wirken können. Deshalb wurde im Grunde genommen in meinen «Kernpunkten der sozialen Frage» die Kapitalverwaltung abhängig gemacht von dem Geistesleben unter Mitwirkung des selbständigen Rechtslebens. Während wir heute sagen, daß das Kapital selber wirtschaftet, wird verlangt von dem Impuls für die Dreigliederung des sozialen Organismus, daß es zwar immer möglich sein müsse, Kapitalansammlung zu bilden, daß es möglich sein müsse, daß diese Kapitalansammlung verwaltet werden könne von demjenigen, der für irgendeinen Betrieb die nötigen Fähigkeiten aus dem geistigen Leben heraus entwickelt hat, daß aber diese Kapitalansammlungen nur so lange von demjenigen, der sie angesammelt hat, verwaltet werden sollen, als er sie selbst verwalten kann. In dem Augenblicke, oder wenigstens bald nach diesem Augenblicke – auf das einzelne brauchen wir heute nicht einzugehen –, wenn der Betreffende nicht mehr mit seinen Fähigkeiten selbst hinter der Verwaltung des Kapitals stehen kann, hat er dafür zu sorgen, oder wenn er sich dazu unfähig fühlt, hat er irgendeine Korporation des Geisteslebens, die da sein muß, dafür sorgen zu lassen, daß dieser Betrieb wiederum an einen Fähigsten, der ihn verwalten kann zum Gemeindienste, übergehen könne. Das heißt: Die Überleitung eines Betriebes an eine Persönlichkeit oder Personengruppe ist nicht gebunden an Kauf oder an sonstigen Kapitalübergang, sondern ist gebunden an das, was sich aus den Fähigkeiten der Menschen selbst ergibt, von den Fähigen an die Fähigen, von denjenigen, die im Gemeinschaftsdienste arbeiten können an diejenigen, die wiederum im Gemeinschaftsdienste in der besten Weise arbeiten können. Von diesem Übergange hängt das soziale Heil der Zukunft ab. Dieser Übergang wird aber nicht ein wirtschaftlicher sein, wie er es jetzt ist, sondern dieser Übergang wird aus Impulsen der Menschen erfolgen, die er bekommt aus dem selbständigen Geistesleben und aus dem selbständigen Rechtsleben. Es werden sogar Korporationen im Geistesleben vorhanden sein, verbunden mit allen anderen Gebieten des Geisteslebens, denen sozusagen die Verwaltung des Kapitals obliegt.

So konnte ich an die Stelle des Übergangs der Produktionsmittel an die Gemeinschaft die Zirkulation der Produktionsmittel im sozialen Organismus setzen, den Übergang vom Fähigen zum Fähigen, das heißt, die Zirkulation; und diese Zirkulation hängt ab von der Selbständigkeit des Geisteslebens, der sie gewissermaßen untersteht, von der sie bewirkt wird. So daß man sagen kann: In dem, was im eminentesten Sinne im Wirtschaftskreislauf drinnensteht, wirkt, was als Kraft im Geistesleben vorhanden ist, im Rechtsleben vorhanden ist. Man kann sich die Einheit im Wirtschaftsleben nicht geschlossener denken, als sie bewirkt wird durch solche Maßnahmen. Aber die Strömung, die sich dem Wirtschaftsleben eingliedert, kommt aus dem selbständigen Geistesleben, aus dem selbständigen Rechtsleben her. Der Mensch wird nicht mehr dem Zufall preisgegeben sein, der da wirkt durch bloßes Angebot und Nachfrage oder durch die sonstigen Faktoren, die heute im Wirtschaftsleben tätig sind, sondern in dieses Wirtschaftsleben wird hereinwirken Vernunft und rechtliche Beziehung zwischen Mensch und Mensch. Also zusammenwirken wird Geist, Recht und Wirtschaft, wenn sie auch getrennt voneinander verwaltet werden, weil der Mensch aus einem Gebiete in das andere – er gehört allen dreien an – dasjenige hineintragen wird, was hineinzutragen ist. Allerdings werden sich die Menschen von manchem Vorurteil frei machen müssen, wenn diese Dinge nach und nach zustande kommen sollen.

Heute ist man sich noch durchaus klar darüber, daß Produktionsmittel, daß Grund und Boden Dinge des Wirtschaftslebens sind. Der Impuls der Dreigliederung des sozialen Organismus verlangt, daß im Wirtschaftsleben nur verwaltet werden die gegenseitigen Werte, an die angenähert werden sollen die Preise, so daß bloß die Preisbestimmung dasjenige ist, was eigentlich zuletzt aus der Wirtschaftsverwaltung herauskommt.

Diese Preisbestimmung aber zu einer gerechten zu machen, ist unmöglich, wenn im Wirtschaftsleben drinnen wirkt das Produktionsmittel als solches und der Grund und Boden als solcher. Die Verfügung über Grund und Boden, was sich heute im Eigentumsrecht von Grund

und Boden konzentriert, und die Verfügung über die fertigen Produktionsmittel können keine wirtschaftliche Angelegenheit sein, sondern die sollen zum Teil eine geistige, zum Teil eine rechtliche Angelegenheit sein. Das heißt, die Überleitung von Grund und Boden von einer Person oder Personengruppe auf eine andere soll nicht durch Kauf oder Erbschaft, sondern durch eine Übertragung auf dem Rechtsboden beziehungsweise aus den Prinzipien des geistigen Lebens heraus erfolgen. Das Produktionsmittel, also dasjenige, wodurch in der Industrie oder dergleichen produziert wird, das vorzugsweise der Kapitalbildung zugrunde liegt, kann nur solange etwas kosten, bis es fertig ist. Ist es fertig, dann verwaltet es derjenige, der es zustande gebracht hat, weil er es am besten versteht, so lange als er selbst mit seinen Fähigkeiten bei dieser Verwaltung dabei sein kann. Aber es ist ferner nicht ein Gut, das verkauft werden kann, sondern das nur durch Rechts- beziehungsweise durch geistige Bestimmung, die durch das Recht realisiert wird, von einer Person oder Personengruppe auf eine andere Person oder Personengruppe übertragen werden kann.

So wird dasjenige, was heute zu Unrecht im Wirtschaftsleben drinnensteht, das Eigentumsverfügungsrecht, das Grund- und Bodenverfügungsrecht, das Verfügungsrecht über die Produktionsmittel, gestellt auf den selbständigen Rechtsboden unter Mitwirkung des selbständigen Geistesbodens.

Fremd mögen den heutigen Menschen noch diese Ideen anmuten. Aber das ist ja gerade das Traurige, das Bittere, daß sie den gegenwärtigen Menschen fremd anmuten. Denn erst dadurch, daß diese Dinge wirklich einziehen in die Menschengeister, in die Menschenseelen und auch in die Menschenherzen, so daß sich die Menschen sozial im Leben nach ihnen verhalten, erst dadurch kann dasjenige kommen, was so viele Menschen auf ganz andere Art herbeiführen wollen, aber niemals werden herbeiführen können. Das ist es, was man endlich einsehen sollte: daß manches, was heute noch paradox erscheint, einem wirklich gesundenden sozialen Leben als etwas Selbstverständliches erscheinen wird.

Nicht aus den Leidenschaften, aus den Antrieben und Emotionen heraus, aus denen heute oftmals soziale Forderungen gestellt werden, stellt der Impuls für die Dreigliederung des sozialen Organismus seine sozialen Forderungen. Er stellt sie aus einem Studium der wirklichen Entwickelung der Menschheit in der neueren Zeit und bis in die Gegenwart herein. Er sieht zum Beispiel, wie im Laufe langer Jahrhunderte eine soziale Form die andere abgelöst hat. Gehen wir zurück hinter das letzte Mittelalter – es hat sich noch etwas hineinerstreckt ins letzte Mittelalter, namentlich in der europäischen zivilisierten Welt –, so finden wir das gesellschaftliche Leben in einer solchen Struktur, daß wir sprechen können von einer Machtgesellschaft. Diese Machtgesellschaft war dadurch heraufgekommen, daß, um nur ein Beispiel anzuführen, meinetwillen irgendein Eroberer mit einer Gefolgschaft sich irgendwo seßhaft gemacht, seine Gefolgschaft gewissermaßen zu seiner Arbeiterschaft gemacht hat. Dann wurde dadurch, daß der Führer angesehen wurde vermöge seiner individuellen Eigenschaften, individuellen Tüchtigkeit oder vermeintlichen individuellen Tüchtigkeit, das soziale Verhältnis zustande gebracht zwischen seiner Macht und der Macht derer, die er erst anführte und die dann seine Diener beziehungsweise seine Arbeiterschaft waren. Da ging gewissermaßen als das Maßgebliche für den sozialen Organismus dasjenige, was in einem entsprang oder in einer aristokratischen Gruppe, auf die Gesamtheit über, das lebte in der Gesamtheit weiter. Der Wille, der in der Gesamtheit war, war gewissermaßen in dieser Machtgesellschaft nur die Abzeichnung, die Projektion des Einzelwillens.

Unter dem Einflusse der neueren Zeit, der Arbeitsteilung, des Kapitalismus, der technischen Kultur, trat an die Stelle dieser Machtgesellschaft, aber durchaus ihre Impulse fortsetzend unter den Menschen und dem menschlichen Zusammenleben, die Tauschgesellschaft. Was der einzelne hervorbrachte, wurde zur Ware, die er mit dem anderen austauschte. Denn schließlich ist die Geldwirtschaft auch nichts anderes, insofern sie Verkehr mit dem anderen einzelnen oder mit der anderen Gruppe ist. Es ist ein Tauschverkehr. Die Gesellschaft ist eine Tauschgesellschaft geworden. Während in der Machtgesellschaft die Gesamtheit es zu tun hat mit dem Willen des einzelnen, den sie aufnimmt, hat es die Tauschgesellschaft, in der wir noch mitten drinnen sind und aus der ein großer Teil der heutigen Menschheit herausstrebt, zu tun mit dem Willen des einzelnen, der gegen den Willen des einzelnen steht, und aus dem Zusammenwirken von Einzelwille zu Einzelwille entsteht erst, wie ein Zufallsergebnis, der Gesamtwille. Da sprießt auf aus dem, was von einzelnem zu einzelnem geschieht, was sich bildet als Wirtschaftsgemeinschaft, was sich bildet als Reichtümer, was sich herausbildet in der Plutokratie und so weiter. In all dem wirkt aber dasjenige drinnen, was zu tun hat mit dem Aufeinanderprallen von Einzelwillen auf Einzelwillen.

Es ist kein Wunder, daß die alte Machtgesellschaft nicht nach irgendeiner Emanzipation des Geistigen streben konnte. Denn derjenige, der der Führer war, wurde vermöge seiner Tüchtigkeit auch anerkannt als der Führer des Geistigen und als der Führer der Rechtsordnung. Es ist aber auch begreiflich, daß das Rechts-, das Staats-, das politische Prinzip in der Tauschgesellschaft besonders überhandgenommen hat. Haben wir doch gesehen, worauf das Recht eigentlich beruhen will, wenn auch dieses Wollen nicht zum richtigen Ausdrucke kommt in der heutigen sozialen Ordnung. Das Recht hat es eigentlich zu tun mit dem, was der einzelne Mensch als ein gleicher dem anderen gegenüber, der ihm gleich ist, auszumachen hat. In der Tauschgesellschaft hat der einzelne mit dem einzelnen zu tun. So hat die Tauschgesellschaft das Interesse, ihr Wirtschaftsleben, wo auch der einzelne mit dem einzelnen zu tun hat, in ein Rechtsleben umzuwandeln, das heißt, zu Rechtssatzungen umzugestalten, was wirtschaftliche Interessen sind.

Geradeso wie die alte Machtgesellschaft übergegangen ist in eine Tauschgesellschaft, so strebt heute aus innersten Impulsen der Menschheitsentwickelung heraus diese Tauschgesellschaft in eine neue Gesellschaft hinein, namentlich auf wirtschaftlichem Boden. Denn die Tauschgesellschaft ist nach und nach, indem sie sich angeeignet hat das Geistesleben, es unfrei gemacht hat, lebensfremd gemacht hat, eine bloße Wirtschaftsgesellschaft geworden, und sie wird als solche gefordert von gewissen radikalen Sozialisten. Aber aus tiefsten Impulsen der heutigen Menschheit heraus will diese Tauschgesellschaft, namentlich auf wirtschaftlichem Gebiete, in das übergehen, was ich nennen möchte – wenn auch der Name etwas hinkt, es ist aber eben eine neue Sache, und man hat in der Regel für die neuen Sachen nicht zutreffende Bezeichnungen, die ja aus der Sprache heraus gebildet werden müssen – die Gemeingesellschaft. Es muß übergehen die Tauschgesellschaft in die Gemeingesellschaft.

Wie wird diese Gemeingesellschaft gestaltet sein? Geradeso wie in der Machtgesellschaft der Einzelwille oder der Wille einer Aristokratie, also auch eine Art Einzelwille, gewissermaßen fortwirkt in der Gesamtheit, so daß die einzelnen in ihren Wollungen nur darstellen Fortsetzungen des Willens der einzelnen, und wie die Tauschgesellschaft zu tun hatte mit dem Aufeinanderprallen von Einzelwille auf Einzelwille, so wird es die wirtschaftliche Ordnung der Gemeingesellschaft zu tun haben mit einer Art von Gesamtwille, der nun umgekehrt auf den Einzelwillen zurückwirkt. Denn ich habe es im zweiten Vortrage auseinandergesetzt, wie auf dem Gebiete des Wirtschaftslebens Assoziationen der verschiedenen Produktionszweige auftreten sollen, Assoziationen von Produktionszweigen mit den Konsumierenden, so daß überall sich die Wirtschaftenden und auch die wirtschaftlich Konsumierenden zusammenschließen sollen. Die Assoziationen werden Verträge miteinander schließen. Es wird sich innerhalb von Gruppen, die größer oder kleiner sind, eine Art von Gesamtwille bilden. Nach diesem Gesamtwillen streben ja viele sozialistisch sich Sehnende. Nur stellen sie sich die Sache oftmals in einer höchst unklaren, durchaus nicht vernünftigen Weise vor.

Geradeso wie in der Gewaltgesellschaft, in der Machtgesellschaft der Einzelwille in der Gesamtheit gewirkt hat, so wird in der Gemeingesellschaft der Zukunft ein gemeinsamer Wille, ein Gesamtwille in dem einzelnen wirken müssen.

Wie aber wird das möglich sein? Was muß in dem Gesamtwillen – er muß ja entstehen durch das Zusammenwirken der Einzelwillen, die Einzelwillen müssen etwas ergeben, was keine Tyrannis ist, keine demokratische Tyrannis ist für den einzelnen, innerhalb dessen sich der einzelne frei fühlen kann –, was muß denn drinnenstecken in diesem Gesamtwillen? In diesem Gesamtwillen muß drinnenstecken, was die einzelne Seele und der einzelne menschliche Geist aufnehmen können, womit sie sich einverstanden erklären können, worinnen sie sich einleben können. Das heißt, das, was im einzelnen Menschen lebt, Geist und Seele, das muß im Gesamtwillen der Gemeingesellschaft leben. Das ist nicht anders möglich, als wenn diejenigen, die diesen Gesamtwillen ausgestalten, aus dem Einzelwillen heraus in sich tragen in ihrem Wollen, in ihrem Empfinden, in ihrem Vorstellen das völlige Verständnis für den einzelnen Menschen. Einfließen muß in diesen Gesamtwillen, was der einzelne Mensch als sein eigenes Geistiges und Seelisches und Leibliches empfindet. Dann muß es aber hineingelegt werden.

Anders war das in der instinktiven Machtgesellschaft, wo der einzelne anerkannt wurde von der Gesamtheit, weil die einzelnen in der Gesamtheit nicht geltend machten ihren eigenen Willen; anders war es in der Tauschgesellschaft, wo der Einzelwille aufgeprallt ist und eine Art Zufallsgemeinsamkeit herausgekommen ist; anders aber muß es sein, wenn ein organisierter Gesamtwille auf den einzelnen wirken soll. Dann darf niemand, der an der Gestaltung dieses Gesamtwillens teilnimmt, unverständig sein gegenüber dem, was das wahrhaft Menschliche ist. Dann darf man nicht mit einer abstrakten Naturwissenschaft, mit einer Naturwissenschaft, die bloß auf die äußere Natur gerichtet ist und die niemals den ganzen Menschen verstehen kann, heranrücken an die Lebensanschauung. Dann muß man mit Geisteswissenschaft an die Lebensanschauung heranrücken, mit jener Geisteswissenschaft, die, weil sie den ganzen Menschen umfaßt nach Leib, Seele und Geist, auch empfindungsgemäß und willensgemäß ein Verständnis hervorruft für diesen einzelnen Menschen.

Will man daher eine gemeinschaftliche Wirtschaftsordnung hervorrufen, wird man sie nur hervorrufen können, wenn man sie wird beseelen können aus dem selbständigen Geistesleben heraus. So wird nur möglich sein, eine gedeihliche Zukunft zu gestalten, wenn es andererseits wird geschehen können, daß widerstrahlt, was in freiem Geistesleben gedacht ist, aus dem Wirtschaftsleben heraus. Und dieses freie Geistesleben wird sich nicht als unpraktisch erweisen, es wird sich als sehr praktisch erweisen. Nur wer im unfreien Geistesleben verweilt, kann so leben, daß er nachdenkt über das Gute, daß er nachdenkt über das Böse, über das Richtige und über das Wahre, über das Schöne und über das Häßliche, und das nur im Inneren seiner Seele besteht. Derjenige aber, der den Geist als etwas Lebendiges durch Geisteswissenschaft anschaut, durch geisteswissenschaftliche Erkenntnis ergreift, der wird insbesondere in bezug auf das Menschenleben praktisch in allen seinen Handlungen. Was er aus der Geistanschauung in sich aufnimmt, das geht unmittelbar in die Hände, das geht in jede Lebensverrichtung über, das gestaltet sich wirklich so, daß es sich hineinleben kann in das unmittelbare praktische Leben. Nur eine aus dem praktischen Leben verdrängte Geisteskultur wird lebensfremd. Eine Geisteskultur, der man Einfluß gestattet auf das praktische Leben, die entwickelt sich zur Praxis. Ich möchte sagen: Wer das geistige Leben wirklich kennt, der weiß, wie wenig jenem geistigen Element, das seinem eigenen Antrieb überlassen ist, das praktische Leben fernsteht. Ich möchte sagen: Der ist kein guter Philosoph, der nicht im richtigen Augenblicke auch Holz hacken kann, denn wer eine Philosophie begründen will, ohne daß er Hand anlegen kann an das unmittelbar praktische Leben, der begründet keine Lebensphilosophie, der begründet eine lebensfremde Philosophie. Praktisch ist das wirkliche Geistesleben.

Unter den Einflüssen, die im Laufe der Jahrhunderte heraufgezogen sind, kann man es begreifen, wenn heute gerade Menschen, die innerhalb des heutigen Kulturlebens, des heutigen führenden Geisteslebens stehen wie zum Beispiel Robert Wilbrandt, der seine Sozialisierung aus einer wirklichen guten Meinung heraus, aus einem wirklichen sozialen Ethos heraus geschrieben hat, doch sagen: Es kann keine praktische Aufbauarbeit geleistet werden, weil die Seele fehlt –, wenn sie sich nicht dazu aufschwingen können, nach der Realität der Seelenbildung, der Seelengestaltung zu fragen, sich nicht entschließen können zu fragen: Was bewirkt ein wirkliches freies Geistesleben auch für das Staats-, auch für das Wirtschaftsleben? Dieses freie Geistesleben wird in der richtigen Weise zusammenwirken, wie ich gezeigt habe, mit dem Wirtschaftsleben. Dann aber wird auch das Wirtschaftsleben, das mit dem Staats- und Geistesleben zusammenwirken kann, jederzeit solche Menschen ausbilden können, die wiederum die Anregung geben dem Geistesleben.

Ein freies, unmittelbar wirkliches Zusammenleben wird durch die Dreigliederung des sozialen Organismus bewirkt. Daher möchte man den Menschen, die heute aus einem Instinkt heraus, aber durchaus nicht aus einem wirklichen Lebensmute heraus, nach einer unbestimmten

Seele, nach einem unbestimmten Geist verlangen, entgegenrufen: Lernet erkennen, was die Wirklichkeit des Geistes ist; gebet dem Geiste, was des Geistes ist, gebet der Seele, was der Seele ist, und es wird auch dem Wirtschaftsleben erscheinen, was der Wirtschaft ist.

Fragenbeantwortung nach dem fünften Vortrag

Hier ist zunächst die Frage gestellt:

Ich fürchte, daß durch die Dreigliederung des sozialen Organismus ein ewiger Schematismus erzeugt werden wird, wie derjenige des deutschen Idealismus, speziell *Kants* war, der das gesamte reiche Geistesleben in das Schema der Dreigliedrigkeit von Denken, Fühlen und Wollen hineingepreßt hat.

Verzeihen Sie, wenn ich zunächst auf etwas Persönliches hinweise. Ich habe mir in den verschiedensten Büchern – und es ist ja eine große Reihe, die ich geschrieben habe, eine viel zu große – die Aufgabe gestellt, das Unrichtige, das Verwerfliche in einer gewissen Beziehung sogar des Kantianismus in der Weltanschauung darzulegen. Es ist das heute noch ein recht unpopuläres Geschäft. Und ich habe insbesondere immer wiederum auf das Ungesunde der kantianischen Denkweise aus dem Grunde hinweisen müssen, weil ich fühlte, wie ein aus der Wirklichkeit heraus gestaltetes und geformtes Denken dem kantischen genau entgegengesetzt ist. Man möchte sagen: Das kantische Denken ist deshalb so beliebt, weil es schematisiert. Wer meine Vorträge hier verfolgt hat, der wird finden, daß ich ja zwar auch Worte gebrauchen muß, daß aber schematischen Geist in diesen Worten, in diesen Auseinandersetzungen nur finden könnte, wer ihn selbst erst hineinträgt. In der Art und Weise, wie ich versuche, die Wirklichkeit anzusehen, liegt wirklich nichts Schematisierendes, sondern, wenn man überhaupt redet – man kann da das Reden für unnütz halten, das tun ja doch nur wenige Menschen heute –, so muß man sich der Worte bedienen, und dann handelt es sich nur darum, daß man in der richtigen Weise verstanden wird. Ich spreche nicht so, daß ich irgendein philosophisches Thema im Auge habe, sondern ich möchte das Ganze des Lebens ins Auge fassen.

Bei der Gelegenheit ist es schon notwendig, etwas Persönliches zu berühren. Ich habe ja mein sechstes Lebensjahrzehnt bald vollendet und habe tatsächlich manches durchgemacht, bin durch mein Schicksal getragen worden in mancherlei Lebensgebiete, habe kennenlernen können, was in den verschiedensten Klassen, Ständen der heutigen Menschen lebt, und zwar so kennenlernen, daß da wahrhaftig kein Schematismus zugrunde lag, sondern daß ich eben das volle Leben hinnehmen konnte. Und aus diesem vollen Leben heraus haben sich mir deshalb Anschauungen ergeben, die manche Menschen aus dem Grunde nicht gleich verständlich finden, weil eben gerade der Schematismus, der heute so beliebt ist, nicht genügt zu ihrem Verständnisse, sondern weil man einen gewissen Lebensinstinkt braucht, um diese Dinge in der richtigen Weise zu wissen. Allerdings, eines habe ich – trotzdem ich kennengelernt habe Parteimänner von der äußersten Rechten zur radikalsten Linken und auch in der Mitte – nie fertiggebracht: selber einer Partei anzugehören. Vielleicht verdanke ich gerade diesem Umstande – wenigstens nach meinem eigenen Glauben ist es so – eine gewisse Unbefangenheit.

Nun soll das, was ich für die Dreigliederung des sozialen Organismus vorbringe, wahrhaftig nicht irgendeinem Schematismus entsprechen, sondern überall, wo man das Leben anfaßt, zeigt es sich in dieser Dreigliederung. Lesen Sie in meinem Buche «Von Seelenrätseln» nach: da handelt es sich nicht um einen Schematismus, nach dem ich etwa den ganzen menschlichen natürlichen Organismus einteilen will, wie Kant so fein säuberlich das Geistesleben in seine drei Abteilungen eingeteilt hat, sondern da ist es so, daß da wirklich drei Glieder ineinanderwirken. Das ist nicht Schematismus, wenn man irgend etwas von der Wirklichkeit beschreibt, wo es ankommt auf die drei Glieder und dabei diese drei Glieder namhaft macht. Es ist etwas ganz anderes, wenn man einteilt nach subjektiven Gesichtspunkten, als wenn man versucht, die Wirklichkeit wiederzugeben. Und das liegt gerade der Denkweise zugrunde, die hier geltend gemacht wird: daß die Wirklichkeit als solche genommen wird, daß nichts behauptet wird, was nicht gerade von der Wirklichkeit selber diktiert wird.

Ich möchte es Ihnen durch ein Beispiel klarmachen: Ich habe in einer kleinen süddeutschen Stadt einmal einen Vortrag gehalten über die Weisheit des Christentums. Da waren auch zwei katholische Pfarrer. Und weil der Vortrag gerade nichts enthielt, was sie inhaltlich anfechten konnten, so kamen sie nachher zu mir und sagten: Ja, sehen Sie, wir können ja nichts sagen gegen das, was Sie heute vorgebracht haben; aber Sie bringen das so vor, daß Sie nur zu einigen Menschen sprechen, die gerade durch ihre Bildung prädestiniert sind, sich diese Dinge anzuhören, während wir zu allen Menschen sprechen. – Ich sagte damals: Ja, wissen Sie, daß Sie und ich, daß wir uns etwa einbilden, wir sprechen zu allen Menschen, das ist subjektiv, das wird sich im Grunde genommen jeder Mensch einbilden können; denn warum sollte er denn sonst überhaupt zu Menschen sprechen, wenn er nicht glaubte, daß das allgemein gültig und einleuchtend ist, was er sagt. Aber auf dieses Subjektive kommt es gar nicht an. Es kommt darauf an, ob die objektiven Tatsachen sprechen und man im Sinne dieser objektiven Tatsachen sich verhält. Und nun frage ich Sie: Sie sagen, Sie sprechen zu allen Menschen; das ist Ihre subjektive Meinung, auch Ihr subjektives Bestreben meinetwillen; aber gehen alle Menschen zu Ihnen in die Kirche? Das würde der Beweis sein, daß Sie zu allen Menschen sprechen. – Da konnten sie natürlich nicht sagen: Ja, das sei so. Denn da sprachen die Tatsachen, nicht die subjektiven Meinungen. Nun sagte ich: Das nehmen wir jetzt als eine Tatsache, und zu denen, die nicht zu Ihnen in die Kirche gehen, zu denen spreche ich, denn die haben auch ein Recht, vom Christus zu hören.

So läßt man die Wirklichkeit sprechen. Da schematisiert man wahrhaftig nicht, richtet sich überhaupt nicht nach Subjektivem, sondern versucht zu deuten, was wirkliche Zeitimpulse sind. Aus solchen wirklichen Zeitimpulsen heraus will gesprochen werden.

Denken Sie sich die Dreigliederung der sozialen Ordnung innerhalb der bestehenden Staaten durchgeführt oder wie? Das heißt, ist der heutige Staat der Rahmen mit seinen politischen Grenzen auch in der neuen Ordnung?

Nun, es ist nur möglich, irgend etwas fruchtbar zu gestalten, wenn man nicht alles kurz und klein schlagen will, sondern wenn man auf die wirkliche Entwickelung bedacht ist, wenn man im Sinn der wirklichen Entwickelung arbeitet. Sie haben vielleicht schon bemerken können, wie gerade innerhalb der Ideen vom dreigliederigen sozialen Organismus hingearbeitet wird nach einer Ausgestaltung des Lebens aus geisteswissenschaftlichen Grundlagen heraus. Diese geisteswissenschaftlichen Grundlagen werden auch das ergeben, was angesehene Denker heute vermissen, nämlich eine wirkliche Wirtschaftswissenschaft. Was heute Wirtschaftswissenschaft genannt wird, das sind ja nur zusammengetragene Brocken aus einzelnen Beobachtungen. Das ist nicht etwas, was wirklich ein Impuls für das soziale Wollen werden könnte. Eine wirkliche Wirtschaftswissenschaft kann eben nur aus geisteswissenschaftlichen Grundlagen erwachsen.

Da wird sich mancherlei ergeben in bezug auf die Übergrenzung der sozialen Organisationen. So werden sich zum Beispiel Gesetze aus dem Wirtschaftsleben heraus selbst ergeben, wie Wirtschaftsgebiete, Wirtschaftsterritorien in sich abgegrenzt werden sollen, so daß man auf eine Zukunft blicken kann, über die man etwa in der folgenden Art sprechen müßte. Eine wirkliche Wirtschaftswissenschaft zeigt: Wenn die Assoziationen, von denen ich im zweiten und im heutigen Vortrage gesprochen habe, zu groß werden, dann sind sie nicht mehr wirtschaftlich möglich; wenn sie zu klein werden, sind sie auch nicht mehr wirtschaftlich möglich. Durch die inneren Bedingungen eines Wirtschaftsterritoriums, durch die mannigfaltige Produktion, durch die mannigfaltigen Zweige, mannigfaltigen Gebiete, die da sind, ist auch die Größe dieses Territoriums bestimmt. Wollte ich das Gesetz für diese Größe aussprechen, so müßte ich etwa sagen: zu kleine Wirtschaftsgebiete irgendwelcher Art wirken dadurch schädlich, daß sie die assoziierten Menschen nicht aufkommen lassen, gewissermaßen die assoziierten Menschen verhungern lassen; zu große Wirtschaftsterritorien dagegen wirken so, daß sie die außerhalb des Territoriums Befindlichen schädigen, verhungern lassen. Man kann tatsächlich für kleinere Wirtschaftsgesichtspunkte und auch für größere Wirtschaftsgesichtspunkte aus inneren Gesetzen heraus die Größe der Wirtschaftsterritorien bestimmen lassen. Und es ist auch gar nicht geboten – ich werde davon noch zu sprechen haben –, wenn der soziale Organismus wirklich dreigegliedert ist, daß die Geistesgrenzen mit den Wirtschaftsgrenzen oder mit den Rechtsgrenzen zusammenfallen. Ein großer Teil des Unheiles in der Gegenwart, das sich entladen hat in dieser furchtbaren Weltkriegskatastrophe – die, wie ich am Ende des gestrigen Vortrages auseinandergesetzt habe, durchaus nicht zu Ende ist –, beruht darauf, daß man eben unter dem Einheitsstaat überall wirtschaftliche, politische und Geisteskulturgrenzen hat zusammenfallen lassen. Es handelt sich also darum, daß aus einer inneren Gesetzmäßigkeit, aus dem lebendigen Leben selbst heraus die Größe der Territorien sich ergeben wird.

Aber man muß mit der Entwickelung rechnen. Deshalb muß zunächst der Anfang gemacht werden mit dem Gegebenen. Und da kann man sagen: Zunächst wird sich allerdings herausstellen, daß die historischen Körperschaften und Gebilde hinarbeiten müssen nach diesem Impuls der Dreigliederung des sozialen Organismus. Dann aber, wenn sie diese in gesunder Weise, ich will nicht sagen, durchgeführt haben, sondern in sich haben, dann wird aus dem Gesetze des Lebens, das sich dann ergibt, schon das andere hervorgehen.

Also diese Dinge dürften nicht theoretisch beantwortet werden, sondern lebensgemäß. So daß man sagt: Was sich etwa morgen ergibt, das wird erst die Grundlage sein für das Übermorgen. Also es handelt sich darum, auf ein Leben hinzuweisen, nicht irgendwelche Programme zu erfinden. Solche Programme sind furchtbar billig, und es sind ihrer wahrhaftig schon genug erfunden worden.

Wird sich wesentlich die Behandlung der agrarischen Produktionsmittel von derjenigen der industriellen unterscheiden?

Die Behandlung der agrarischen Produktionsmittel, also vorzugsweise des Grundes und Bodens – denn insoferne andere Produktionsmittel in Betracht kommen, sind sie ja auch industrielle Produktionsmittel –, tritt einem besonders heute auf dem Boden desjenigen Kampfes entgegen, der geführt wird von den Bodenreformern. Sie können ja leicht das, was da in Betracht kommt, sich aneignen, wenn Sie zurückgehen auf den zunächst originellsten Bodenreformer, auf *Henry Georges* «Fortschritt und Armut» und auf sein Bestreben, durch die sogenannte «single tax» die Ungerechtigkeiten der gesellschaftlichen

Ordnung, welche durch die Bodenverteuerung bewirkt werden können, auszugleichen, auszumerzen. Gewinnen kann unter Umständen derjenige, der am Bodenbesitz nicht die geringste Arbeit geleistet hat. So wird von dieser Seite her versucht, zunächst die agrarischen Produktionsmittel, in gewissen Grenzen wenigstens, in den Dienst der Gemeinsamkeit zu stellen.

Nun hatte ich einmal vor vielen Jahren eine Diskussion mit *Damaschke*, der ja in gewissem Sinne durchaus auf Henry George fußt, und ich sagte ihm dazumal: Es dürfen nicht ohne weiteres die agrarischen Produktionsmittel mit den industriellen Produktionsmitteln verwechselt werden, denn es besteht ein beträchtlicher Unterschied, der einen Unterschied in der Wirkung der Produktionsmittel, des einen und des anderen, für die ganze soziale Ordnung bedingt. Der Boden hat eine bestimmte Größe, der Boden ist nicht elastisch. Wenn zwei Häuser nebeneinanderstehen, aneinandergrenzen, so kann man auch nicht den Boden, auf dem sie stehen, auseinanderziehen, so daß zwischen sie ein drittes Haus gebaut werden kann. Dagegen können industrielle Produktionsmittel, ich möchte sagen, in Elastizität gehalten werden, können vermehrt werden. Das bewirkt einen großen Unterschied. Deshalb muß beides verschieden behandelt werden. Es darf also nicht etwa die sozialdemokratische Theorie, die vorzugsweise zugeschnitten ist auf die industriellen Produktionsmittel, ohne weiteres auf das Produktionsmittel Grund und Boden übergeleitet werden. Worauf es ankommt, ist das, was ich gerade heute im Vortrag gesagt habe: daß Grund und Boden sowohl wie das fertige Produktionsmittel kein Gegenstand des Wirtschaftens sein soll, sondern ein Gegenstand der Rechtsübertragung aus geistigen Gesichtspunkten heraus. Wenn das bei beiden der Fall ist, dann ergeben sich die Unterschiede nicht auf theoretische Art, sondern aus dem unmittelbaren Leben. Denken Sie zum Beispiel nur das Folgende: Die industriellen Produktionsmittel nützen sich ab; sie müssen immer erneuert werden. Bei den agrarischen Produktionsmitteln ist das schon wiederum etwas anders; nicht nur, daß sie nicht elastisch sind, sondern sie nützen sich nur in viel geringerem Maße ab, müssen wenigstens ganz anders behandelt werden als die industriellen Produktionsmittel.

Aber es besteht noch ein wesentlich anderes Verhältnis zwischen agrarischen Produktionsmitteln und industriellen Produktionsmitteln. Man mag daran denken, daß ja ein Teil des Erträgnisses der Industrie dazu verwendet werden muß, um diese Industrie höher zu bringen, um sie immer mehr und mehr auszugestalten. Da sehen wir, daß ein Teil desjenigen, was wir die Kapitalverwaltung der Industrie nennen können, von der Industrie wiederum verschluckt wird. Das ist in derselben Art nicht der Fall bei den agrarischen Produktionsmitteln. Die Bücher, wenn sie geführt würden als Gesamtbücher für ein Wirtschaftsleben, würden zwei Pole aufweisen: Der eine Pol würde ungefähr hinweisen nach der Kohlenproduktion; da würde man von der Kohlenproduktion ausgehend ungefähr alle diejenigen Posten haben, welche in das Industrielle hineinwandern. Der andere Pol geht zu dem Brot; wenn man alle Posten zusammenschreiben würde, welche sich auf das Brot – im weitesten Sinne selbstverständlich, wie die anderen Nahrungsmittel zeigen, die durch Grund und Boden beschaffen werden – beziehen, wenn man die aufschreiben würde, so würde man ungefähr das herausbekommen, was der Grund und Boden leistet.

Nun ist vieles von dem, was in diesem Gesamtbuch stecken würde, wenn Grund und Boden sowohl wie die Produktionsmittel aus der Wirtschaft heraußen wären und zugeteilt würden der Rechtsordnung, der Geistesordnung, vieles davon ist heute dadurch verdeckt, daß die Industrie mit der Verwaltung von Grund und Boden konfundiert wird. Man braucht ja nur Industrieller zu sein und Hypotheken zu haben auf Grund und Boden, so ist die Konfundierung schon da. Aber noch durch zahlreiche andere Dinge. Wenn das nicht der Fall wäre, würde man reinlich sehen, daß die Weltwirtschaft heute so steht – so paradox das für manchen heute noch scheint –, daß wirklich produktiv Grund und Boden ist; nicht produktiv, sondern erhalten aus den Erträgnissen in Wahrheit von Grund und Boden, ist die gesamte Industrie. So sonderbar das für manchen heute klingt, so ist es dennoch so der Fall. Es ist jedes industrielle Unternehmen im Grunde genommen das, was man in der Landwirtschaft nennt ein fressendes Gut, das heißt ein Gut, das seine Erträgnisse eigentlich aufzehrt.

Man betrachtet heute durchaus nicht die Gesamtwirtschaft. Sie ist verdeckt durch die mannigfaltigsten Umstände. Im wirklichen Leben aber würden sich die Gesichtspunkte ergeben, welche bei der Übertragung sowohl der agrarischen Produktionsmittel einerseits, wie der industriellen Produktionsmittel andererseits maßgebend sein können.

Bei dem industriellen Pol wird ja vorzugsweise die individuelle geistige Fähigkeit der Menschen, dasjenige, was sie können, gelernt haben, wozu sie veranlagt sind, bei dieser Übertragung in Betracht kommen. Bei der agrarischen Übertragung kommt anderes in Betracht; da kommt zum Beispiel in Betracht das Zusammengewachsensein des Menschen mit Grund und Boden. Da muß durchaus berücksichtigt werden, daß derjenige, der die besten Fähigkeiten hat, um den Grund und Boden weiter zu bearbeiten, nicht in abstrakter Weise gewählt werden kann nach seiner geistigen Veranlagung, sondern in einer gewissen Weise mit dem Boden zusammengewachsen sein muß. Wenn in der richtigen Weise gerade auf dem Land draußen der Sinn der Dreigliederung klargemacht werden könnte, so würde das gesamte Bauerntum zustimmen. Selbstverständlich, wenn irgendeiner hinauskommt, der in dem üblen Ruf eines Gelehrten steht, dann werden ihn die Leute natürlich nicht anhören, dann hat er nichts zu sagen; aber wenn in der richtigen Weise die Sache an die Leute herangebracht wird, werden sie gar nichts dagegen haben. Denn eigentlich wird ja nach diesem Prinzip gehandelt, gerade im Agrariertum. Nicht im Großgrundbesitz, aber im Bauerntum wird im wesentlichen, insofern nicht der Staat störend eingreift, durchaus in diesem Sinne gedacht und gehandelt.

Es handelt sich also darum, daß sich die Gesichtspunkte im Konkreten und aus diesem heraus ergeben. Programme dürfen bei einer lebensfähigen sozialen Ordnung nicht gemacht werden, sondern darum handelt es sich, so zu charakterisieren, daß das Leben bestehen kann. Das Leben hat dann noch etwas zu tun.

Sehen Sie, dadurch unterscheidet sich dieser Impuls der sozialen Dreigliederung, der hier vorgetragen wird, von mancherlei Programmen, die ja heute eigentlich billig wie Brombeeren sind. Diese sozialen Programme, die stellen auf: Erstens, zweitens, drittens und so weiter. Die schematisieren eigentlich alles. Diese Allwissenheit, die schreibt sich die Idee von der Dreigliederung des sozialen Organismus durchaus nicht zu, sondern sie will, daß die Menschen aus sich heraus so zusammenwirken können, daß sie dazu kommen, den sozialen Organismus entsprechend zu gestalten. Sie möchte nur die Menschen in solche Verhältnisse bringen, daß daraus eine entsprechende soziale Ordnung entstehen kann. Wenn man nur das begreifen würde, daß dies ein prinzipieller Unterschied ist zwischen dem Impuls der Dreigliederung und dem anderen, was heute auftritt, so würde man sehen, wie diese Dreigliederung eben gerade aus der vollen Wirklichkeit heraus schöpft.

Ich habe deshalb oftmals zu den Leuten gesagt: Es kommt gar nicht darauf an, ob das eine oder das andere so oder anders sein soll. Meinetwillen sogar, möchte ich radikal sagen: Man nehme die Sache in Angriff, vielleicht stellt sich heraus, daß kein Stein auf dem anderen bleibt, aber es wird etwas entstehen, was ganz gewiß Standfestigkeit hat, weil die Wirklichkeit an einem Zipfel angefaßt ist. Gerade wenn man die Wirklichkeit anfaßt, so ergibt sich vielleicht etwas ganz anderes, als man programmatisch zunächst gesagt hat. Aber es handelt sich darum, kein Programm aufzustellen, sondern hinzuweisen, wie man die Wirklichkeit anzufassen hat.

Zu Beginn der Fragebeantwortung hatte ein Besucher zu längeren Ausführungen das Wort ergriffen. Dr. Steiner antwortete darauf:

Nun noch ein paar Worte mit Bezug auf das, was der verehrte Herr Vorredner gesagt hat. Er sagte zum Beispiel, es habe die Dreigliederung immer bestanden. Ich verstand sehr gut, daß er das ausgesprochen hat, denn er hat das, was ich gesagt habe, mit etwas anderem verwechselt. Er hat auch deutlich angedeutet, daß er es verwechselt: er sprach nämlich immer von der «Dreigliederung des Sozialismus», wenn ich ihn richtig gehört habe.

Ich würde natürlich niemals von der «Dreigliederung des Sozialismus» sprechen. Das erscheint mir als eine völlige Unmöglichkeit. Denn der Sozialismus kann natürlich als Weltanschauung nur etwas Einheitliches sein. Und nur, wenn man so abstrakt denkt, ist man versucht, zu sagen: Nun, das Leben war ja immer dreigeteilt, warum soll man denn erst von dieser Dreigliederung, Dreiteilung des Lebens reden?

Ja, das ist es ja gerade, worum es sich handelt! Gewiß, das Leben war immer dreigeteilt, und es handelt sich nicht darum, daß man das Leben gerade dreiteilt. Das teilt sich von selber. Es handelt sich darum, daß man in der Verwaltung des Lebens nicht immer das Richtige getroffen hat, um das dreigliederige Leben eben in der richtigen Weise zu verwalten, zu ordnen, zu orientieren. Es ist ja eine Selbstverständlichkeit, daß das Leben dreigliederig ist. Darum redet man ja gerade! Weil das Leben dreigliederig ist, frägt man: Wie soll man es machen, wenn eine Einheit herauskommen soll, daß diese wirklich herauskommt? – Sie ist nicht herausgekommen für die letzten Jahrhunderte und die Gegenwart. Also darum handelt es sich, einen neuen Weg zu finden. Es ist eine im höchsten Sinne – wenn sie auch glaubt, der Wirklichkeit freundlich zu sein – abstrakte, lebensfremde Denkweise, wenn man mit Selbstverständlichkeiten abtun will, was durchaus mit diesen Selbstverständlichkeiten rechnet, aber gerade aus diesen Selbstverständlichkeiten heraus die Notwendigkeit einsieht, daß eben das Leben diesen Selbstverständlichkeiten gemäß gestaltet werden müßte. Im Leben kommt es eben nur zu häufig vor, daß man solche Selbstverständlichkeiten in ein falsches Fahrwasser rückt, und daraus kommen dann die Lebenskrisen. Das ist es, worauf ich im besonderen aufmerksam machen möchte.

Ebenso ist es wirklich eine bloße Redensart, wenn man sagt: Aus der Wirtschaft mit dem Geist zusammen kommt das Recht. Nun, ganz gewiß, es kommt schon; wenn einmal der dreigliederige Organismus da sein wird, dann wird auch das Recht kommen. Aber es wird eben auf die Art kommen, daß man findet, wie es kommen soll. Die Menschen müssen es einrichten. Also muß man über die Methode nachdenken, wie sie es einrichten sollen.

Dann ist noch manches andere Beherzigenswerte gesagt worden über die Verbindung von geistigem Leben und praktischer Arbeit. Ich möchte nicht auf Persönliches eingehen, sonst könnte ich dem verehrten Vorredner leicht beweisen, wie ich mich bemüht habe mein ganzes Leben lang, praktische Arbeit zu verbinden mit dem Geistesleben. Aber man darf mir nur nicht zumuten, was man mir in manchen Diskussionen zugemutet hat, daß das praktische Leben auf diesem Gebiete darinnen bestehen soll, daß man im Rahmen irgendeiner Partei mitarbeitet. Das haben nämlich manche mit dem «praktischen sozialen Arbeiten» verstanden. Dieses praktische soziale Arbeiten ist manchmal ein sehr theoretisches und unpraktisches soziales Arbeiten. Also diese Dinge darf man durchaus nicht mit wirklicher Lebenspraxis verwechseln.

Dann wurde gesagt, daß wenn wirklich eine Besserung, eine Gesundung der Verhältnisse eintreten solle, es sich darum handle, daß die Arbeiterschaft sich wirklich mit den geistigen Grundlagen des sozialen Lebens befasse. Ich bin vollständig damit einverstanden, glaube aber auch, in diesen Vorträgen schon das richtige Mittel angedeutet zu haben, wodurch sich die Arbeiterschaft eben befassen kann mit den geistigen Fragen. Ich habe bereits darauf hingedeutet, daß ich durch Jahre hindurch Lehrer an einer Arbeiterbildungsschule war, daß ich da sehr wohl die Arbeiterschaft gefunden habe, auch den Ton, um gerade in Arbeiterherzen hinein wissenschaftlich zu sprechen. Allein dann sind die Führer gekommen; die haben mich herausgeschmissen, wenn ich das auf deutsch sagen soll, weil sie wollten, daß nur auf sie gehört werde und nur das gehört werde, was sie befehlen, daß es vertreten werde. Ich habe Ihnen das in diesen Vorträgen ja schon früher erzählt. Als ich sagte: Wenn nicht einmal hier Lehrfreiheit herrschen soll, wo soll sie denn herrschen? – Da erwiderte einer der Führer: Lehrfreiheit, das kann nicht sein bei uns, ein vernünftiger Zwang, das ist es, um was es sich handelt!

Ja, sehen Sie, mit diesem zusammen könnte ich Ihnen vieles anführen, was ein gutes Mittel wäre, wodurch die gegenwärtige Arbeiterschaft tatsächlich zum Ergreifen der geistigen Grundlagen für eine soziale Neugestaltung kommen würde. Dieses Mittel wäre dieses: sich loszusagen von den meisten der gegenwärtigen Führer, die durchaus nicht im Auge haben, in ehrlicher Weise einen sozialen Neuaufbau herbeizuführen, sondern die etwas ganz anderes im Auge haben, denen aber in vieler Beziehung heute noch viel mehr gehorcht wird – das hat gerade die Praxis des Wirkens in der sozialen Dreigliederung ergeben –, als von den Katholiken ihren Erzbischöfen gehorcht wird. Das ist etwas, was beherzigt werden sollte. Und ich bin überzeugt davon: Es herrscht heute so viel gesunder Sinn in den breiten Massen des Volkes, daß in dem Augenblicke, wo mancher Führer fiele, viel wirkliche gesunde soziale Einsicht eintreten würde.

Wir haben es heute nötig, daß die Menschen sich wiederum kristallisieren um Ideen, um wirkliche ideelle Impulse, aus denen heraus das Leben gestaltet werden kann, daß die alten Parteischablonen und Parteiprogramme überwunden werden, denn die sind es, was hauptsächlich eine gesunde Einsicht und auch ein gesundes Wirken im Sinne einer solchen Einsicht hindert. Man muß nur auch da aus der vollen Wirklichkeit heraus das aufsuchen, was zum Heile führen könnte. Die bloße Forderung tut es nicht, geradesowenig wie es die bloße Forderung tut: Abschaffung des Kapitals – sondern wie man sehen muß, wie das Kapital wirken soll. Denn «Abschaffung», das ist leicht. Das heißt, es ist deshalb nicht leicht, weil es zum Ruin führt. Aber wenn man hinauskommen soll über die Schäden des Kapitalismus, dann ist etwas anderes notwendig. Wie es notwendig ist, auf diesem konkreten Gebiete in die Wirklichkeit hineinzuschauen, so ist es schon auch notwendig, im heutigen Menschenleben in die volle Wirklichkeit hineinzuschauen und sich zu sagen, daß die Parteien vielfach nur noch leben von den abstrakten Fortführungen ihrer Programme, daß sie aber mit dem Leben nicht mehr zusammenhängen. Das aber ist insbesondere da notwendig, wo es sich um einen wirklichen Neuaufbau auf dem Gebiete des sozialen Lebens handelt.

Das ist es, was ich heute sagen möchte, obwohl zur Aufhellung solcher Fragen noch manches gestreift werden müßte.

SECHSTER VORTRAG

Zürich, 30. Oktober 1919

Das nationale und internationale Leben im dreigegliederten sozialen Organismus

Es wird vielleicht manchem etwas sonderbar erschienen sein, wie von mir das angegebene Thema behandelt worden ist. Sonderbar meine ich nach der Richtung hin, daß vielleicht gesagt werden könnte: Ja, das waren eben einzelne Ideen, Gedanken über eine mögliche Einrichtung der sozialen Struktur, und von manchem, was gerade in der Behandlung der sozialen Frage heute oftmals schlagwortartig wiederholt wird, ist in diesen Vorträgen weniger zu bemerken gewesen. Gewiß, Gedanken und Ideen mußten es zunächst sein, um die es sich hier handelte.

Aber ich meine, auch bemerkbar gemacht zu haben, daß sich diese Gedanken und diese Ideen unterscheiden von manchem anderen, das auf diesem Gebiete vorgebracht wird dadurch, daß gewissermaßen gesagt wird: Ja, es fehle an einer gleichmäßigen Verteilung der Lebensgüter. Das rühre von diesen oder jenen Schäden her. Diese Schäden müßten abgeschafft werden – und dergleichen. Diese Worte hört man ja heute vielfach. Mir scheint es mehr darum zu tun zu sein, daß man auch auf diesem Gebiete so verfahre wie auch sonst im praktischen Leben. Hat man es zu tun mit irgendeinem Produkte, das durch eine Maschine erzeugt werden soll und das der Mensch irgendwie braucht für seinen Bedarf, so genügt es nicht, daß man ein Programm entwirft und sagt: Nun, es müssen sich halt einige Menschen zusammentun, die so und so organisiert sind, damit dieses Produkt hervorgebracht werde. – So ungefähr klingen auch verschiedene soziale Programme, die in der Gegenwart aufgestellt werden. Mir handelt es sich vielmehr darum, anzugeben, wie die Maschine, in diesem Fall der soziale Organismus, gegliedert und beschaffen sein müsse, damit dasjenige hervorgebracht werden könne, was durch die mehr oder weniger bewußten oder unbewußten sozialen Forderungen der Gegenwart gegeben ist. Und ich glaube, daß man nicht wird sagen können, diese Vorträge haben nicht gehandelt von dem, wie Brot oder Kohle oder dergleichen beschafft werden soll. Sie haben meiner Ansicht nach davon gehandelt. Sie haben davon gehandelt, welches die eigentlichen Grundlagen des sozialen Organismus sind, wie Menschen in diesem sozialen Organismus zusammen leben und arbeiten müssen, damit das herauskomme, was eben in den sozialen Forderungen liegt. Ich wollte dieses vorausschicken, weil vielleicht gerade für meinen heutigen Schlußvortrag sich ein ähnlicher Vorwurf erheben könnte.

Derjenige allein wird das internationale Problem als ein Glied der ganzen sozialen Frage erkennen, der durchschaut, wie der Preis des Stückchens Brot, das auf den Tisch eines jeden kommt, mit der gesamten Weltwirtschaft zusammenhängt, wie nicht gleichgültig ist, was in Australien oder in Amerika vor sich geht, was dort von Menschen erarbeitet wird für das, was hier als Preis für ein Stückchen Brot oder für Kohlen entsteht. Aber es ist heute nicht gerade leicht gegenüber mancherlei Urteilen und Vorurteilen, die da leben, gerade von dem internationalen Problem zu sprechen. Hat doch dieses internationale Leben der Menschen sich in einer merkwürdigen Weise in den letzten fünf Jahren ad absurdum geführt. War nicht in weitesten Kreisen bereits der Glaube vorhanden, daß internationales Fühlen, internationales Verständnis in der neueren Menschheit Platz gegriffen habe? Wohin sind wir mit diesem internationalen Gefühl, mit diesem internationalen Verständnis nun eigentlich gekommen? Zur Selbstzerfleischung der Völker über weite Kreise der zivilisierten Welt hin! Und versagt haben selbst für ihre eigene Anschauung diejenigen Ideen und Ideenbestrebungen, die gerade auf ihren internationalen Charakter den allergrößten Wert gelegt haben. Wir brauchen nur daran zu denken, wie das internationale Christentum – denn international sollte es wohl sein – in seinen Worten, in seinen Aussprüchen und Anschauungen die national-chauvinistische Sprache vielfach mitgeführt hat. Und wir könnten noch manches von internationalen Impulsen anführen, das Schiffbruch erlitten hat in dieser letzten Zeit. Gerade dann vielleicht, wenn vom internationalen Leben der Menschheit in bezug auf das Wirtschaftliche gesprochen wird, wird es auch nötig sein, mancherlei umzudenken und umzulernen. Und nötig wird es auch sein, bis in jene Quellen der Menschennatur hineinzugehen, die nur gefunden werden können, wenn man auf den Geist und auf die Seele hinsieht. Und daß das hier so geschehen soll, daß nicht bloß auf die Schlagworte «Geist» und «Seele» losgegangen werde, sondern auf das wirkliche Walten des Geistigen und des Seelischen, das, glaube ich, haben die letzten Vorträge wenigstens zu zeigen versucht.

Über die ganze Welt hin wird das, was die Menschen in ihrem Zusammenleben, in ihrem Zusammenarbeiten entwickeln, von zwei Impulsen beherrscht, von zwei Impulsen, über die es vor allen Dingen notwendig wäre, daß Wahrheit in uns Menschen herrsche, eine wahre, eine ungeschminkte, eine nicht durch allerlei Schlagworte verunzierte Auffassung. Zwei Impulse leben in der menschlichen Seele, die wie Nord- und Südpol eines Magneten sich zueinander verhalten. Diese zwei Impulse sind Egoismus und Liebe. Weitverbreitet ist allerdings die Anschauung, ethisch sei es nur, wenn der Egoismus überwunden werde durch die Liebe, und wenn die Menschen sich so entwickeln, daß an die Stelle des Egoismus lautere Liebe trete. Als eine ethische Forderung, heute auch als eine soziale Forderung ist das bei vielen vorhanden. Verständnis, was eigentlich für ein Kraftgegensatz besteht zwischen Egoismus und Liebe, das ist durchaus weniger heute vorhanden.

Wenn wir vom Egoismus sprechen, so müssen wir vor allen Dingen wissen, daß dieser Egoismus für den Menschen mit seinen leiblichen Bedürfnissen beginnt. Was aus des Menschen leiblichen Bedürfnissen hervorquillt, können wir nicht anders verstehen, als wenn wir es uns in die Sphäre des Egoismus gerückt denken. Wessen der Mensch bedarf, das geht aus seinem Egoismus hervor. Nun muß man sich durchaus denken, daß dieser Egoismus auch veredelt sein könnte, und deshalb ist es nicht gut, gerade auf diesem Gebiete mit irgendwelchen Schlagworten seine Anschauungen zu bilden. Dadurch, daß man sagt, es solle der Egoismus durch Liebe überwunden werden, hat man noch nicht viel für das Verständnis des Egoismus getan. Denn es handelt sich zum Beispiel darum, daß derjenige, welcher seinen Mitmenschen das reine menschliche Interessenverständnis entgegenbringt, anders handelt als derjenige, der enge Interessen hat, der sich nicht kümmert um das, was in den Seelen und Herzen dieser Mitmenschen lebt, der kein Interesse für seine Umgebung hat. Deshalb braucht der erstere, der wahres Verständnis für seine Mitmenschen hat, durchaus nicht schon dadurch unegoistischer zu sein im Leben, denn es kann gerade zu seinem Egoismus gehören, nun den Menschen zu dienen. Das kann ihm innerliches Wohlbehagen machen, das kann ihm sogar innerliches Wohlgefühl, Wollust hervorrufen, dem Dienst der Menschen sich hinzugeben. Und dann können für das äußere Leben in objektiver Weise durchaus altruistische Lebensäußerungen aus einem scheinbaren Egoismus hervorkommen, der aber im Gefühlsleben durchaus nicht anders gewertet werden kann als ein Egoismus.

Aber die Frage des Egoismus muß noch viel weiter ausgedehnt werden. Man muß den Egoismus auch verfolgen durch das ganze Seelen- und Geistesleben des Menschen. Man muß sich klar darüber sein, wie aus des Menschen innerer Wesenheit heraus genau ebenso entspringt das Geistige und Seelische auf manchen Gebieten, wie die leiblichen Bedürfnisse. So entspringt aus des Menschen Wesenheit heraus zum Beispiel alles, was sein Phantasieschaffen ist. Es entspringt aus des Menschen Wesenheit heraus, was er auf künstlerischem Gebiete schafft. Wenn man unbefangen zu Werke geht und richtiges Verständnis sucht für solche Sachen, dann wird man sagen müssen: Was des Menschen Phantasie schafft, was aus unbestimmten Untergründen seines Wesens hervorkommt, das hat denselben Ursprung, nur auf einer höheren Stufe, wie die leiblichen Bedürfnisse. Das Phantasieleben, das entfaltet wird zum Beispiel in der Kunst, beruht durchaus, subjektiv angesehen, auf innerer Befriedigung des Menschen, auf einer Befriedigung, die feiner, edler ist als zum Beispiel die Befriedigung des Hungers, die aber qualitativ für den Menschen selbst nicht davon verschieden ist, wenn auch das, was dadurch hervorgebracht wird, für die Welt zunächst eine andere Bedeutung hat.

Nun aber ist aller Egoismus des Menschen darauf angewiesen, daß der Mensch mit seinen Mitmenschen sich abfindet, daß der Mensch mit seinen Mitmenschen zusammenlebt und zusammenarbeitet. Der Egoismus selber erfordert das Zusammenleben und Zusammenwirken mit den anderen Menschen. Und so ist auch vieles von dem, was wir gemeinschaftlich mit anderen Menschen entwickeln, durchaus auf den Egoismus gebaut und kann sogar zu den edelsten Tugenden des Menschen gehören. Wir sehen die Mutterliebe an: sie ist durchaus auf den Egoismus der Mutter begründet, und sie wirkt Edelstes aus im Zusammenleben der Menschheit.

So aber auch dehnt sich das, was eigentlich im Egoismus gegründet ist, weil der Mensch des Menschen bedarf gerade für seinen Egoismus, auf das Zusammenleben in der Familie, so dehnt es sich aus auf das Zusammenleben im Stamme, so dehnt es sich aus auf das Zusammenleben in der Nation, im Volke. Und die Art und Weise, wie sich der Mensch im Volke, in der Nation findet, sie ist nichts anderes als ein Spiegelbild desjenigen, was egoistisch aus ihm hervorkommt. Da wird in der Vaterlandsliebe, im Patriotismus der Egoismus gewiß auf eine hohe Stufe heraufgehoben, da wird er veredelt, da wird er so, daß er als ein Ideal erscheint, mit Recht als ein Ideal erscheint. Aber dieses Ideal wurzelt doch im menschlichen Egoismus. Nun muß dieses Ideal aus dem menschlichen Egoismus ersprießen und sich erfüllen, damit alles, was aus der Produktivität eines Volkes hervorgehen könne, eben der Menschheit übergeben werden kann. Und so sehen wir, wie aus dem Impuls der einzelnen menschlichen Seele, aus dem Egoismus, zuletzt sich alles dasjenige entwickelt, was im Nationalismus zum Ausdrucke kommt. Nationalismus ist gemeinsam durchlebter Egoismus. Nationalismus ist ins Geistige heraufgetragener Egoismus. Der Nationalismus ist zum Beispiel durchtränkt und durchwärmt von dem Phantasieleben des Volkes, in dem sich der Nationalismus zum Ausdrucke bringt. Aber dieses Phantasieleben selbst ist die geistig höhere Ausbildung dessen, was menschliche Bedürfnisse sind. Man muß bis zu dieser Wurzel zurückgehen, um die Sache durch ihre Betrachtung richtig zu verstehen.

Ganz andersgeartet ist dasjenige, was sich in der menschlichen Natur entwickelt als Internationalismus. National werden wir dadurch, daß der Nationalismus aus unserer eigenen persönlichen Natur aufsprießt. Der Nationalismus ist eine Blüte des Wachstums des einzelnen Menschen, der gemeinsamen Blutes mit seinem Stamme oder durch eine andere Zusammengehörigkeit an sein Volk gebunden ist. Nationalismus, er wächst mit dem Menschen. Er hat ihn, er wächst hinein, ich möchte sagen, so wie er in eine bestimmte Leibesgröße hineinwächst.

Internationalismus hat man nicht in dieser Art. Internationalismus läßt sich eher vergleichen mit jenem Gefühl, das wir gewinnen, wenn wir uns der schönen Natur gegenüber sehen, wozu wir zur Liebe, zur Verehrung, zur Anerkennung getrieben werden dadurch, daß wir es anschauen, dadurch, daß es seinen Eindruck auf uns macht, dadurch, daß wir in Freiheit uns ihm hingeben. Während wir in das eigene Volk hineinwachsen, weil wir gewissermaßen ein Glied von ihm sind, lernen wir die anderen Völker kennen. Sie wirken, ich möchte sagen, auf dem Umwege des Erkennens, des Verstehens zu uns. Wir lernen sie nach und nach verständnisvoll lieben, und in dem Maße, in dem wir die Menschheit in ihren verschiedenen Völkern auf ihren verschiedenen Gebieten verständnisvoll lieben können, in dem Maße wächst unser innerer Internationalismus.

Es sind durchaus zwei verschiedene Quellen in der menschlichen Natur, die zugrunde liegen dem Nationalismus und dem Internationalismus. Der Nationalismus ist die höchste Ausbildung des Egoismus. Der Internationalismus ist dasjenige, was in uns immer mehr und mehr hereindringt, wenn wir uns verständnisvoller Menschenauffassung hingeben können. Man wird in diesem Lichte das menschliche Zusammenleben ansehen müssen über die zivilisierte Erde hin, namentlich wenn man zu einem richtigen Verständnis desjenigen kommen will, was im Internationalismus und Nationalismus aufeinanderstößt.

Muß man doch auch dann, wenn das wirtschaftliche Leben zu begreifen gesucht wird, zurückweisen auf die oben genannten zwei Impulse in der menschlichen Seele. Was wir als das dreifach gegliederte Lebenselement des Menschen in diesen Vorträgen angeführt haben, es führt uns zurück auf die beiden eben charakterisierten Impulse in der menschlichen Seele. Sehen wir uns das Wirtschaftsleben zum Beispiel an – wir wollen es ja nachher betrachten –, wie es alles nationale und internationale Zusammenleben der Menschen durchsetzt. Sehen wir uns dieses Wirtschaftsleben an. Wir blicken auf dieses Wirtschaftsleben so, daß wir seinen Ausgangspunkt anerkennen müssen eigentlich im menschlichen Bedarf, in der Konsumtion. Daß der menschliche Bedarf befriedigt werde, das ist schließlich im Grunde die Aufgabe des Wirtschaftslebens. Zur Befriedigung des menschlichen Bedarfes haben Produktion und Warenzirkulation, Verwaltung, menschlicher Verkehr und dergleichen zu sorgen. Auch da können wir uns fragen: Was liegt aus der menschlichen Natur heraus dem Bedarf, der Konsumtion zugrunde? Der Egoismus liegt dem Bedarf, der Konsumtion zugrunde. Und es handelt sich darum, daß man dieser Tatsache das nötige Verständnis entgegenbringt. Dann wird man nicht für das Wirtschaftsleben die Frage aufwerfen: Wie ist der Egoismus zu überwinden? – sondern: Wie ist es dem Altruismus möglich, den berechtigten Egoismus zu befriedigen? – Vielleicht klingt diese Frage weniger idealistisch, aber wahr ist sie.

Man sieht aber sogleich, wenn man auf die Produktion hinsieht, durch die die Konsumtion befriedigt, durch die der Konsumtion entsprochen werden soll, daß da etwas anderes notwendig ist. Derjenige, der produzieren soll, er ist ja selbstverständlich zu gleicher Zeit auch ein Konsument. Er hat notwendig – die gehaltenen Vorträge haben es ausgeführt –, daß er Verständnis habe nicht nur für den Produktionsprozeß, sondern für das Leben seiner Mitmenschen, so daß er seinem Produktionsprozesse sich so hingeben könne, wie es entspricht dem Bedürfnis seiner Mitmenschen. Hinschauen muß der Mensch können, sei es mittelbar oder unmittelbar durch Einrichtungen, von denen wir gesprochen haben, auf das, was die Menschen bedürfen in der Konsumtion. Dann muß der Mensch aus diesem hingebungsvollen Verständnisse auch dieser oder jener Produktion, die gerade in seinen Fähigkeiten liegt, sich widmen können. Man braucht das nur zu schildern, dann wird man, wenn es auch auf diesem Gebiete trocken und nüchtern erscheint, den eigentlichen Motor der Produktion sehen müssen in der hingebungsvollen Liebe an die menschliche Gesellschaft. Und ehe man nicht begreifen wird, daß die Produktion nur dadurch in sozialer Weise geregelt werden kann, daß Grundlagen geschaffen werden durch Geistes- und Rechtsleben, aus denen sich in die menschliche Seele hineinergieße – wegen des Interesses für ihre Mitmenschen, wegen des Interesses für das Leben – hingebungsvolle Liebe für ihre Produktionszweige, eher wird man nichts Positives sagen über die eigentliche Aufgabe des sozialen Problems.

Zwischen beiden, zwischen, ich möchte sagen, der egoistischen Konsumtion und der liebedurchwalteten Produktion steht die Waren-, die

Güterzirkulation, die den Ausgleich zwischen beiden schafft, schafft heute durch den Zufall des Marktes, durch Angebot und Nachfrage, schaffen soll in der Zukunft durch eine menschliche Assoziation, welche die Vernunft an die Stelle des Zufallsmarktes setzt, so daß Menschen da sein werden, deren Angelegenheit es sein wird, aus der Beobachtung der Konsumtionsbedürfnisse heraus die Produktion einzurichten, so daß der Markt bestehen wird in dem, was die Vernunft der betreffenden Organisation aus der Produktion heraus für die Konsumtion, die zuerst richtig erkannt und beobachtet wird, zu schaffen in der Lage sein wird. Man wird sich auf diesem Felde durchaus aller Schlagworte entschlagen und auf die Wirklichkeiten eingehen müssen.

Nun aber – wer sollte es nicht sehen – hat die neuere Zeit immer mehr und mehr etwas hervorgebracht, das auftreten mußte, als der Horizont der Menschen immer weiter und weiter über die Erde sich verbreitete. An die Stelle der alten Nationalwirtschaften, der Wirtschaft auf engeren Territorien, ist die Weltwirtschaft getreten. Allerdings ist diese Weltwirtschaft zunächst bloß als eine Art Forderung vorhanden. Gewiß, diese Forderung hat sich so weit ausgebildet, daß fast an jedem Orte der zivilisierten Welt Produkte verbraucht werden, die an anderen Orten, gleichgültig ob es das gleiche oder ein anderes Land ist, dieser zivilisierten Welt produziert werden. Aber auch auf diesem Gebiete ist das menschliche ideelle Erfassen, ist die menschliche Seelenstimmung dem nicht nachgekommen, was als eine Weltenforderung aufgetreten ist. Überall sehen wir, wie es dringende Forderung der neueren Zeit ist, der Weltwirtschaft Rechnung zu tragen, Einrichtungen zu treffen, unter denen die Weltwirtschaft möglich ist.

Unter welchen Bedingungen ist allein die Weltwirtschaft möglich? Das kann man wahrlich nur einsehen, wenn man zunächst seinen Blick darauf richtet, wie sich – und ich habe das im gestrigen Vortrage ausgeführt – die soziale Ordnung gegen die Zukunft hin gestalten muß, wenn an die Stelle der alten Gewaltgemeinschaft, Gewaltgesellschaft, der gegenwärtigen Tauschgesellschaft, die Gemeingesellschaft tritt. Das ist eben die Gesellschaft, in welcher von den Assoziationen, durch die Verträge der Assoziationen produziert wird.

Wenn man das wirklich geltend macht, worin zeigt sich dann der reale Unterschied einer solchen Gemeingesellschaft von der bloßen Tauschgesellschaft, die heute noch vielfach die herrschende ist? Der Unterschied zeigt sich darinnen, daß es in der Tauschgesellschaft vorzugsweise der einzelne oder die einzelne Gruppe mit dem anderen einzelnen oder der anderen Gruppe zu tun haben. Wofür interessieren sich dann dieser andere einzelne oder diese Gruppe in ihrem Verhältnis zueinander? Ob sie Konsumenten sind, ob sie Produzenten sind – ihre Produktion, ihre Konsumtion stehen gewissermaßen durch einen Abgrund voneinander getrennt durch den Zufallsmarkt, und der Zufallsmarkt vermittelt die Warenzirkulation, vermittelt den Handel. Wie man auch sonst, in berechtigter oder unberechtigter Weise, über die Herrschaft des Kapitals, der Arbeit und dergleichen, über Bedeutung des Kapitals und Bedeutung der Arbeit spricht, man muß sagen: Das Wesentliche für unsere Tauschgesellschaft ist, daß das Herrschende die Warenzirkulation ist. Die ist es, welche die Brücke baut zwischen der Produktion und der Konsumtion, während Produktion und Konsumtion durch den Abgrund des Marktes voneinander geschieden sind, so daß sie nicht durch die Vernunft miteinander vermittelt sind.

Was wird in der Gemeingesellschaft an die Stelle der herrschenden Zirkulation treten? Das ganze Gebiet des Wirtschaftslebens wird in das Interesse jedes Wirtschaftenden hereingezogen! Während sich heute der Wirtschaftende zu interessieren hat, wie er seine Produkte bekommt oder seine Produkte absetzt, dafür zu sorgen hat aber aus Interesse an sich selber, wird es in der Gemeingesellschaft so sein müssen, daß jeder Wirtschaftende ein volles Interesse für Konsumtion, Handel und Produktion habe, das heißt, daß das gesamte Wirtschaften sich widerspiegle in den Wirtschaftsinteressen des einzelnen. Das ist es, um was es sich bei der Gemeingesellschaft handeln muß.

Sehen wir uns aber jetzt an, wie es sich mit dieser Gemeingesellschaft, die auch im einzelnen Staate heute durchaus noch eine Zukunftsforderung ist, in bezug auf das internationale Problem verhalten müsse. Dieses internationale Problem, wie stellt es sich uns denn besonders mit Bezug auf das Wirtschaftsleben dar? Da können wir sehen, daß zwar die Weltforderung besteht nach Weltwirtschaft, daß sich aber innerhalb der gesamten Weltwirtschaft die einzelnen Nationalstaaten abgliedern. Diese einzelnen Nationalstaaten, ganz abgesehen von den anderen historischen Bedingungen ihres Entstehens, sie werden zunächst zusammengehalten durch das, was aus dem Egoismus der beisammenlebenden Menschen aufsteigt. Selbst im Edelsten des Nationalen, in Literatur, Kunst und so weiter, ist es die aus dem Egoismus aufsteigende Phantasie, die die Volksgruppen zusammenhält. Diese so zusammengehaltenen Volksgruppen stellten sich nun in das ganze Gebiet der Weltwirtschaft hinein, und sie stellten sich besonders stark, immer stärker und stärker hinein im Laufe des 19. Jahrhunderts, und dieses Hineinstellen erreichte seinen Höhepunkt im Beginn des 20. Jahrhunderts. Wollen wir charakterisieren, was da eigentlich geschah, dann müssen wir sagen: Während noch andere Interessen, Interessen, die viel mehr ähnelten der alten Gewaltgesellschaft, früher zwischen den Staaten herrschten, wurde das Prinzip der Tauschgesellschaft gerade im gegenseitigen Verkehre im internationalen Leben der Staaten vorwiegend, so daß ein Höhepunkt erreicht wurde im Beginne des 20. Jahrhunderts. Wie in den einzelnen Staaten produziert und konsumiert wurde, was an andere Staaten verabreicht oder von anderen Staaten bezogen wurde, das war durchaus hineinbezogen in den Egoismus der einzelnen Staaten. Dafür wurde nur geltend gemacht, wofür der einzelne Staat als solcher sich interessierte. Wie man gegenseitige Beziehungen auf wirtschaftlichem Gebiete zwischen den Staaten herstellte, das beruhte ganz und gar auf dem Handelsprinzip, das beruhte auf dem Prinzip, das in der Tauschgesellschaft bezüglich der Warenzirkulation waltete.

Auf diesem Felde, aber im großen, da zeigte sich insbesondere, wie sich die bloße Tauschgesellschaft ad absurdum führen mußte. Und das Ad-absurdum-Führen, das war im wesentlichen eine der Hauptveranlassungen, Hauptursachen zu dem, was diese Weltkriegskatastrophe herbeigeführt hat. Es wird ja nachgerade den Menschen immer klarer und klarer, daß dieser große Gegensatz bestand zwischen der Forderung nach Weltwirtschaft und dem Hineinstellen der einzelnen Staaten in diese Weltwirtschaft, die sich abschlossen, statt in ihren Grenzen die Weltwirtschaft zu fördern, durch Zölle und anderes, und das, was Ergebnis der Weltwirtschaft sein konnte, für sich in Anspruch nehmen wollten und auch in Anspruch nahmen. Das führte zu jener Krise, die wir als die Weltkriegskatastrophe bezeichnen. Gewiß mischen sich andere Ursachen hinein, aber das ist gerade eine der Hauptursachen.

Und so wird es sich darum handeln, zu erkennen, wie gerade gegenüber dem internationalen Leben in allererster Linie nötig ist, daß die Möglichkeit gefunden werde, über die Grenzen hinüber nach anderen Prinzipien zu wirtschaften, als die der bloßen Tauschgesellschaft sind. Möglich muß es werden, geradeso wie in der Gemeingesellschaft der einzelne das Interesse für Produktion, wo sie immer auftritt, das Interesse für Konsumtion, wo sie immer auftritt, haben muß, wenn er mitarbeiten will, wie er sich für das gesamte Gebiet der Wirtschaft – Warenkonsumtion, Warenproduktion, Warenzirkulation – interessieren muß, so muß es möglich sein, Impulse zu finden, durch die ein jedes Staatsgebilde der Welt ein wirkliches inneres, wahrhaftiges Interesse haben könne für jedes andere Staatsgebilde, so daß nicht etwas anderes, dem Zufallsmarkt Ähnliches sich gestaltet zwischen den Völkern, sondern ein wirklich inneres Verständnis zwischen den Völkern walte.

Da kommen wir zu den tieferen Quellen dessen, was heute in der Abstraktheit in dem sogenannten Völkerbund gesucht wird, der ja darauf ausgeht, daß gewisse Schäden, die im Volkszusammenleben bestehen, korrigiert werden. Allein er entspringt aus demselben Prinzip, aus dem heute sehr vieles entspringt. Wer heute nachdenkt über die Schäden des Lebens, er denkt vielfach an die nächsten Korrekturen, durch die das eine oder andere ausgeführt werden kann. Da sieht einer, daß viel Luxus existiert, also will er den Luxus besteuern und dergleichen. Er denkt nicht daran, an die Quellen desjenigen zu gehen, um was es sich handelt, die Struktur des sozialen Zusammenlebens zu finden, durch die ein unmöglicher Luxus nicht entstehen kann. Daß man an solche Quellen gehen muß, das ist es aber, worauf es auch im Völkerleben ankommt. Daher wird man nicht durch irgendwelche Bestimmungen, die bloß korrigierend wirken sollen, zu einem internationalen innerlichen Zusammenleben kommen, sondern dadurch, daß man wirklich an die Quellen herangeht, durch die Volksverständnis gegenüber Volksverständnis gefunden werden kann.

Nun, es kann kein Volksverständnis gefunden werden, wenn man bloß auf das eine hält, das sich gewissermaßen wie das Wachstum selber aus dem Menschen heraus ergibt, wenn man bloß auf dasjenige sieht, was, wie ich gezeigt habe, zum Nationalismus, zur Abschließung innerhalb der Volkheit führen muß. Was haben wir denn im geistigen Leben heute, das im Grunde einzig und allein einen internationalen Charakter trägt und ihn nur während dieses Krieges deshalb nicht verloren hat, weil die Menschen nicht imstande waren, ihn auf diesem Gebiete zu nehmen? Denn hätten sie ihn genommen, so hätten sie das Gebiet selber vernichten müssen. Was ist da, das wirklich heute über die ganze Erde eigentlich international ist? Nichts anderes im Grunde genommen, als das Gebiet der auf die äußere Sinneswelt gehenden Naturwissenschaft. Die intellektualistische Wissenschaft – ich habe in den Vorträgen gezeigt, wie die Naturwissenschaft intellektualistisch genannt werden muß –, die hat einen internationalen Charakter angenommen. Und leicht war es zu bemerken in diesen Zeiten, wo so viel Unwahres in die Welt getreten ist: Wenn irgend jemand der Wissenschaft das Leid angetan hat, sie im nationalen Sinne zu mißbrauchen, so benahm er ihr sozusagen dadurch ihren wahren Charakter. Aber sieht man nicht auf der anderen Seite, gerade durch die Tatsache, die ich eben anführen mußte, daß diese Art des Geisteslebens, die sich im Intellektualismus auslebt, nicht imstande war, ein internationales Leben zu begründen? Man sieht es, denke ich, klar genug, daß jene Ohnmacht, die ich von den verschiedensten Gesichtspunkten aus für diese intellektualistische Geistesrichtung geschildert habe, sich ganz besonders deutlich gezeigt hat in dem Verhältnis dieses intellektualistischen Geisteslebens zum Internationalismus.

Die Wissenschaft war nicht imstande, so tiefe internationale Impulse in die Menschenseele hineinzugießen, daß diese standgehalten hätten gegenüber den furchtbaren Ereignissen der letzten Jahre. Und da, wo diese Wissenschaft auftreten wollte, Sozialimpulse zu bilden wie im sozialistischen Internationalismus, da hat sich gezeigt, daß dieser internationalistische Sozialismus sich auch nicht halten konnte, sondern zumeist ins nationale Fahrwasser abströmte. Warum? Weil er eben gerade von den alten Erbgütern der Menschheit nur den Intellektualismus übernommen hat, und der Intellektualismus nicht stark genug ist, um ins Leben hinein gestaltend zu wirken. Das ist es, was auf der einen

Seite bezeugt, daß diese neuere wissenschaftliche Richtung, die zugleich mit Kapitalismus und Kulturtechnik heraufgekommen ist, zwar ein internationales Element enthält, aber zu gleicher Zeit bezeugt, wie ohnmächtig zur Begründung eines wirklichen internationalen Lebens der Menschheit sie ist.

Demgegenüber muß nun geltend gemacht werden, was ich im vierten Vortrage über die geisteswissenschaftliche Richtung auseinandergesetzt habe, die auf der Anschauung, auf der Erkenntnis des Geistes beruht. Diese Geistesanschauung, sie beruht nicht auf äußerer Sinnesanschauung; sie geht hervor aus der Entwickelung der eigenen Menschennatur. Sie sprießt aus dem heraus, woraus auch die Phantasie sprießt. Aber sie sprießt aus tieferen Tiefen der Menschennatur heraus. Deshalb erhebt sie sich nicht bloß zu den individualistischen Gebilden der Phantasie, sondern zu dem objektiven Erkenntnisgebilde der geistigen Wirklichkeit der Welt. In dieser Beziehung wird ja diese Geistanschauung heute noch vielfach mißverstanden. Die sie nicht kennen, die sagen: Ja, was auf diese Weise durch die Geistesanschauung gefunden wird, das ist ja nur subjektiv, das kann niemand beweisen. – Die mathematischen Erkenntnisse sind auch subjektiv und sind nicht beweisbar; und niemals kann man durch Übereinstimmung der Menschen mathematische Wahrheiten erhärten! Wer den pythagoräischen Lehrsatz kennt, der weiß, daß er richtig ist, und wenn ihm Millionen Menschen widersprechen würden. So kommt auch zu einem innerlich Objektiven, was mit Geisteswissenschaft hier gemeint ist. Aber es nimmt denselben Weg, den die Phantasie nimmt, und steigt höher hinauf, wurzelt in objektiven Tiefen der Menschennatur und steigt bis zu objektiven Höhen hinauf. Daher erhebt sich diese geistige Anschauung über alles, was sonst als Phantasie die Völker durchglüht. Und gleichzeitig wird in diesem oder jenem Volke aus diesen oder jenen Sprachen heraus diese Geistesanschauung gesucht. Sie ist ein und dieselbe, durch alle Menschen hindurch, über die ganze Erde hin, wenn sie nur tief genug gesucht wird.

Daher begründet diese Geistesanschauung, von der ich zeigen mußte, daß sie wirklich gestaltend in das praktische, in das soziale Leben eingreifen kann, zugleich die Möglichkeit, einzugreifen in das internationale Leben, ein Band zu sein von Volk zu Volk. Seine Dichtung, die

Eigentümlichkeiten auch seiner übrigen Kunstgebiete wird ein Volk auf individualistische Art hervorbringen. Aus dem Individualismus des Volkes heraus wird für die Geistanschauung etwas entstehen, was ganz gleich ist dem, was irgendwo anders entsteht. Die Grundlagen, aus denen die Dinge hervorgehen, sind an verschiedenen Orten; worinnen sie zuletzt ihre Ergebnisse finden, das ist über die ganze Erde hin gleich. Es reden heute viele Menschen vom Geiste; sie wissen nur nicht, daß der Geist erklärt werden muß. Wenn er aber erklärt wird, dann ist er etwas, was nicht Menschen trennt, sondern Menschen verbindet, weil es zurückgeht bis auf das innerste Wesen des Menschen, indem ein Mensch dasselbe hervorbringt wie der andere Mensch, indem ein Mensch den anderen Menschen völlig verstehen kann.

Dann aber, wenn man wirklich, was sonst nur individualistisch in der einzelnen Volksphantasie zum Ausdrucke kommt, bis zur Geistanschauung vertieft, dann werden die einzelnen Volksoffenbarungen nur mannigfaltige Ausdrücke sein für das, was in der Geistanschauung eine Einheit ist. Dann wird man über die ganze Erde hin bestehen lassen können die verschiedenen Volksindividualitäten, weil nicht eine abstrakte Einheit zu herrschen braucht, sondern weil sich das konkrete eine, das gefunden wird durch die Geistanschauung, in der mannigfaltigsten Weise wird zum Ausdruck bringen lassen. Und dadurch werden sich in dem geistigen einen die vielen verstehen können. Dann werden sie aus ihrem vielartigen Begreifen des Einheitlichen die Möglichkeit finden von Satzungen für ein Bündnis der Nationen, dann wird aus dem Geisteszustand, aus der geistigen Verfassung heraus auch die Rechtssatzung entstehen können, welche die Völker verbindet. Und dann wird Platz greifen in den einzelnen Völkern, was bei jedem einzelnen Volke sein kann: Interesse für Produktion und Konsumtion anderer Völker. Dann wird, was Geistesleben der Völker, was Rechtsleben der Völker ist, das Verständnis für andere Völker über die ganze Erde hin wirklich entwickeln können.

So wird man entweder auch auf diesem Gebiete zum Geiste übergehen müssen, oder man wird darauf verzichten müssen, mit noch so gut gemeinten Satzungen etwas Besseres zu schaffen, als bisher dagewesen ist. Gewiß, heute reden in begreiflicher Weise sehr viele Menschen von ihrem Unglauben an die Wirkung eines solchen Geistigen; aber eigentlich deshalb, weil sie nicht den Mut haben, an dieses Geistige heranzugehen. Man macht ja diesem Geistigen wahrhaftig das Leben recht schwer. Aber da, wo es sich, trotzdem man ihm das Leben schwer macht, nur in kleinem Kreise entfalten kann, da zeigt es schon, daß es so ist, wie ich es eben jetzt dargestellt habe. Hat man kennengelernt irgendwo in einem der vorhin kriegführenden Staaten die Stimmung der Menschen, das, was die Menschen über andere feindliche Staatsangehörige gedacht haben, wie sie sie gehaßt haben, hat man kennengelernt, wie wenig Internationales in einem solchen kriegführenden Gebiete war, dann hat man ein Urteil darüber, wie der, der vor Ihnen spricht, der immer wieder und wiederum nach diesem Orte gekommen ist, den ich schon erwähnte in diesen Vorträgen, im Nordwesten der Schweiz, wo sich die Pflegestätte dieser hier gemeinten Geisteswissenschaft erhebt, das Goetheanum, die Hochschule für Geisteswissenschaft. Was war das im Grunde genommen durch die ganzen Kriegsjahre hindurch für eine Stätte? An dieser Stätte haben immer durch die ganzen Kriegsjahre hindurch Menschen aller Nationen zusammengewirkt, ohne daß sie sich im geringsten weniger verstanden hätten während dieser Zeit als früher, wenn sie auch manche unnötige oder nötige Diskussion geführt haben. Dieses Verständnis, das hervorgegangen ist aus dem gemeinsamen Ergreifen einer Geistesanschauung, ist schon zur Wirklichkeit geworden, wenn es auch erst in einem kleinen Kreise zur Wirklichkeit geworden ist. Man kann sagen: Das Experiment haben wir auf diesem Gebiete machen können. Wir haben zeigen können, daß die Menschen, die zu Zeiten dahin gehen wollten, andere Menschen verstehen können.

Aber dieses Verständnis, es darf nicht durch ein abstraktes Hinweisen auf den Geist gesucht werden, sondern es muß gesucht werden im engsten, wirklichen Sich-Erarbeiten des Geistes. Davon will die heutige Menschheit noch wenig wissen: daß der Geist eigentlich erarbeitet werden müsse. Man redet ja vielfach auch heute vom Geiste, daß der Geist kommen müßte – ich habe es gestern wieder erwähnt – und das, was bloß die materialistischen sozialen Forderungen sind, durchdringen müsse. Aber man hört nicht viel mehr, als daß an den

Geist appelliert werden soll. Ja, wenn solche Menschen, die sonst ja ganz gutmeinend sind, auch einsichtig sind, auch vom sozialen Ethos durchdrungen sind, wenn solche Menschen sich nur das Folgende überlegen möchten, wenn sie sich nur sagen möchten: Ja, wir haben allerdings den Geist gehabt; aber können wir denn an denselben Geist, den wir gehabt haben, heute appellieren? Dieser Geist hat uns ja gerade in die Lage hineingebracht, in der wir sind! Also brauchen wir nicht durch den alten Geist eine neue Lage. Die können wir nicht bekommen durch einen alten Geist. Das hat er gezeigt. Wir brauchen einen neuen Geist. – Dieser neue Geist aber muß erarbeitet werden. Und erarbeitet werden kann er nur in dem selbständigen Geistesleben.

Daher stellen wir uns vor, wie – denn das wird sie durch ihre eigene Notwendigkeit müssen – die Forderung nach Weltwirtschaft sich erfüllt, so wird innerhalb dieser Weltwirtschaft drinnenstehen soziales Gebilde neben sozialem Gebilde, überall auf individuelle Art aus den Menschen, die in diesen Gebilden zusammenwohnen, Geistiges und Rechtliches hervorbringend. Aber dies, was da hervorgebracht wird auf individuelle Art, das wird gerade das Mittel sein, um die anderen sozialen Gebilde zu verstehen, und es wird dadurch das Mittel sein, wirklich Weltwirtschaft zu treiben. Sonst aber, wenn solches Mittel nicht geschaffen wird, werden sich nur immer wiederum die sogenannten Nationalinteressen hineinstellen in die Weltwirtschaft und werden dasjenige, was aus dieser Weltwirtschaft herausgesogen werden kann, für sich in Anspruch nehmen. Da jeder das will ohne Verständnis für den anderen, wird notwendig wiederum Disharmonie auftreten müssen.

Wie aber wird allein eine wirkliche Weltwirtschaft geführt werden können? Nur dadurch wird sie geführt werden können, daß sich nicht die geistige Organisation, die rechtliche Organisation der einzelnen Gebilde dieser Wirtschaft bemächtigen, denn die müssen ja individuelle Gestalt haben. Zur Allgemeinheit, zur Einheit dringen Sie nur im geistigen Verständnis, indem Sie erringen, was über die ganze Erde hin die andere Einheit ist. Daß diese Erde emanzipiert werde von den Individualismen, das ist über die ganze Erde hin die andere Einheit.

Nun, ebenso wie es wahr ist, daß man, wenn man nur tief genug in die menschliche Natur hinuntergeht, mit der Entwickelung des Menschen bis zu einer objektiven Höhe hinaufsteigen kann, so daß man als Geistanschauung findet, was jeder andere jeder anderen Nation findet, so muß man sagen, daß auch die menschlichen Konsumbedürfnisse über die ganze Welt hin nicht berührt werden von den einzelnen Nationalismen. Die menschlichen Bedürfnisse sind international. Nur stehen sie polarisch gegenüber demjenigen, was das Internationale des Geistes ist. Das Internationale des Geistes muß das Verständnis liefern, muß in Liebe durchdringen können dieses Verständnis für die andere Nationalität, muß die Liebe ausdehnen können bis zur Internationalität im Sinne des vorhin Auseinandergesetzten. Der Egoismus aber ist ebenso international. Er wird nur eine Brücke schaffen können zu der Weltproduktion, wenn diese Weltproduktion aus einem gemeinsamen geistigen Verständnis, aus einer gemeinsamen geistigen Einheitsanschauung hervorgeht. Niemals werden aus den Volksegoismen heraus Verständnisse für die gemeinsame Konsumtion entstehen können, die auf dem gemeinsamen Egoismus beruht. Allein aber aus der gemeinsamen Geistanschauung kann sich das entwickeln, was nicht aus dem Egoismus, was schließlich aus der Liebe kommt, wie ich auseinandergesetzt habe, und was daher die Produktion beherrschen kann.

Wodurch ist die Forderung nach Weltwirtschaft entstanden? Weil durch das Kompliziertwerden der menschlichen Lebensverhältnisse über die ganze zivilisierte Welt hin immer mehr und mehr sich die Konsumbedürfnisse der Menschen vereinheitlicht haben, sich immer mehr und mehr zeigt, wie über die ganze zivilisierte Welt hin die Menschen dasselbe bedürfen. Wie wird diesem einheitlichen Bedürfnisse ein einheitliches Produktionsprinzip erwachsen können, das über die ganze Welt hin für die Weltwirtschaft wirksam sein wird? Dadurch, daß man aufsteigt zum geistigen Leben, so wie es hier gemeint ist, zur wirklichen Geistanschauung, die mächtig genug ist, um zur gemeinsamen Weltkonsumtion die gemeinsame Weltproduktion zu schaffen. Dann aber wird der Ausgleich geschaffen werden können, indem Einheit des Geistes zur Einheit der Konsumtion hinwirkt, dann wird der Ausgleich geschaffen werden in der Zirkulation, in der Vermittelung zwischen Produktion und Konsumtion.

So muß man in das Innere des Menschen hineinschauen, wenn man erkennen will, wie über die ganze zivilisierte Erde hin wirklich aus vielen Organismen ein einheitlicher Organismus entstehen soll. Auf keine andere Weise kann sich dieser einheitliche Organismus aufbauen, dieser einheitliche Organismus, der die Bedingungen enthalten soll, daß nun wirklich den sozialen Forderungen gemäß über die ganze Erde hin ein solcher organischer Zusammenhang geschaffen werde zwischen Produktion und Konsumtion, daß das Stückchen Brot oder die Kohle, die ich brauche für den einzelnen Haushalt oder für den einzelnen Menschen, wirklich den sozialen Forderungen entspricht, die heute im Unterbewußtsein der Menschheit geltend sind.

Ich weiß sehr gut, daß, wenn man die Dinge auch in eine solche Betrachtungssphäre rückt, viele sagen: Ja, das ist aber Idealismus, das erhebt sich in ideale Höhen! – Aber in diesen findet man einzig und allein, was der treibende Motor für die äußere Vielheit ist. Und gerade aus dem Grunde, weil die Menschen nicht nach den Motoren gesucht haben, die nur auf diese Weise gefunden werden können, deshalb sind wir in die sozialen Zustände und in die politischen Zustände der Gegenwart über die ganze zivilisierte Welt hineingekommen. Nicht früher, als bis man sagen wird: Diejenigen, welche sich damit befassen, wirklich die innerlich treibenden Kräfte für den sozialen einzelnen Organismus und für den sozialen Organismus der Welt zu schaffen, die sind die wahren Praktiker, während diejenigen, die sich oftmals Praktiker nennen, nur rudimentär ihr wahres Gebiet kennen und deshalb abstrakt sind – nicht eher, als bis man das erkennen wird, wird die soziale Frage auf einem gesunden Boden stehen können.

Einer derjenigen, dem es auch, nun vor recht langer Zeit, ernst war, der hat, als er auf einem gewissen Gebiete des menschlichen Lebens gesprochen hat, darauf aufmerksam gemacht, daß die sogenannten Idealisten nicht gerade diejenigen sind, die nicht wissen, wie sich Ideale zu wirklichem Leben verhalten. Er hat es empfunden, wie unsinnig es ist, wenn sogenannte Praktiker kommen und dem Idealisten sagen: Ja, deine Ideale sind sehr schön, aber die Praxis fordert ganz anderes! – Der einzig wirkliche Tatbestand ist der, daß die Praxis diese Ideale gerade fordert, wenn sie eine wirkliche Praxis werden soll. Und das verhindert die Verwirklichung dieser Ideale, daß diese angeblichen

Praktiker diejenigen sind, die sie nicht verwirklichen lassen, weil sie zu bequem dazu sind oder ein anderes Interesse haben, sie nicht verwirklichen zu lassen. Und derselbe Mann, der hat gesagt: Daß Ideale im Leben nicht unmittelbar anwendbar sind, das wissen wir ebensogut wie die anderen, nur wissen wir, daß das Leben immerdar geformt werden muß nach diesen Idealen. Diejenigen aber, die sich davon nicht überzeugen können, die zeigen nichts anderes, als daß das Leben in seiner Gestaltung eben auf ihre Mitwirkung nicht mehr gerechnet hat, und so möge man ihnen wünschen, daß sie zur rechten Zeit Regen und Sonnenschein und wenn möglich eine gute Verdauung bekommen.

Das ist es, wodurch das Verhältnis des oftmals verketzerten Idealismus zu der wirklichen Lebenspraxis charakterisiert werden soll, das Sie brauchen, wenn Sie eine Brücke bauen wollen – eine Aufgabe, die durchaus nach nicht materiellen Ideen auch die Ingenieurkunst meistert: Wie zuerst die ganze Brücke ideell sein muß, und gerade dann, wenn sie gut ideell errechnet ist, eine wirkliche praktische Brücke werden kann, so muß das, was aus Idealismus sich gestalten soll, aus innerem praktischem Sinn heraus eine praktische Idee sein. Und man muß den Instinkt, das Gefühl dafür haben, wie man eine solche objektive Gesetzmäßigkeit in die wirkliche Lebenspraxis hineinzutragen hat. Dann wird man auch nicht mehr fragen: Wie trägt man diese Dinge in die Lebenspraxis hinein? – Dann wird man wissen: Wenn genügend Menschen da sind, die die Dinge verstehen, dann wird durch diese Menschen und ihre Handlungen die Sache unmittelbar praktisch.

Man hört heute vielfach: Ja, diese Ideen sind ja vielfach sehr schön, und sogar verwirklicht gedacht wären sie sehr schön, aber die Menschen sind ja noch nicht reif dazu. In ihrer Masse seien die Menschen noch nicht reif dazu. – Ja, was heißt denn das eigentlich, wenn man sagt, die Menschen in ihrer Masse seien noch nicht reif? Wer das Verhältnis der Idee zur Wirklichkeit kennt, wer das praktische Leben nach seinem Wirklichkeitscharakter durchschaut, der denkt anders über diese Menschen, der weiß, daß genügend Menschen in der Gegenwart sind, welche, wenn sie nur tief genug in ihr Inneres hineingehen, volles Verständnis aufbringen können für das, um was es sich hier handelt. Was abhält, ist zumeist nur die Mutlosigkeit. Die Energie fehlt, zu dem wirklich vorzudringen, bis zu dem man vordringen könnte, wenn man nur volles Selbstbewußtsein in sich ausbilden könnte.

Was uns vor allen Dingen not tut, das ist etwas, was im Grunde genommen jeder einzelne Mensch heute bei sich selber korrigieren könnte, wenn er nur genügend auf die Wirklichkeit hinschaute. Aber während man auf der einen Seite in Materialismus verfällt, sogar sich gefällt im Materialismus, ist man auf der anderen Seite in die Abstraktheit verliebt, in allerlei abstrakte und intellektuelle Sätze, und will durchaus nicht in die Wirklichkeit eindringen.

Schon im äußeren Leben glaubt man heute, praktisch zu sein; aber man gibt sich nicht Mühe, die Dinge wirklich so anzusehen, daß man sie in ihrem Wirklichkeitscharakter erkennen könnte. Wer heute zum Beispiel irgendeine Behauptung vorgesetzt bekommt, der gibt sich dieser Behauptung hin. Er nimmt nur den abstrakten Inhalt. Da kann er sich gerade vom Leben entfernen, nicht etwa immer mehr dem Leben nähern. Wenn heute einer einen schönen Leitartikel liest, so ist darüber zu sagen, daß heute einen schönen Leitartikel schreiben keine besondere Schwierigkeit ist. Denn so viel ist gedacht worden in der modernen Zivilisation, daß man sich nur einige Routine zu erwerben braucht, so kann man Phrase an Phrase setzen. Nicht darum handelt es sich, daß man mit dem wortwörtlichen Inhalt von etwas heute einverstanden ist, sondern daß man sich ein Urteil darüber erwirbt, wie dieser Inhalt zusammenhängt mit der Wirklichkeit. Da ist aber vieles in der Gegenwart nach der Richtung hin zu korrigieren, daß man sagen muß: Nach Wahrheit sollten die Menschen heute vor allen Dingen verlangen, nach jener Wahrheit, die sie mutvoll der Wirklichkeit entgegenträgt.

Dafür zwei Beispiele. Sie können in mancher Statistik, sagen wir über die Balkanstaaten, lesen – die Menschen unterrichten sich ja heute über die Verhältnisse der Außenwelt, beurteilen irgendeine weltpolitische Lage oder dergleichen durch Statistiken –: So und so viele Griechen, so und so viele Serben, so und so viele Bulgaren! Und da kann man dann errechnen, welches die berechtigten Ansprüche des griechischen Elementes, des bulgarischen Elementes, des serbischen Elementes sind. Sieht man dann etwas genauer nach, das heißt, verbindet man, was man als abstrakte Erkenntnis erworben hat über die Zahl der Bulgaren, der

Serben, der Griechen in Mazedonien mit der Erfahrung, dann entdeckt man vielleicht, daß der Vater als ein Grieche, der eine Sohn als ein Bulgare, der zweite Sohn als ein Serbe eingetragen ist! Nun möchte man wissen, wie das mit der Wahrheit herauskommt. Kann die Familie wirklich so beschaffen sein, daß der Vater ein Grieche, der eine Sohn ein Bulgare, der zweite ein Serbe ist? Erfährt man wirklich etwas über die Wirklichkeit, wenn man eine aus solchen Voraussetzungen gemachte Statistik hat? Das meiste, das heute in der Welt in Statistiken zusammengestellt ist, beruht auf solchen Zusammenstellungen, insbesondere im geschäftlichen Leben sehr häufig. Deshalb, weil die Menschen nicht das Bedürfnis haben, immer vorzudringen von dem, was ihnen wortwörtlich gesagt wird, zum Inhalte des Wahren, der Wirklichkeit, deshalb wird heute so vielfach vorbeigeurteilt, denn es wird nicht eingegangen auf die Dinge. Die Menschen sind zufrieden mit dem, was bloß als eine Oberschichte des Lebens die wahren Wirklichkeiten zudeckt. Aber auf die wahren Wirklichkeiten losgehen, das ist die erste Forderung im Leben unserer Zeit, nicht zu schwatzen, ob die Menschen reif oder unreif seien, sondern gerade hinzudeuten auf das, was Hauptschäden sind. Die Menschen werden sie dann begreifen, wenn sich nur andere Menschen finden, die sich die Mühe nehmen, diese Hauptschäden aufzudecken und genügend stark darauf hinzuweisen.

Oder: Die Welt hat Anfang Juni 1917 gelesen – ein Teil der Welt hat sich immerhin noch dafür interessiert – die Thronrede des damaligen österreichischen Kaisers *Karl*. In dieser Thronrede wird sehr zeitgemäß von Demokratie gesprochen, immer wieder von Demokratie. Nun, diese Thronrede – ich habe manches über sie gelesen: wie sich die Leute enthusiasmiert haben dafür, daß der Welt von Demokratie verkündigt werde, wie schön es sei, daß da der Welt über Demokratie etwas gesagt wird. Nun, wenn man die Thronrede vom Anfang bis zum Ende nahm, bloß ihrem äußeren wortwörtlichen Inhalte nach – es war eine schöne Leistung, feuilletonistisch, wenn man sich bloß an dem Stil, an der Gestaltung der Sätze, wie sie das menschliche Wohlgefallen hervorrufen wollen, erfreuen will. Schön. Aber man sehe die Wahrheit. Da muß man das, was wortwörtlich ist, hineinstellen in sein Milieu. Da muß man fragen: Wer redet das? In welcher Umgebung redet er das? Und da sieht man im uralten Krönungsornat, von allem möglichen prunkend und von allem möglichen glänzend, den mittelalterlichen Herrscher stehen, nicht einmal es verbergend vor dem, was in seinem Elaborat steht, umgeben von seinen glänzenden, goldbetreßten Paladinen; das ganz Mittelalterliche, das, wenn es wahr gesprochen hat, anders gesprochen hat als von Demokratie! Was ist das Reden von Demokratie, wenn es noch so schön ist, wortwörtlich, in einem solchen Elaborat? Eine weltgeschichtliche Lüge!

Man muß von dem wortwörtlichen Inhalt der heutigen Dinge zurückgehen bis zur Anschauung der Wirklichkeit. Man muß nicht bloß mit dem Intellekt die Dinge auffassen, man muß eingehen auf die Anschauungen. Gerade das ist es, was Geisteswissenschaft fordert. Nicht ungestraft verkennt man die äußere Wirklichkeit. Wer richtig im geisteswissenschaftlichen Sinne, wie es hier gemeint ist, die geistige Wirklichkeit erkennen will, nur die geistige Welt sehen will, der muß sich vor allen Dingen absoluteste Wahrheit in der Sinneswelt angewöhnen: keiner Täuschung sich hinzugeben über dasjenige, was um ihn herum für seine fünf Sinne vorgeht. Gerade wer in den Geist eindringen will, muß seine gesunden fünf Sinne in Wahrheit anwenden, sich nicht der Phantasterei hingeben, der sich gerade sogenannte Geschäftsleute, viele Praktiker hingeben, die viel verehrt werden, der sich fast die ganze Welt hingibt.

Was wir brauchen, ist nicht ein wehleidiges Jammern, daß die Menschen nicht reif seien, was wir brauchen, ist ein Hinweisen darauf, wie wir wahr, innerlichst wahr werden müssen. Dann wird auch nicht das unwahre Gerede von dem Geiste und immer wiederum dem Geiste durch die Welt tönen. Dann wird auch nicht dieses unwahre Gerede von dem Unterschiede zwischen Recht und Moral durch die Welt tönen, sondern dann wird etwas tönen von einer Arbeit, die sich den Geist erarbeiten soll. Dann wird etwas tönen von dem, wie, wenn der Geist erarbeitet wird, die Menschen in einem solchen Zusammenhange leben werden, daß sie auch unter sich das gleiche Recht finden werden, und dann erst wird man davon reden können, wie die durchgeistigte und durchrechtete Wirtschaft eine wirkliche Gemeingesellschaft wird begründen können.

Das ist viel notwendiger, daß man einsähe: es sind genügend Menschen da, die sich wenigstens nur innerlich zusammennehmen, solche Hinweise in sich selber begreifen zu können. Man soll nur nicht müde werden, diese Dinge immer wieder und wieder zu betonen. Man soll nur nicht glauben, daß wenn man sagt: Der Geist soll herrschen –, dieser Geist durch irgendeinen Zauber in die Welt kommen werde. Nein, durch die menschliche Geistesarbeit allein kann dieser Geist in die Welt kommen. Auch in dieser Beziehung handelt es sich darum, daß man wahr werde, daß man nicht immer wieder die Unwahrheit hinaustönen läßt in die Welt, Geist müsse sein, sondern die Wahrheit hinaustönen läßt: Geist wird nur sein, wenn Stätten da sind, in denen nicht bloß über die äußere Natur, nicht bloß im Sinne des Materialismus gearbeitet wird, sondern in denen eine Geistanschauung erarbeitet wird.

Aus dieser Geistanschauung aber wird – das glaube ich, gerade in diesen Vorträgen gezeigt zu haben, die ja nur ein Versuch sein sollen, ein schwacher Versuch – hervorgehen auch ein wirkliches soziales Verständnis der Lebensgewohnheiten der Menschheit in der Gegenwart und in der nächsten Zukunft. Daß die Menschen gerade in bezug auf das Geistige und in bezug auf das geistige Streben wahr werden, darum handelt es sich. Denn der Geist kann nur auf dem Wege der Wahrheit gefunden werden.

Es ist nur eine Ausrede, wenn man sagt: Ja, die Menschen wissen es nicht. – Beim Geistesstreben handelt es sich darum, daß, wenn der Lüge unbewußt gefolgt wird, diese Lüge ebenso schädlich in der Welt wirkt, wie wenn ihr bewußt gefolgt wird. Denn der Mensch hat in der Gegenwart die Verpflichtung, das Unterbewußte heraufzuheben, um die Unwahrheit auf allen Gebieten, auch auf dem Gebiete des Unterbewußten, auszutilgen.

Zunächst ist hier eine Frage gestellt:

Wie stellt sich Herr Dr. Steiner zur Zinswirtschaft und zum arbeitslosen Einkommen?

Ich habe – nicht in polemischer Form, aber in aufbauender Form – ja darüber gehandelt in meinem Buche «Die Kernpunkte der sozialen Frage». Mir ist vielfach vorgeworfen worden, daß der Zins nicht ganz geschwunden sei aus dem, was mir als soziale Struktur der menschlichen Gesellschaft vorschwebt. Nun scheint es mir, daß es ehrlicher ist, auf den Boden der Wirklichkeit sich zu stellen und das Mögliche und Notwendige wirklich zu betonen, als auf irgendeinen nebulosen Boden, auf dem man bloß Forderungen aufstellt. Ich habe in meinen «Kernpunkten der sozialen Frage» versucht zu zeigen, daß ja durchaus das Arbeiten mit Kapital notwendig ist. Man kann nicht ohne Kapitalansammlungen große Betriebe schaffen, überhaupt im heutigen Sinne keine Volkswirtschaft zustandebringen. Ob nun dieses Kapital in Geldform gedacht wird oder in anderer Form, das ist ja eine Sache für sich.

Die meisten Menschen begehen, indem sie sich über die soziale Frage hermachen, sehr häufig den Fehler, daß sie nur die Gegenwart gewissermaßen wie einen einzigen Augenblick ins Auge fassen und für diesen einzigen Augenblick nachdenken: Wie ist da das Wirtschaftsleben zu gestalten? – Aber wirtschaften heißt zu gleicher Zeit, mit dem in einem gewissen Zeitpunkt Gewirtschafteten eine Grundlage für das Wirtschaften der Zukunft schaffen. Ohne daß man irgendwie eine Grundlage für die Zukunft schafft, würde man die Kontinuität des Wirtschaftslebens nicht aufrechterhalten können, das Wirtschaftsleben würde immer abreißen. Das begründet aber nicht Zins aus Zinserträgnissen, wohl aber Zinserträgnis, weil die Möglichkeit bestehen muß, daß immer in irgendeinem Zeitpunkt so viel gearbeitet wird, daß aus dieser Arbeit Leistungen entstehen, die auch einer zukünftigen Arbeit wieder dienen können. Das ist nicht zu denken, ohne daß der Betreffende für das, was er für die Zukunft leistet, eine Art von Äquivalent erhält, und das würde eine Art von Zins bedeuten. Ich hätte es auch anders nennen können, wenn ich hätte schmeicheln gewollt denen, die heute wettern über Zins im Einkommen. Aber es schien mir ehrlicher, die Sache so zu benennen, wie sie in der Wirklichkeit ist. Es ist notwendig, daß diejenigen, welche irgend etwas dazu beisteuern – das wird ja der einfachste Ausdruck für komplizierte Vorgänge sein – dazu, daß Kapital angesammelt, verwendet werden kann, daß diese ihre Arbeit, die sie aus der Vergangenheit, aus der Gegenwart her in die Zukunft leisten, auf diese Weise in die Zukunft vergütet erhalten. Zins in der Form, wie ich es schildere in meinen «Kernpunkten der sozialen Frage», ist nichts anderes als Vergütung desjenigen, was in der Gegenwart geleistet worden ist, für die Zukunft.

Nun, bei solchen Dingen kommt aber natürlich immer in Betracht, was sonst im sozialen Organismus als ein notwendiges Glied mitenthalten ist. Es kommt beim Menschen zum Beispiel darauf an, daß er alle seine Glieder hat, denn sie wirken alle zusammen. So kann man ein Glied auch nur verstehen aus dem gesamten Menschen heraus. So ist es auch im sozialen Organismus, daß man das Einzelne nur aus dem Ganzen verstehen kann. Wenn Sie sich an das erinnern können, was ich mit Bezug darauf auseinandergesetzt habe, wie aufzufassen ist das Verhältnis des Bearbeitens von Produktionsmitteln, so werden Sie sehen, daß es sich dabei darum handelt, daß Produktionsmittel nur so lange etwas kosten, nur so lange verkäuflich sind, als sie nicht fertig sind. Sind sie fertig, bleiben sie allerdings bei dem, der die Fähigkeit hat, sie fertigzubringen; dann aber gehen sie durch rechtliche Verhältnisse über, sind also nicht mehr verkäuflich. Dadurch wird auch für das Geldvermögen eine ganz bestimmte Wirkung herauskommen. Es kommt nicht darauf an, daß man Gesetze macht, das Geld solle keine Zinsen tragen, sondern es kommt darauf an, daß Ergebnisse herauskommen, die dem sozialen Organismus entsprechen.

Dadurch wird das, was als Geldvermögen existiert, einen ähnlichen Charakter bekommen wie andere Güter. Andere Güter unterscheiden sich heute vom Gelde dadurch, daß sie zugrunde gehen oder verbraucht werden; das Geld aber braucht nicht zugrunde zu gehen. Über längere Zeiträume geht es ja auch zugrunde, aber in kürzeren Zeiträumen nicht. Daher glauben manche Leute, auch in längeren Zeiträumen halte es sich.

Es hat sogar Menschen gegeben, die haben Testamente gemacht, daß sie irgendeiner Stadt das oder jenes vermacht haben. Dann haben sie ausgerechnet, wieviel das nach ein paar Jahrhunderten ist. Das sind so große Summen, daß man dann damit die Staatsschulden eines sehr stark verschuldeten Staates zahlen könnte. Aber der Witz ist nur der, daß es dann nicht mehr da ist, weil es unmöglich ist, über so lange Zeiten das Geld in der Verzinsung zu erhalten. Dafür aber ist die regelrechte Verzinsung für kürzere Zeit aufrechtzuerhalten. Aber wenn im volkswirtschaftlichen Prozeß das einträte, daß tatsächlich Produktionsmittel nichts mehr kosten, wenn sie da sind, Grund und Boden tatsächlich Rechtsobjekte werden – nicht ein Kaufobjekt, nicht ein Wirtschafts-Zirkulationsobjekt –, dann tritt für das Geldvermögen ein, daß es, ich habe es öfter ausgedrückt, nach einer bestimmten Zeit anfängt einen üblen Geruch zu haben, wie Speisen, die verdorben sind und einen üblen Geruch haben, nicht mehr brauchbar sind. Einfach durch den wirtschaftlichen Prozeß selber stellt es sich heraus, daß Geld seinen Wert verliert nach einem bestimmten Zeitraume, der durchaus nicht etwa ungerecht kurz ist; aber es ist eben so. Dadurch sehen Sie, wie sehr dieser Impuls für den dreigliederigen sozialen Organismus aus den Realitäten heraus gedacht ist. Wenn Sie Gesetze geben, so geben Sie Abstraktionen, durch die Sie die Wirklichkeit beherrschen wollen. Denken Sie über die Wirklichkeit, so wollen Sie die Wirklichkeit so gestalten, daß sich die Dinge so ergeben, wie sie dem tieferen Bewußtsein des Menschen entsprechen.

Ebenso ist in einem solchen Organismus, wie ich ihn denke, durchaus nicht das arbeitslose Einkommen als solches enthalten. Nur muß man über diese Dinge auch klare Begriffe haben. Was ist denn schließlich ein arbeitsloses Einkommen? In diesem Begriff «arbeitsloses Einkommen» steckt ja sehr, sehr viel von Unklarheiten drinnen, und mit unklaren Begriffen kann man wahrhaftig keine Reformen durchführen. Sehen Sie, für denjenigen, der «Arbeit» bloß Holzhacken nennt, für den ist ganz sicher ein arbeitsloses Einkommen dasjenige, was jemand für ein Bild erhält, das er malt, und dergleichen. Es ist nur etwas radikal ausgesprochen, aber so wird oftmals das sogenannte «arbeitslose Einkommen» durchaus beurteilt. Es setzt sich das, was wirtschaftliche Werte begründet, eben aus verschiedenen Faktoren im Leben zusammen. Es setzt sich zusammen erstens aus den Fähigkeiten der Menschen, zweitens aus der Arbeit, drittens aber auch aus Konstellationen, und es ist einer der größten Irrtümer, wenn man gar definiert hat, daß irgendein Gut, das in der wirtschaftlichen Zirkulation ist, nur «kristallisierte Arbeit» sei. Das ist es durchaus nicht. Über Arbeit habe ich mich ja in diesen Vorträgen ausgesprochen. Es kommt also darauf an, daß man überhaupt den Begriff der Arbeit nicht in irgendeiner Weise zusammenbringt, wie er heute vielfach zusammengebracht wird, mit dem Begriff des Einkommens. Sein Einkommen bekommt ja ein Mensch wahrhaftig nicht bloß dafür, daß er ißt und trinkt oder sonst irgendwelche leiblichen oder seelischen Bedürfnisse befriedigt, sondern auch dafür, daß er für andere Menschen arbeitet. Also es ist der wirtschaftliche Prozeß ein viel zu komplizierter, als daß man ihn mit so einfachen Begriffen sollte umfassen wollen.

Leitet der Referent auch das Überbewußte, Trancezustände, Erleuchtung und so weiter aus dem Egoismus her?

Nun, ich habe ja wohl deutlich bemerkbar gemacht, daß dasjenige, was ich die Quellen der geistigen Anschauung nenne, zwar den Weg macht, den die Dinge machen, die aus dem Egoismus kommen; aber wenn zwei denselben Weg machen, so brauchen sie ja doch deshalb nicht aus demselben herzukommen. Es geht beides durch das Innere des Menschen; aber das eine steigt aus objektiven Tiefen, habe ich gesagt, hervor und steigt zu objektiven Höhen empor. Nur möchte ich auch nicht mißverstanden sein. Trancezustände sind ganz und gar kein Überbewußtes, sondern durchaus ein Unterbewußtes, ein sehr Unterbewußtes, viel unterbewußter als zum Beispiel irgendwelche Emotionen und dergleichen. Und manches, was man «Erleuchtungen» nennt, was so von selber kommt, das ist zumeist auch ein sehr, sehr Unterbewußtes. Was ich als Überbewußtes auffassen würde, das finden Sie geschildert in meinem Buche «Wie erlangt man Erkenntnisse der höheren Welten?».

Wie begründet der Vortragende die im gestrigen Diskussionsvotum geäußerte, von der Auffassung der modernen Nationalökonomie abweichende Ansicht, wonach nur der Grund und Boden produktiv sei? Liegt diesem Ausspruch etwa nur eine andere Umschreibung des Begriffes der Produktion, der Produktivität zugrunde?

Ich habe nicht, glaube ich, irgendwie auch nur Veranlassung gegeben dazu, zu glauben, daß meine Meinung dahin gehe, daß nur der Grund und Boden produktiv sei. Mit diesem Begriff «produktiv», «unproduktiv» und dergleichen ist es nicht ganz produktiv, viel zu wirtschaften, sondern es handelt sich bei den Dingen doch mehr darum, daß man nicht zu stark auf fertig gemachte Begriffe eingehe. Die Menschen reden heute viel zu sehr in Worten. Es kommt nicht darauf an, daß man solche Definitionen gebe, irgend etwas sei produktiv oder unproduktiv; da kommt es immer darauf an, wie man das produktiv oder unproduktiv auffaßt; sondern darauf kommt es an, daß man die Verhältnisse nach Zusammenhängen wirklich schildert. Und da versuchte ich gestern zu schildern, wie anders sich der Grund und Boden hineinstellt in den nationalökonomischen Prozeß, als zum Beispiel die industrielle Produktion. Auf solche Schilderung, auf Charakteristik kommt es an. Wenn man nur einmal sich klar werden wollte, wieviel dadurch Schaden angerichtet wird, namentlich in den Wissenschaften, daß man sich zu sehr an solche Definitionen oder Begriffsbestimmungen hält! Was man beschreibt, dafür braucht man ja nicht Begriffsbestimmungen. Es herrscht heute vielfach die Unsitte, daß jemand sagt, er sei über das oder jenes dieser oder jener Ansicht. Da muß man sich erst verständigen darüber, was er nun unter diesem Prädikat versteht. Wahrscheinlich nach langem Verständigen wird er darauf kommen, daß er dasselbe meint wie der andere. Was zur wirklichen Produktion führt, wenn ich das Produktion nennen will, was zu einem wirklichen Konsum führt, wenn ich darüber spreche, so muß ich ja alle einzelnen Faktoren, von dem allerelementarsten bis zu dem kompliziertesten, ins Auge fassen.

Da wird es zum Beispiel sehr schwierig, aufzusteigen von dem, was man doch – allerdings in einem etwas weiteren Sinne – die Wirtschaft der Tiere nennen könnte. Die Tiere essen und trinken ja auch. Also die haben, insofern sie nicht gezähmt sind, auch eine Art Wirtschaftsleben. Aber sie genießen in der Regel, was sie sich nicht sehr stark zuzubereiten brauchen. Die meisten Tiere nehmen, was schon da ist. Nun, für die ist die Natur produktiv, wenn wir den Ausdruck produktiv anwenden wollen. Vieles von dem, was der Mensch genießt, gehört ja auch auf diesen Boden. Wenn er schließlich Obst genießt, so ist das nicht viel entfernt – nur durch Verkehrs- und Besitzverhältnisse und dergleichen entfernt – von der Art der Wirtschaft der Tiere, bei denen man aber sogar auch Ansätze zu Besitzverhältnissen finden könnte. Nun handelt es sich darum, jetzt weiter den Prozeß zu verfolgen, zu verfolgen, wie der Mensch anfängt, dasjenige, was von der Natur hergegeben ist, zuerst zu verarbeiten, dann durch den Verkehr weiter in die Zirkulation zu bringen und so fort. Da beginnt eine Fortsetzung des Begriffes, der bei der Natur anfängt. Dann kommt man zu demjenigen, was Produktion für den äußersten Luxus ist, was nicht mehr wirklichen Bedürfnissen entspricht, das heißt, gerechtfertigten oder vernünftigen Bedürfnissen entspricht. Ja, den Begriff, das sei produktiv oder nicht produktiv, irgendwie zu begrenzen, das ist durchaus etwas, was im Grunde genommen zuerst ins Nebulose führt. Selbstverständlich kann man, wenn man es liebt, sich in solchen nebulosen Begriffen zu bewegen, lange darüber diskutieren, wie die Physiokraten gemeint haben, daß nur die Bearbeitung des Bodens produktiv sei. Man kann dagegensetzen: Auch wenn jemand Handel treibt, so ist das produktiv, und kann sehr schöne Beweise dafür erbringen. Der Fehler ist der, daß man eine Definition aufstellt: Das ist unproduktiv, das ist produktiv! – sondern man muß den ganzen Vorgang des Wirtschaftslebens wirklich sachgemäß überschauen können.

Also ich bitte, dies was ich vorgebracht habe, nicht so aufzufassen, als wenn es auch hineinfallen sollte in eine solche Art des Definierens, sondern es sollte eine sachgemäße Schilderung dessen sein, was im Wirtschaftsleben wirklich vorgeht. Und da glaube ich, in der Tat hingewiesen zu haben auf einen sachlichen Unterschied, wie sich in den Wirtschaftsprozeß anders hineinstellt Grund und Boden als zum Beispiel, sagen wir, industrielle Produktionsmittel, Maschinen und dergleichen. Aber auch anders stellt sich in den Wirtschaftsprozeß hinein, was auf der Grundlage des Grund und Bodens ist, als zum Beispiel der Handel.

Man braucht weder einseitiger Merkantilist zu sein, noch einseitiger Physiokrat. Man wird einsehen müssen, daß in dem Augenblick, wo man versessen ist auf solche Dinge wie «produktiv», «unproduktiv», dann eben solche einseitigen Ansichten wie Merkantilismus, Physiokratismus und so weiter zustande kommen. Das sollte gerade hier vertreten worden sein: daß man sich nicht auf Einseitigkeiten stellt, sondern auf Allseitigkeit stellt.

Nun wurde noch eine Frage gestellt:

Daß Altruismus, Egoismus, Liebe, psychologisch aufgefaßt, im Grunde genommen ein und dasselbe sind, und daß daher das eine oder das andere nicht überwunden zu werden braucht.

Ja, inwiefern der Begriff des Überwindens ein falscher ist, habe ich ja im Vortrage selber ausgeführt. Aber es ist eine große Gefahr, wenn man diesen Begriff der Einheit von allem möglichen aus dem Konkreten ins Abstrakte hineintreibt. Da handelt es sich nur dann wiederum darum, was man für eine Abstraktion im Auge hat. Sehen Sie, man muß sich klar darüber sein, daß man, wenn man im Abstrakten stehenbleibt – und dieser Frage liegt eine sehr abstrakte Denkweise zugrunde –, dann im Grunde genommen mit der einen Behauptung Recht hat und auch mit der entgegengesetzten Behauptung Recht hat. Menschen, die im Konkreten denken, die wissen den Ausspruch *Goethes* sehr zu schätzen: Man kann eigentlich die Wahrheit nicht unmittelbar in einem Worte oder in einem Satze aussprechen, sondern man spricht das eine aus, spricht das andere aus, und die Wahrheit wird am Problem gewonnen, das zwischen beiden liegt. Man muß dann ein lebendiges Verhältnis zur Wahrheit gewinnen können.

Es gibt Leute, die sind als Mystiker darauf versessen, zu definieren: sie tragen Gott in sich selber; der Gott sei im Inneren des Menschen, das Göttliche sei im Inneren des Menschen. Sie finden dies als die einzig mögliche Definition. Andere finden diese Definition ganz falsch; sie sagen: Gott erfüllt alles und wir als Menschen sind in Gott. Ja, es gibt genau ebenso gute Beweise für das eine, wie es gute Beweise gibt für das andere. Aber da gilt eben der Goethesche Satz: Die Wahrheit liegt mitten drinnen zwischen den entgegengesetzten Behauptungen, geradeso wie der wirkliche Baum mitten drinnen liegt zwischen zwei photographischen Aufnahmen, die ich von der einen oder von der anderen Seite mache.

In dieser Beziehung muß man geradezu auf die Gefahren des einseitigen Denkens hinweisen. Es kommt gar nicht darauf an, ob jemand sagt, Altruismus, Egoismus, Liebe seien ein und dasselbe, und deshalb braucht es nicht überwunden zu werden. Wie gesagt, wie es mit dem Überwinden steht, habe ich ja im Vortrag selber auseinandergesetzt. Aber darum handelt es sich, daß man wirklich, wenn so etwas auseinanderzusetzen ist, versucht, wie ich es immer tue, die Sätze sorgfältig zu formulieren. Ich habe durchaus hier nicht irgendwie behauptet, daß man nicht, wenn man nach einer gewissen Einheit hinstrebt, zu einer Vereinheitlichung von Egoismus und Liebe oder Egoismus und Altruismus kommen könne. Man braucht nur bis zu dem nötigen Abstraktum aufzusteigen, dann kommt man dazu. Aber im äußerlichen konkreten Leben unterscheiden sich Egoismus und Altruismus eben doch so, daß man sagen kann, wie ich im Vortrage gesagt habe, bewußt gesagt habe: sie sind die zwei Antriebe, aus denen der Mensch heraus handelt. Wenn ich sage, da oben auf diesem oder jenem Berge, da ist eine Quelle, und zwei Stunden davon, da ist eine andere Quelle, aus diesen zwei Quellen wird die Wasserleitung von irgendeinem Orte gespeist, so läßt sich dieses vergleichen mit dem, was ich heute gesagt habe über Egoismus und Liebe. Ich habe auf die zwei Quellen hingewiesen. Dann darf niemand hinweisen und sagen: Ja, sieh einmal, in der einen Quelle ist Wasser, in der anderen auch, es ist ja dasselbe. – Es handelt sich darum, daß, wenn man pedantisch auf das Abstraktum besteht, man überall dasselbe sehen kann.

Aber gerade beim Einheitsuchen handelt es sich darum, daß man zum Beispiel so etwas versteht wie die Goethesche Metamorphose. Wenn man die Goethesche Metamorphose verfolgt, so weiß man, wie Goethe zeigt, daß das grüne Pflanzenblatt und das rote Blumenblatt ein und dasselbe ist, nur das eine umgewandelt aus dem anderen. Aber er weiß zu gleicher Zeit, daß die beiden, indem sie dasselbe sind, zu gleicher Zeit ein Mannigfaltiges, ein Verschiedenes, ein unendlich Gestaltetes sind. Darauf kommt es an, daß man sich im Einheitsuchen immer bewußt werde, wie im konkreten Leben das Einheitliche immer zur Vielheit hin variiert, und daß man im Streben nach Einheit wissen muß, nicht die Vielheit zu übersehen.

Es gibt eine Gesellschaft, die sich die «Theosophische Gesellschaft» nennt. Die Theosophische Gesellschaft spricht davon, daß sie die Einheit in allen Religionsbekenntnissen suche. Alle Religionsbekenntnisse entspringen aus den anderen heraus, seien im Grunde genommen ein und dasselbe. Sie lehrt, alle Religionsbekenntnisse enthalten ein und dasselbe. Mir ist diese Behauptung immer erschienen, wie wenn jemand behauptet, er wolle das, was auf dem Tisch steht, nur nach seiner Einheit charakterisieren. Man braucht nur eine Abstraktion zu wählen, sagen wir «Speisezusatz», Speisezusatz: das ist Salz, das ist Pfeffer, das ist auch Paprika. Ja, gewiß, alles ist ein und dasselbe, nämlich Speisezusatz. Aber wenn man, statt daß man die Suppe salzt, sagt: Oh, es ist dasselbe, Speisezusatz, wenn ich Pfeffer nehme –, so werden Sie nicht sehr zufrieden damit sein. So handelt es sich auch darum, daß man nicht eine solche Einheit, wie die, die von der Theosophischen Gesellschaft dogmatisch tradiert wird, als: Alle Religionsbekenntnisse enthalten ein und dasselbe – hinnimmt. Mir erschien immer diese Einheit der Religionen der Theosophischen Gesellschaft wie die Behauptung: Pfeffer, Salz und Paprika seien ein und dasselbe.

Wie gesagt, ich erkenne durchaus an das berechtigte Streben nach Einheit. Aber dieses berechtigte Streben nach Einheit darf nicht zum Abstrahieren von der Wirklichkeit kommen.

Nun ist noch eine Frage hier.

Turmbau von Baden. Es gehört Nationales zu allem geistig und kulturell Bedeutenden. Alle Religionen sind den Rassen angepaßt. Die Veranlagung der verschiedenen Nationen, Rassen für Kunst und Wissenschaft ist verschieden. Die Sprache und alle Äußerlichkeiten der Umgebung zwingen zu einer Ausdrucksform. Das Wesentliche ist immer international, die Form immer nationale Kunst. Am internationalsten die Musik. Liebe Deinen Nächsten wie Dich selbst.

Nun weiß ich eigentlich nicht recht, was ich mit dieser Frage machen soll. Denn einen «Turmbau von Baden» – ich kenne wohl einen Turmbau von Babel, nicht aber einen von Baden. Ich weiß nicht, ob es hier in Baden etwa auch einen Turmbau gibt?

«Es gehört Nationales zu allem geistig und kulturell Bedeutenden.» Ja, gewiß, das kann man sagen: aber ich weiß nicht, wie es zu dem heutigen Vortrage kommt.

«Alle Religionen sind den Rassen angepaßt. Die Veranlagung der verschiedenen Nationen, Rassen», das sind zwei verschiedene Dinge, «für Kunst und Wissenschaft ist verschieden.» Gewiß.

«Die Sprache und alle Äußerlichkeiten der Umgebung zwingen zu einer Ausdrucksform. Das Wesentliche ist immer international...» Ja, das Wesentliche des Internationalen, das muß man erst suchen; denn wenn das Wesentliche wirklich da wäre, dann wäre nicht so viel Anti-Internationales unter den Menschen. Das ist natürlich durchaus zu berücksichtigen.

«...die Form immer nationale Kunst. Am internationalsten die Musik.» Ich habe das, was hier zugrunde liegt, im Vortrage leise angedeutet, indem ich gesagt habe, die Phantasie prägt sich national aus, allerdings auf gewissen Gebieten der Kunst nur in gewissen Nuancierungen. Aber die Nuancierungen wird derjenige, der für dieses Verständnis hat, schon auch in der Musik finden. Er wird finden, daß auch da, wo scheinbar ganz Internationales ist, auch ein Nationales drinnen liegt, und wenn es nur darinnen besteht, daß das eine Volk einfach mehr musikalisch ist als das andere, und international verstanden werden kann, wenn es auch nur bei einem einzelnen Volke hervorgebracht werden konnte.

Aber das, worum es sich handelt, ist, daß man nun irgendeinen Inhalt im Menschen selbst findet, in jedem Menschen befindliches geistig Anschaubares, das so international wirken kann, wie ich es im Vortrage dargestellt habe.

Nun, damit sind die heutigen Fragen, wie ich glaube, erschöpft, und ich glaube auch, daß der Abend soweit vorgeschritten ist, daß ich nicht eine ausführliche Schlußrede halten möchte. Aber das eine möchte ich nur noch in fünf Worten hervorheben: daß es mir besonders daran gelegen wäre, wenn diese Vorträge daraufhin geprüft würden, inwiefern sie nicht irgend etwas Ausgedachtes, Programmatisches sind, sondern inwiefern sie nur der Versuch sind, der anfängliche Versuch allerdings, aus dem Leben selbst heraus eine soziale Idee oder eine Summe von sozialen Ideen zu gewinnen.

Ja, solche Ideen, die als praktisch wirksame Kräfte dem Leben abgelauscht sind, die stellen geradezu das dar, was überall auf allen Gebieten aus dem herausgeboren werden kann, was ich Ihnen hier als eigentliche Geistesanschauung charakterisiert habe. Ich weiß, daß vieles, was man heute als Geistesanschauung charakterisiert, verwechselt wird, wie ich schon in den Vorträgen andeutete, mit dem, was hier gerade als Geistesanschauung gemeint ist. Aber es verlohnte sich vielleicht doch, gerade auf den Wirklichkeitscharakter dieser Geistesanschauung einmal einzugehen. Ich habe, als der Zeitpunkt herangetreten war im Verlaufe dieser furchtbaren Kriegskatastrophe, wo man glauben konnte, daß aus der Not der Zeit heraus etwas eingesehen werden könnte von dem, was sich aus Menschentiefen an die Oberfläche ringen will, manche verantwortlichen Menschen aufmerksam gemacht auf dasjenige, was eigentlich die Zeit fordert, und habe, bevor ich in die Öffentlichkeit getreten bin, vor Jahren, in den schweren Jahren, zu manchem gesprochen von dieser Dreigliederung, in dem vollen Bewußtsein, was es für eine Wirkung haben müßte, wenn aus solchem Geiste heraus der Versuch gemacht worden wäre, diesem schrecklichen Morden beizukommen, es mildernd, es endend. Und ich habe dazumal gesagt: Wenigstens liegt die Bemühung vor, mit dem, was in diesem Impulse gemeint ist, nicht irgendeine programmatische Idee zu geben, sondern dasjenige, was sich in den nächsten dreißig oder zwanzig oder fünfzehn Jahren, sogar zehn Jahren verwirklichen will. Und ich sagte manchem: Man kann ja heute, wenn man will, solche Dinge ableugnen, man kann zu bequem dazu sein. Aber wer es mit dem Leben ernst nimmt, der sollte sich sagen: Man habe die Wahl, entweder Vernunft anzunehmen oder traurigen Zeiten der Revolutionen und sozialen Kataklysmen entgegenzugehen. – Das sagte ich in Zeiten, in denen diese neueren Revolutionen, auch die russische, noch lange nicht heraufgekommen waren.

Und es handelt sich immer darum, daß es schon den Menschen auferlegt ist, nicht schlafend in den Tag hineinzuleben, sondern sich über die Art, wie es weitergehen kann, Vorstellungen zu machen. Denn der Mensch hat ja das voraus vor anderen Erdenwesen, daß er mit einer gewissen Voraussicht zu handeln berufen ist. Aber man kann nur mit einer gewissen Voraussicht in das Handeln eingreifen, wenn man einen Instinkt für das wirklich Mögliche hat. Hat man einen wirklichen Instinkt für das Mögliche gehabt in der Zeit der ersten Hälfte des Jahres 1914 auf dem Gebiete der zivilisierten Welt? Ich habe Ihnen Beispiele angeführt in einer der früheren Diskussionen, was die Leute gesagt haben über das, was kommen werde. Dann ist das große Morden gekommen. Müßten nicht die Menschen von den Tatsachen lernen?

Nun, das ist gerade die gegenwärtige Aufgabe der Menschen: von den Ereignissen zu lernen. Denn die Ereignisse zeigen durch die Größe, durch die Schnelligkeit, mit der sie sich abwickeln, daß die Menschen von ihnen lernen sollen, daß die Menschen gewisse Ereignisse als Zeichen der Zeit auffassen sollen. Sonst könnte etwas eintreten, was in bezug auf viele Dinge in den letzten Jahren eingetreten ist. Manches hat die Leute so getroffen, daß sie gesagt haben: Hätten wir das früher gewußt – jetzt ist es zu spät. – Aber es ist nicht immer nötig, zu warten, bis es zu spät ist!

In der Gesinnung werden insbesondere die Ideen von der Dreigliederung des sozialen Organismus vorgetragen. Und so, wie es hier versucht wird, wie es in unserer Zeitschrift hier in der Schweiz, der «Sozialen Zukunft» versucht wird, wie es in meinen «Kernpunkten der sozialen Frage» versucht worden ist: aus der Gesinnung heraus werden sie vorgetragen, daß sie begriffen, aufgefaßt werden mögen, genommen werden mögen zum praktischen Handeln, ehe es zu spät ist. Damit man über wichtige Dinge des Lebens nicht später wird sagen müssen, es sei zu spät, deshalb rüttle man sich auf und versuche zu ergründen, ob in diesen Dingen, die hier vorgetragen worden sind, nur Gedanken sind, oder ob es Extrakt der Wirklichkeit ist.

Ich betone immer wieder: Es ist ein schwacher Versuch. Aber ich glaube doch: Wird dieser schwache Versuch von einer genügend großen Anzahl von Menschen aufgenommen, dann wird er vielleicht etwas viel Gescheiteres, als ein einzelner aus ihm machen kann. Aber er müßte aufgenommen werden, und er kann aufgenommen werden, denn er ist aus der Wirklichkeit und kann aus der Wirklichkeit erprobt werden.

Diese paar Worte wollte ich zu dem Gesagten noch hinzufügen.

ZU DIESER AUSGABE

Die in diesem Band vorliegenden sechs Vorträge mit Fragenbeantwortungen bilden einen in sich geschlossenen Zyklus, den Rudolf Steiner unter dem Thema «Soziale Zukunft» auf Einladung des «Schweizer Bundes für Dreigliederung des sozialen Organismus» und der Anthroposophischen Gesellschaft im großen Saal des Zürcher Konservatoriums öffentlich gehalten hat.

Zwischen den in Zürich bereits im Frühjahr 1919 gehaltenen Vorträgen über die soziale Frage (vgl. den Band «Die soziale Frage», Bibliographie-Nr. 328), die den Ausgangspunkt bildeten für Rudolf Steiners Schrift «Die Kernpunkte der sozialen Frage in den Lebensnotwendigkeiten der Gegenwart und Zukunft» (vgl. tb-Nr. 606) und dem hier vorgelegten Vortragszyklus hielt Rudolf Steiner eine Fülle von Vorträgen, um die *Idee* der Dreigliederung zu einer *Bewegung* für die Dreigliederung werden zu lassen mit dem Ziel einer grundlegenden sozialen Erneuerung. So sprach er vor Arbeitern, Studenten, Unternehmern, Lehrern und verschiedenen sozialen Vereinigungen. Die Bildung von Betriebs- und Kulturräten, sowie die Begründung einer weitverzweigten Bewegung für die Verwirklichung der Dreigliederungsidee waren ihm dabei ein besonderes Anliegen. Zur gleichen Zeit wurde durch Rudolf Steiner und Emil Molt die Gründung einer Freien Schule für die Kinder der Arbeiter der Waldorf-Astoria-Zigarettenfabrik vorbereitet, die im Herbst 1919 eröffnet werden konnte.

Auf dem Hintergrund dieser sehr ereignisreichen Monate stellen die hier vorliegenden Vorträge eine Vertiefung vorangegangener Vortragsinhalte dar, können aber auch als eine umfassende Einführung aufgefaßt werden, da Rudolf Steiner immer wieder Bezug nimmt auf die Entstehungsmomente des Dreigliederungsimpulses. Eine weitere Bedeutung kommt diesem Vortragszyklus insofern zu, als daß hier die einzelnen Gebiete des sozialen Lebens gesondert thematisiert werden.

Nach einer entwicklungsgeschichtlichen Einführung in wesentliche Gesichtspunkte des Geistes-, Rechts- und Wirtschaftslebens (1. Vortrag), folgen im 2. Vortrag Vorschläge zu einer Umgestaltung des Wirtschaftslebens, in deren Mittelpunkt die Bildung von Wirtschaftsassoziationen an Stelle der Fortführung gewohnter Marktmechanismen steht. Im daran anschließenden 3. Vortrag werden grundlegende Rechtsfragen erörtert. Ausgehend von dem Problem der Bestimmung der Grenzen demokratischer Prinzipien führt Rudolf Steiner seine Zuhörerschaft in die verschiedensten Bereiche des Öffentlichen Rechts und weist sie auf neue Wege auch auf dem Gebiete des Strafrechts. Die Darstellung eines freien Geistes- und Kulturlebens ist Gegenstand des 4. Vortrages, in dem das Zusammenwirken von Kunst, Wissenschaft und Religion sowie die Erziehungsfrage eine zentrale Stellung einnehmen. Fragen des Ineinanderwirkens aller drei sozialen Teilgebiete (5. Vortrag) und die Erörterung der Folgeprobleme, die sich auf nationaler und internationaler Ebene durch ein konkretes Ergreifen des Dreigliederungsgedankens ergeben, verdeutlichen im 6. Vortrag dasjenige, was über die Notwendigkeit eines Umdenkens auf sozialem Felde bereits im 1. Vortrag angeklungen und in den Fragebeantwortungen der vorangegangen Vorträge zur Sprache gekommen war.

Die von Roman Boos, einem der engagiertesten Mitarbeiter innerhalb der damaligen Dreigliederungsbewegung, der Erstveröffentlichung dieses Vortragszyklus' im Jahre 1950 beigegebenen Hinweise fanden auch in dieser Neuausgabe weitgehend Verwendung.

Die Vorträge wurden frei gesprochen. Sie waren ursprünglich nicht für den Druck bestimmt. Eine Durchsicht der Nachschriften konnte Rudolf Steiner aus zeitlichen Gründen nicht vornehmen. Obwohl die Texte als weitgehend wörtlich angesehen werden dürfen, sind Hör- und Übertragungsfehler nicht vollständig auszuschließen.

Werke Rudolf Steiners, welche innerhalb der Gesamtausgabe (GA) erschienen sind, werden in den Anmerkungen mit der Bibliographie-Nummer angegeben. Siehe auch die Übersicht am Schluß des Bandes.

zu Seite

8 *in meinem Buche «Die Kernpunkte ...»:* Siehe Rudolf Steiner, «Die Kernpunkte der sozialen Frage in den Lebensnotwendigkeiten der Gegenwart und Zukunft» (1919), Bibl.-Nr. 23, Gesamtausgabe Dornach 1976 (auch als Taschenbuchausgabe).

die Zeitschrift «Soziale Zukunft»: Herausgegeben vom «Schweizer Bund für Dreigliederung des sozialen Organismus»; 1.–4. Heft Zürich 1919, 5.–7. Heft Dornach 1920, 8.–10. Heft Stuttgart 1921.

9 *die Schrift von Hartley Withers:* «Money and Credit in England. The Meaning of Money», London 1909; in deutscher Übersetzung: «Geld und Kredit in England», Jena 1911; von Rudolf Steiner zitiert nach C. M. von Unruh, «Zur Physiologie der Sozialwirtschaft», Leipzig 1918, S. 154.

Merkantilisten: Vertreter der Lehre des französischen Finanzministers Colbert (1619–1683), welche beinhaltet «das Bestreben, durch Ausfuhr von Waren möglichst viel Geld ins Land zu ziehen und den Geldabfluß möglichst zu verhindern» (Carl Jentsch, «Volkswirtschaftslehre», Leipzig 1918, S. 135).

Physiokraten: Sie lehrten, aufbauend auf Quesnay und Gournay, daß «die Natur allein mit Hilfe der menschlichen Arbeit Werte schaffe, die Landwirtschaft daher das einzige eigentlich produktive Gewerbe sei. Der freihändlerische (die Physiokraten standen in enger Beziehung zu Adam Smith' Freihandelslehre; Anm. d. Herausg.) Wahlspruch: *laissez faire et laissez passer* – Laßt alles gehn, wies gehen will –, wird von einigen Gournay, von anderen dem Kaufmann Legendre und d'Argenson zugeschrieben. Seitdem sind die Fabrikanten im allgemeinen Schutzzöllner, die Landwirte Freihändler geblieben, bis sich seit 1878 auch die letztern zum Protektionismus bekehrt haben.» (C. Jentsch, a. a. O., S. 216.)

Adam Smith, 1723–1790, britischer Philosoph und Volkswirtschafter. Er gilt als Begründer der «klassischen Nationalökonomie» und hat als erster die individualistischen und liberalen Wirtschaftstheorien des 18. Jahrhunderts geschlossen zur Darstellung gebracht. Hauptwerk: «An Inquiry into the Nature and Causes of the Wealth of Nations» (1776), 4 Bde., deutsch von Stirner 1846/47.

9 *Claude Henry de Saint-Simon,* 1760–1825, neben dem «religiösen Sozialisten» *Saint-Simon* bezeichnete Rudolf Steiner in verschiedenen seiner Vorträge auch die französischen Sozialisten *Charles Fourier,* 1772–1837, und *Louis Blanc,* 1811–1882, als «utopische Sozialisten». Vgl. den Vortrag vom 30. Juli 1919 in Rudolf Steiner, «Neugestaltung des sozialen Organismus», Bibl.-Nr. 330/331, Gesamtausgabe Dornach 1963 und den Vortrag vom 3. Februar 1919 in «Die soziale Frage», Bibl.-Nr. 328, Gesamtausgabe Dornach 1977.

Karl Marx, 1818–1883, Begründer des wissenschaftlichen Sozialismus und des dialektischen Materialismus.

Friedrich Engels, 1820–1895, Mitbegründer des wissenschaftlichen Sozialismus und des dialektischen Materialismus, die durch ihn stark popularisiert wurden.

10 *David Ricardo,* 1772–1823, englischer Volkswirtschaftler, der bedeutendste Theoretiker der klassischen Schule der englischen Volkswirtschaftslehre neben Adam Smith. Auf dem Grundsatz der Wirtschaftsfreiheit entwickelte er eine Werttheorie und vor allem seine eigene «Grundrententheorie», u. a. Hauptwerk: «Grundsätze der Volkswirtschaft und Besteuerung», 1817, deutsch 1923.

Wilhelm Roscher, 1817–1894, Nationalökonom, Begründer der ältesten historischen Schule der deutschen Volkswirtschaftslehre; vgl. auch C. Jentsch, a. a. O., S. 203–216. Hauptwerk: «System der Volkswirtschaft», 5 Bde., Stuttgart 1854–1901.

Adolf Wagner, 1835–1917, Nationalökonom, Vertreter des «Kathedersozialismus» und im besonderen einer staatssozialistischen Richtung. Seine Hauptforschungsgebiete waren das Geld- und das Bankwesen sowie die Finanzwissenschaft. Hauptwerk: «Lehr- und Handbuch der politischen Ökonomie», 10 Bde., 1876–1901.

12 *durch die kopernikanische Weltanschauung, durch den Galileismus, durch die Erweiterung des Menschheitshorizonts durch Giordano Bruno und andere, viele andere:* Die geistesgeschichtliche Entwickelung am Wendepunkt zur Neuzeit, als deren Repräsentanten neben Galilei, 1564–1642, Giordano Bruno, 1548–1600, und Kopernikus, 1473–1543, noch Kepler, 1571–1630, und Francis Bacon, 1561–1626, zu nennen sind, charakterisiert Rudolf Steiner eingehend in seinem Werk «Die Rätsel der Philosophie in ihrer Geschichte als Umriß dargestellt» (1914), Bibl.-Nr. 18, Gesamtausgabe Dornach 1968 (auch als Taschenbuchausgabe).

man kann das ... nachweisen: Siehe Rudolf Steiner, «Der Entstehungsmoment der Naturwissenschaft in der Weltgeschichte und ihre seitherige Entwickelung». Neun Vorträge und zwei Fragenbeantwortungen, Dornach 1922/23, Bibl.-Nr. 326, Gesamtausgabe Dornach 1977, und «Die Naturwissenschaft und die weltgeschichtliche Entwickelung der Menschheit seit dem Altertum», Vier Vorträge 1921 in Bibl.-Nr. 325, Gesamtausgabe Dornach 1969.

17 *Woodrow Wilson,* 1856–1924, Präsident der USA 1912–1920; er verkündete 1918 als Haupt der Entente die auf das Selbstbestimmungsrecht der Völker aufgebauten «Vierzehn Punkte». Im öffentlichen Vortrag vom 12. November 1917 in Zürich wandte sich Rudolf Steiner gegen Wilson, weil dieser beabsichtigte, aus naturwissenschaftlichen Vorstellungen heraus soziale Gestaltungsprinzipien zu entwickeln. Vgl. hierzu Rudolf Steiner, «Die Ergänzung heutiger Wissenschaften durch Anthroposophie», Bibl.-Nr. 73, Gesamtausgabe Dornach 1973, und «Die geschichtliche Entwickelung des Imperialismus», erster Vortrag (Dornach, 20. Februar 1920), in: «Geistige und soziale Wandlungen in der Menschheitsentwickelung», Bibl.-Nr. 196, Gesamtausgabe Dornach 1966.

18 *seit dem Sezessions- und Bürgerkrieg:* Amerikanischer Sezessionskrieg, von 1861 bis 1865.

Und er [Wilson] hat immer wieder und wieder seine Stimme erhoben für die Freiheit der Menschen gegenüber jener Machtentfaltung, die aus Wirtschaftsverhältnissen heraus kommt: Ausdruck dieses Kampfes sind die «aus freier Rede in stürmischen Wahlversammlungen» erwachsenen Aufsätze, die unter dem Titel «Die neue Freiheit. Ein Aufruf zur Befreiung der edlen Kräfte eines Volkes» 1914 in München (2. Aufl. 1919) in deutscher Übersetzung herausgekommen sind. Siehe besonders das 8. Kapitel «Die Trustfrage und der freie Wettbewerb», das 9. Kapitel «Gnade oder Recht?», das 10. Kapitel «Die Entthronung des Boß», das 11. Kapitel «Die Befreiung des Geschäftslebens» und das 12. Kapitel «Die Befreiung der Lebenskräfte».

19 *Der Grundschaden der neueren Entwickelung liegt darinnen:* Siehe Wilson, a. a. O., speziell im 1. Kapitel «Das Alte stürzt»: «Das Gesetz weilt noch in einer toten Vergangenheit, die wir längst überholt haben.» (2. Aufl., S. 62) und im 2. Kapitel «Was ist Fortschritt?»: «Darum bin ich gezwungen, Fortschrittler zu sein, und sei es auch nur aus dem Grunde, daß wir weder auf dem wirtschaftlichen noch auf dem politischen Gebiete mit den Umwandlungen der Verhältnisse Schritt gehalten haben.» (2. Aufl., S. 78.)

20 *Fast bis zur Wortwörtlichkeit stimmt Woodrow Wilsons Kritik der heutigen Gesellschaftsordnung überein mit dem, was selbst Lenin und Trotzki sagen:* Anlaß für diesen Ausspruch gaben Reden, Vorlesungen und Schriften Lenins und Trotzkis am Ende des Krieges. Siehe Leo Trotzki, «Die Sowjet-Macht und der internationale Imperialis-

mus», Bern 1918; Leo Trotzki, «Von der Oktober-Revolution bis zum Brester Friedensvertrag», Bern 1918; N. Lenin, «Der Kampf um das Brot», Bern 1918; N. Lenin, «Staat und Revolution», Bern 1918.

22/23 *Es darf in der Zukunft nicht mehr Regierungen über Menschen, über Personen geben ...:* Wörtlich: «An die Stelle der Regierung über Personen tritt die Verwaltung von Sachen und die Leitung von Produktionsprozessen. Der Staat wird nicht ‹abgeschafft›, er stirbt ab.» (Nach Friedrich Engels, «Die Entwicklung des Sozialismus von der Utopie zur Wissenschaft», 6. Aufl., S. 49.) Siehe auch Rudolf Steiner, «Marxismus und Dreigliederung» in: «Aufsätze über die Dreigliederung des sozialen Organismus und zur Zeitlage 1915/1921», Bibl.-Nr. 24, Gesamtausgabe Dornach 1961, S. 31 ff., und Rudolf Steiners Vortrag vom 15. September 1919, in: «Gedankenfreiheit und soziale Kräfte», Bibl.-Nr. 333, Gesamtausgabe Dornach 1971, S. 82 ff.

29 *es handelt sich darum, daß der Wert des Gutes in der Zirkulation des menschlichen Verkehrs zum wirklichen Ausdruck kommt:* Siehe Rudolf Steiner, «Die Kernpunkte der sozialen Frage», a. a. O., S. 126, speziell die Anmerkung zu S. 131: «Nur durch eine Verwaltung des sozialen Organismus, die ... zustande kommt im freien Zusammenwirken der drei Glieder des sozialen Organismus, wird sich als Ergebnis für das Wirtschaftsleben ein gesundes Preisverhältnis der erzeugten Güter einstellen. Dieses muß so sein, daß jeder Arbeitende für ein Erzeugnis so viel an Gegenwert erhält, als zur Befriedigung sämtlicher Bedürfnisse bei ihm und den zu ihm gehörenden Personen nötig ist, bis er ein Erzeugnis der gleichen Art wieder hervorgebracht hat.» Siehe auch Rudolf Steiner, «Nationalökonomischer Kurs», Bibl.-Nr. 340, Gesamtausgabe Dornach 1965, S. 82 ff.

Da handelt es sich darum, vor allen Dingen die Bedingungen herauszufinden, durch die Güter mehr oder weniger wert werden: Über das Zusammenspiel der «wertebildenden Bewegungen» mit der «wertebildenden Spannung» siehe die ersten Vorträge des «Nationalökonomischen Kurses».

30 *C. M. von Unruh*, «Zur Physiologie der Sozialwirtschaft», Leipzig 1918, S. 136 ff.

31 *Ich war lange Zeit Lehrer an einer Berliner Arbeiterbildungsschule:* An der von dem Sozialdemokraten Wilhelm Liebknecht begründeten Arbeiterbildungsschule in Berlin (ab 1902 auch in Spandau) lehrte Rudolf Steiner Geschichte, Redekunst und Naturwissenschaften. Siehe auch Rudolf Steiner, «Mein Lebensgang», Bibl.-Nr. 28, Gesamtausgabe Dornach 1962, Kap. XXVIII; Rudolf Steiner, «Briefe II 1892–1902», Dornach 1953; Johanna Mücke / Alwin Rudolph,

«Erinnerungen an Rudolf Steiner und seine Wirksamkeit an der Arbeiterbildungsschule in Berlin 1899–1904», Basel 1955; «Beiträge zur Rudolf Steiner Gesamtausgabe», Heft Nr. 36, Dornach Jahreswende 1971/72, S. 21 u. 22.

33 *wie ... die großen Wirtschaftsimperien, die Wirtschaftsimperialismen sich ausbildeten:* Siehe dazu Rudolf Steiner, «Die geschichtliche Entwickelung des Imperialismus», 3. Vortrag, in: «Geistige und soziale Wandlungen in der Menschheitsentwickelung», Bibl.-Nr. 196, Gesamtausgabe Dornach 1966, S. 283 ff.

34 *Nehmen Sie einmal den Südosten Europas, jenen Wetterwinkel, aus dem die eigentliche Weltkatastrophe zuletzt ihre Veranlassung bekommen hat:* Am 28. Juni 1914 Ermordung des österreichisch-ungarischen Thronfolgers Franz Ferdinand in Sarajevo.

Berliner Kongreß: 13. Juni bis 13. Juli 1878 zur Beilegung des russisch-türkischen Krieges 1877/78. Österreich-Ungarn erhielt das Mandat, die türkischen Provinzen Bosnien und Herzegowina «zu besetzen und zu verwalten».

die jungtürkische Herrschaft: Die «Jungtürken» (gegründet 1876) zwangen 1906 den Sultan Abdul Hamid zur Wiedereinführung der 1876 aufgehobenen Verfassung und zur Einräumung des maßgebenden Einflusses auf den Staat an das «Komitee für Einheit und Fortschritt».

daß Österreich zur Annexion ... von Bosnien und der Herzegowina geführt wurde: Am 7. Oktober 1908.

daß Bulgarien aus einem Fürstentum sich zu einem Königreich machte: Fürst Ferdinand von Coburg erklärte am 15. Oktober 1908 die Unabhängigkeit von der türkischen Herrschaft und nahm den Königstitel an.

35 *Sie finden, daß die Kirche zinsfeindlich war:* Für Kleriker wurde das Zinsnehmen schon auf den Synoden von Elvira (300), Arles (314), Nicäa (325), für Laien erst in der Karolingerzeit verboten.

36 *Hartley Withers:* Siehe Hinweis zu S. 9.

46 *die wirtschaftliche Sozialisierung in Ungarn:* Gemeint ist hier die Räte-Diktatur unter Bela Kun vom 21. März bis 1. August 1919.

51 *Napoleon III.*, 1808–1873, französischer Kaiser von 1852 bis 1870.

52 *Mehrwert:* Zur Mehrwerttheorie von Karl Marx siehe: «Das Kapital», Bd. 1, 3. Abschn.: «Die Produktion des absoluten Mehrwerts», 4. Abschn.: «Die Produktion des relativen Mehrwerts», 5. Abschn.: «Die Produktion des absoluten und relativen Mehrwerts».

54 *Arbeitskraft:* Siehe Rudolf Steiner, «Die Kernpunkte der sozialen Frage», a. a. O.; gegen Ende des 1. Kapitels schreibt Rudolf Steiner über den Irrtum von Karl Marx, daß der wirtschaftliche Wert «geronnene Arbeitskraft» sei. Siehe auch Rudolf Steiner, «Nationalökonomischer Kurs», a. a. O., 2. Vortrag, und Karl Marx, «Das Kapital», Bd. I, 2. Abschn., 4. Kap.: «Kauf und Verkauf der Arbeitskraft» und 3. Abschn., 5. Kap.: «Arbeitsprozeß und Verwertungsprozeß».

57 *daß ein Verbindungsglied geschaffen werden muß zwischen den menschlichen Bedürfnissen, die den Gütern, den Erzeugnissen ihren Wert geben, und den Preisen:* Vgl. die drei Preisgleichungen im 8. Vortrag des «Nationalökonomischen Kurses»: die Händlergleichung, die Produzentengleichung und die Konsumentengleichung. Für den Produzenten und für den Konsumenten ist der Preis mitbestimmender Faktor, nicht Effekt des Wirtschaftens.

60 *daß das Geld ... bloß eine Art Buchhaltung ist, eine fließende Buchhaltung:* Siehe hierzu Rudolf Steiner, «Nationalökonomischer Kurs», a. a. O., 14. Vortrag, S. 203 ff.

65 *Lesen Sie so etwas wie «Staat und Revolution» von Lenin:* Unter seinem literarischen Pseudonym W. Iljin (N. Lenin) veröffentlichte Wladimir Iljitsch Lenin im Jahre 1918 seine lange vorbereitete Schrift «Staat und Revolution. Die Lehre des Marxismus vom Staat und die Aufgaben des Proletariats in der Revolution», Belp/Bern 1918.

jeder ... «nach seinen Fähigkeiten und seinen Bedürfnissen»: Lenin zitiert in «Staat und Revolution», a. a. O., S. 145 aus der «Kritik des Gothaer Programms» von Karl Marx. Wörtlich heißt es dort: «... nachdem mit der allseitigen Entwicklung der Individuen auch die Produktionskräfte gewachsen sind, und alle Springquellen des genossenschaftlichen Reichtums voller fließen – erst dann kann der enge bürgerliche Rechtshorizont ganz überschritten werden und die Gesellschaft auf ihre Fahnen schreiben: Jeder nach seinen Fähigkeiten, jedem nach seinen Bedürfnissen!»

66 *Diese ganz andere Menschenrasse muß erst geschaffen werden:* Wörtlich heißt es in Lenins «Staat und Revolution», a. a. O., S. 147: «Ignoranz – denn keinem Sozialisten kann es in den Sinn kommen zu ‹versprechen›, daß die höhere Entwicklungsphase des Kommunismus eintreten muß, die *Voraussicht* der großen Sozialisten eines solchen Zeitalters setzt auch eine Produktivität der Arbeit und einen Menschenschlag voraus, der von dem *heutigen* weit entfernt ist, von diesem hastigen Menschen, der imstande ist ‹dir nichts mir nichts› – etwa wie die Seminaristen in den Genreskizzen von Pomjalowski – Magazine öffentlicher Vorräte zu beschädigen und das Blaue vom Himmel zu verlangen.»

67 *das ist ... in schlimmerer Weise der Zarismus fortgesetzt als er war:* Siehe Rudolf Steiner, «Die geschichtliche Entwickelung des Imperialismus», 3. Vortrag, in: «Geistige und soziale Wandlungen in der Menschheitsentwickelung», a. a. O., S. 265: «Dasjenige, was russischer Zarismus war, das heißt heute, wo es in seiner Wahrheit erschienen ist, Lenin und Trotzkij, Bolschewismus. Das ist die konkrete Wahrheit desjenigen, was damals bloß eine Illusion war. Der Zarismus ist bloß die an der Oberfläche schwimmende Lüge; dasjenige, was aber dieser Zarismus wirklich gepflegt hat, erschien, sobald er selbst weggefegt war, in seiner wahren Wirklichkeit.»

68 *die Republikanische Partei ist nicht republikanisch und die Demokratische Partei ist nicht demokratisch:* Die Demokratische Partei ist ursprünglich die Partei der südlichen Pflanzerstaaten, mit Sklaverei. Gegründet wurde sie von Thomas Jefferson mit dem Ziel, die Rechte der Einzelstaaten gegenüber der Bundesregierung zu behaupten. Die Republikanische Partei wurde 1856 gegründet mit zentralistischen, sklavereifeindlichen, schutzzöllnerischen Zielen, mit Anhang besonders in den sich industrialisierenden Nordstaaten.

Als ich im Januar 1918 ... wiederum nach Berlin kam, da sprach ich mit einem Manne, der in den Ereignissen sehr tief darinnen stand: Hier handelt es sich nach begründeter Vermutung um Oberst von Haeften – den Rudolf Steiner über Frau von Moltke kennenlernte –, der damals die militärische Propagandastelle des Auswärtigen Amtes leitete und in dieser Stellung Vertrauensmann von Ludendorff war. Bereits im Jahre 1917 wurde Rudolf Steiner von Otto Graf Lerchenfeld, dem Neffen des bayerischen Vertreters im Bundesrat, Graf Hugo von Lerchenfeld, gebeten, seine Ideen von der Dreigliederung des sozialen Organismus schriftlich auszuarbeiten. Otto Graf Lerchenfeld schrieb in dem von Roman Boos im Jahre 1933 in Dornach herausgegebenen Buch «Rudolf Steiner während des Weltkrieges»: «Und brennend stieg aus solcher Qualstimmung die Frage auf: Wer kann dem deutschen Volk den Weg aus dieser Sackgasse weisen? ... Mir war es klar, daß nur *einer* es könne, nur *einer* den absoluten Überblick habe, und an ihn habe ich mich in jenen Tagen gewandt mit den Fragen, die lastend und heiß auf der Seele brannten. Rudolf Steiner wohnte in diesen Tagen in der Motzstraße in Berlin, wo ich ihn aufsuchte ... und was Rudolf Steiner in zwingender Logik dazu zu sagen hatte, war so, daß die Stimmung, in der ich zu ihm gekommen war, in ihr gerades Gegenteil umschlug. Wie stark dieser Umschwung war, mögen wiederum einige Sätze aus meinen Erinnerungen dartun: ‹... war heute drei Stunden bei Dr. Steiner in der Motzstraße. Vor mir steht die Lösung von allem. *Weiß*, daß es eine andere geben kann. Dreigliederung des sozialen Organismus hat er genannt, was er wie das Ei des Columbus vor mich hingestellt hat. ...›» (S.

58.) Wenig später legte Rudolf Steiner seine Ideen in Form von zwei Memoranden nieder. «An viele der führenden Persönlichkeiten in Deutschland und Österreich wurde nunmehr herangetreten, manch einem, der auf die Gedanken einzugehen schien, eine der beiden Schriften überreicht.» (Otto Graf Lerchenfeld, a. a. O., S. 59.) Siehe auch Rudolf Steiner, «Die Memoranden vom Juli 1917», in: «Aufsätze über die Dreigliederung des sozialen Organismus und zur Zeitlage 1915–1921», a. a. O., S. 329 ff., und Rudolf Steiners Vortrag vom 24. November 1918, in «Entwicklungsgeschichtliche Unterlagen zur Bildung eines sozialen Urteils», Bibl.-Nr. 185a, Gesamtausgabe Dornach 1963, S. 216 ff. Vgl. dazu «Nachrichten der Rudolf Steiner-Nachlaßverwaltung», Nr. 15 («Das Jahr 1917 – Im Gedenken an ein geistes- und weltgeschichtliches Ereignis»), Dornach Sommer 1966, S. 7 ff.; desgl. Nr. 24/25: «Sonderheft 50 Jahre ‹Die Kernpunkte der sozialen Frage› April 1919–April 1969», Dornach Ostern 1969, S. 9 ff. und Nr. 27/28: «1919 – Das Jahr der Dreigliederungsbewegung und der Gründung der Waldorfschule», Dornach Michaeli/Weihnachten 1969, S. 12 ff.

69 *Frühjahrsoffensive vom Jahre 1918:* Am 21. März 1918 begann die Offensive von 62 deutschen Divisionen mit dem strategischen Ziel, die englische Front aufzurollen. Am 26. März wurde Foch als Generalissimus der alliierten Armeen berufen, der am 18. Juli in die Flanke der gerade durch die taktischen Erfolge der Offensive verwundbar gewordenen deutschen Front einbrach und die deutsche Niederlage besiegelte.

Brest-Litowsk: 15. Dezember 1917: deutsch-russischer Waffenstillstand von Brest-Litowsk, auf deutscher Seite abgeschlossen von Staatssekretär *Kühlmann* und General Hoffmann, auf russischer Seite von Joffe und Trotzki. Anschließend langwierige Friedensverhandlungen. 9. Februar 1918: Sonderfriede der Mittelmächte mit der Ukraine. 10. Februar 1918: Trotzki erklärt einseitig den Krieg für beendet, auch ohne Friedensvertrag, und bricht die Verhandlungen ab. 24. Februar 1918: deutsches Ultimatum. 3. März 1918: Rußland unterzeichnet in Brest-Litowsk unter Protest den Friedensvertrag. Im Waffenstillstand von Compiègne und endgültig im Friedensvertrag von Versailles setzen die Alliierten die Aufhebung des Friedensvertrages von Brest-Litowsk durch.

Das hätte treten müssen als eine geistige Aktion an die Stelle der unmöglichen Aktion von Brest-Litowsk: Siehe Rudolf Steiner, «Die Kernpunkte der sozialen Frage», a. a. O., S. 153: « Und die Völker des russischen Ostens hätten ganz gewiß in jenem Zeitpunkt Verständnis gehabt für eine Ablösung des Zarismus durch solche Impulse (d. h. des dreigliedrigen sozialen Organismus, Anm. der Herausg.). Daß sie dies Verständnis gehabt hätten, kann nur der in Abrede stellen, der keine Empfindung hat für die Empfänglichkeit des noch unverbrauchten osteuropäischen Intellekts für gesunde soziale Ideen. Statt der Kundgebung im Sinne solcher Ideen kam Brest-Litowsk.»

69 *Ich erinnere nur daran, daß Lenin im plombierten Wagen durch Deutschland nach Rußland geführt worden ist:* Lenin fuhr im April 1917 mit Erlaubnis des Deutschen Generalstabs (Ludendorff) von Zürich nach Petrograd. Im Juli 1917 unternahm er einen ersten Umsturzversuch, der aber mißglückte. Im November 1917 gelang es ihm, die «demokratische» Diktatur Kerenskis zu stürzen und die russische Sowjetrepublik auszurufen.

71 *Herzog Karl August,* 1757–1828, Großherzog von Sachsen-Weimar; seit 1774 enge Freundschaft mit Goethe.

der Schwaben-Vischer: Besonders die Schlußszene des zweiten Teils bereitet Vischer Ärgernis. Siehe Friedrich Theodor Vischer, «Goethe's Faust. Neue Beiträge zur Kritik des Gedichts», Stuttgart 1875. Beispielsweise fügt er der Strophe

«Waldung, sie schwankt heran,
Felsen, sie lasten dran,
.......»

die Bemerkung bei: «Es hilft nichts, es muß heraus: dies ist kindisch, unbegreifliche Erscheinung teilweise Kindischwerdens in einem Alter von achtundfünfzig Jahren, während derselbe Mann sonst noch in der vollen Kraft steht. ...» (S. 102). Kurz nachher: «... dieser zweite Teil Faust nimmt da und dort bedeutende poetische Anläufe, läßt da und dort den ächten Geist Goethes durchblicken, ist aber im Ganzen eine Reihe lederner, abstruser Allegorien und verläuft nicht nur durch sie, sondern namentlich auch durch seine senilen Sprachschnörkel auf Schritt und Tritt ins Absurde ...» (S. 110f.). Siehe auch Rudolf Steiner, «Geisteswissenschaftliche Erläuterungen zu Goethes Faust», 2 Bände, Bibl.-Nr. 272/273, Gesamtausgabe Dornach 1967.

72 *wie künstlerisch es auch in der Gestaltungskraft ist, wenn man es eurythmisch darstellt*: Siehe Rudolf Steiner, «Zur Darstellung von Faust-Szenen» in «Eurythmie – Die Offenbarung der sprechenden Seele», Bibl.-Nr. 277, Gesamtausgabe Dornach 1972, S. 88ff.

Goetheanismus: Vgl. Rudolf Steiner, «Der Goetheanismus, ein Umwandlungsimpuls und Auferstehungsgedanke. Menschenwissenschaft und Sozialwissenschaft», Bibl.-Nr. 188, Gesamtausgabe Dornach 1967.

73 *Es gehört zum interessantesten Studium der modernen Arbeiterbewegung, kennenzulernen die drei Programme:* Das *Eisenacher Programm:* Aufgestellt im August 1869 anläßlich der Gründung der «Sozialdemokratischen Arbeiterpartei» durch Wilhelm Liebknecht und August Bebel. – Das *Gothaer Programm:* Vom Mai 1875 anläßlich des Zusammenschlusses dieser «Arbeiterpartei» mit dem etwa gleich starken, bereits im Mai 1863 durch Lassalle begründeten «Allgemeinen deutschen Arbeiterverein». – Das *Erfurter Programm:* Vom Oktober 1891, durch Kautsky bearbeitet, anläßlich der Neuorganisation der «Sozialdemokratischen Partei Deutschlands» als Glied der zwei Jahre zuvor errichteten «Zweiten Internationale».

74 *wie ein Zusammenarbeiten besteht zwischen dem sogenannten Arbeitnehmer und Arbeitgeber:* In seinem Buch «Die Kernpunkte der sozialen Frage» ersetzt Rudolf Steiner das Begriffspaar Arbeitnehmer – Arbeitgeber durch Arbeitleister – Arbeitleiter. «Durch soziale Einrichtungen, die in der Richtung des hier Dargestellten liegen, wird der Boden geschaffen für ein wirklich freies Vertragsverhältnis zwischen Arbeitleiter und Arbeitleister. Und dieses Verhältnis wird sich beziehen nicht auf einen Tausch von Ware (beziehungsweise Geld) für Arbeitskraft, sondern auf die Festsetzung des Anteiles, den eine jede der beiden Personen hat, welche die Ware gemeinsam zustande bringen.» (S. 99).

Dann aber darf nicht mehr daran gedacht werden, die Arbeit als solche zu bezahlen: Siehe die Kritik am verfehlten Begriff «Arbeit» von Karl Marx im «Nationalökonomischen Kurs», S. 31 ff.

Die Arbeit wird so ... zur Grundlage der wirtschaftlichen Ordnung: Vgl. Rudolf Steiner, «Die Kernpunkte der sozialen Frage», a. a. O., S. 70 ff.: «Wie die Natur Vorbedingungen schafft, die außerhalb des Wirtschaftskreises liegen und die der wirtschaftende Mensch hinnehmen muß als etwas Gegebenes, auf das er erst seine Wirtschaft aufbauen kann, so soll alles, was im Wirtschaftsbereich ein Rechtsverhältnis begründet von Mensch zu Mensch, im gesunden sozialen Organismus durch den Rechtsstaat seine Regelung erfahren, der wie die Naturgrundlage als etwas dem Wirtschaftsleben selbständig Gegenüberstehendes sich entfaltet.»

daß ... ein jeder Mensch ... für das, was er erzeugt, das bekommt, was ihn in den Stand setzt, seine Bedürfnisse so lange zu befriedigen, bis er ein gleiches Produkt wieder erzeugt haben wird: siehe hierzu Rudolf Steiner, «Nationalökonomischer Kurs», a. a. O., 6. Vortrag, S. 82 ff. und «Die Kernpunkte der sozialen Frage», a. a. O., S. 131 ff.

77 *Woodrow Wilson:* Siehe Hinweise zu den Seiten 17–19.

84 *um das siebente Jahr herum:* Siehe Rudolf Steiner, «Die Erziehung des Kindes vom Gesichtspunkte der Geisteswissenschaft» (1907), in: «Luzifer-Gnosis. Grundlegende Aufsätze zur Anthroposophie und Berichte aus der Zeitschrift ‹Luzifer› und ‹Lucifer-Gnosis› 1903–1908», Bibl.-Nr. 34, Gesamtausgabe Dornach 1960, S. 321 ff. (Einzelausgabe Dornach 1976, S. 19 ff.)

diese sachgemäße Betrachtungsweise auch übertragen auf die Geschichtsbetrachtung: Vgl. das Kapitel «Die Weltentwickelung und der Mensch» in Rudolf Steiner, «Die Geheimwissenschaft im Umriß», Bibl.-Nr. 13, Gesamtausgabe Dornach 1968 (auch als Taschenbuchausgabe).

88 *eine große Partei ..., die sich Zentrum nannte:* Im Jahre 1870 auf Grund eines Aufrufes von Peter Reichensperger als katholische Partei gegründet, bildete sie die Opposition gegen die kleindeutsch-preußische Reichsgründung. Nach 1914 gab sie sich den Namen «Deutsche Zentrumspartei». Während des Ersten Weltkrieges verband sie sich unter dem Einfluß Erzbergers mit den «Fortschrittlern» und Sozialdemokraten zur Reichstagsmehrheit der Friedensresolution (1917).

91 *dann wird man die Realität im dreigegliederten sozialen Organismus einfach dadurch schaffen, daß man den selbständigen Rechtsboden schafft:* Im Hintergrund dieser Formulierungen stehen Gespräche, die zur Zeit dieser Vorträge mit Rudolf Steiner über rechtsphilosophische Grundfragen geführt wurden, und in denen er sich entschieden gegen die vom Neu-Kantianer Rudolf Stammler vertretene Lehre wandte, «Recht» und «Wirtschaft» könnten abstrakt als «Form» und «Stoff» verstanden werden. Im Leben des sozialen Organismus müssen dieser «Stoff», die Wirtschaft, und diese «Form», das Recht, in ständiger bewegter Wechselbeziehung zueinander sich betätigen. Die «starke Stoßkraft des Rechtslebens, die das Wirtschaftsleben meistern kann», kann nur auf einem «selbständigen Rechtsboden» wachsen, von dem aus sie ständig gestaltgebend in den «Stoff» der Wirtschaft hinüberwirkt. In der Wirklichkeit des Lebens geht es nicht um philosophisch-logische Kategorien wie «Stoff» und «Form», sondern um das lebensgemäße Zusammenspiel von Gegensätzen. «Dreigliederung» bedeutet nicht Zertrennung einer Einheit. Denn nur «von einem *unwirklichen* Denken ... wird geglaubt ..., die Menschen könnten in einer Gemeinschaft nur eine Einheit des Lebens erzeugen, wenn diese Einheit durch Anordnung erst in die Gemeinschaft hineingetragen wird. Doch das Umgekehrte wird von der Lebenswirklichkeit verlangt. Die Einheit muß als Ergebnis entstehen; die von verschiedenen Richtungen her zusammenströmenden Betätigungen müssen zuletzt eine Einheit bewirken ...» («Kernpunkte ...», a. a. O., S. 121.)

97 *was man im platonischen Staat findet als Gliederung der Menschen ... in drei Stände:* siehe Platons Schrift «Politeia» («Der Staat»), besonders das dritte Buch.

105 *die ungarische Revolution:* Am 30. Oktober 1918 kamen durch eine Revolution die Linksparteien unter Graf Michael Károlyi an die Macht; dieser übergab am 21. März 1919 die Herrschaft an Bela Kun, der die Räterepublik ausrief. Siehe auch Hinweis zu S. 46.

die deutsche Revolution vom 9. November 1918: Sie hatte unter anderem zur Folge die Bekanntgabe des Thronverzichts Wilhelms II. und des Kronprinzen, die Ausrufung der Republik durch Philipp Scheidemann und die Übertragung der Regierungsgeschäfte an den SPD-Vorsitzenden Friedrich Ebert.

109 *Ich wollte wahrhaftig nicht irgendein dem Meray oder dem älteren Schäffle entsprechendes Analogiespiel treiben:* Siehe Albert Schäffle, 1831–1903, Nationalökonom und Soziologe, 1862/65 Abgeordneter im württembergischen Landtag, 1871 österreichischer Handelsminister, in seinem Werk «Bau und Leben des sozialen Körpers» 1875–78, 4 Bde., und C. H. Meray in seinem Buch «Weltmutation. Schöpfungsgesetze über Krieg und Frieden und die Geburt einer neuen Zivilisation», Zürich 1918. Vgl. auch Rudolf Steiner, «Die Kernpunkte der sozialen Frage», a. a. O., S. 59 ff.

in meinem Buche «Von Seelenrätseln»: Die grundlegende Darstellung der Dreigliederung des menschlichen Organismus gab Rudolf Steiner in dem Kapitel «Die physischen und die geistigen Abhängigkeiten der Menschen-Wesenheit» seines im Jahre 1917 erschienenen Buches «Von Seelenrätseln», Bibl.-Nr. 21, Gesamtausgabe Dornach 1976.

113 *wie eine soziale Krankheit, wie eine Art Krebsbildung:* Vgl. Rudolf Steiner, «Inneres Wesen des Menschen und Leben zwischen Tod und neuer Geburt», Bibl.-Nr. 153, Gesamtausgabe Dornach 1959, 6. Vortrag, S. 164/65: «Es wird also heute für den Markt ohne Rücksicht auf den Konsum produziert, nicht im Sinne dessen, was in meinem Aufsatz ‹Geisteswissenschaft und soziale Frage› [in: ‹Luzifer-Gnosis 1903–1908›. S. 191; Anm. d. Herausg.] ausgeführt worden ist, sondern man stapelt in den Lagerhäusern und durch die Geldmärkte alles zusammen, was produziert wird, und dann wartet man, wieviel gekauft wird. Diese Tendenz wird immer größer werden, bis sie sich ... in sich selber vernichten wird. Es entsteht dadurch, daß diese Art von Produktion im sozialen Leben eintritt, im sozialen Zusammenhang der Menschen auf der Erde genau dasselbe, was im Organismus entsteht, wenn so ein Karzinom entsteht. Ganz genau dasselbe, eine Krebsbildung, eine Karzinombildung, Kulturkrebs, Kulturkarzinom! So eine Krebsbildung schaut derjenige, der das soziale Leben

geistig durchblickt; er schaut, wie überall furchtbare Anlagen zu sozialen Geschwürbildungen aufsprossen. Das ist die große Kultursorge, die auftritt für den, der das Dasein durchschaut. Das ist das Furchtbare, was so bedrückend wirkt, und was selbst dann, wenn man sonst allen Enthusiasmus für Geisteswissenschaft unterdrücken könnte, wenn man unterdrücken könnte das, was den Mund öffnen kann für die Geisteswissenschaft, einen dahin bringt, das Heilmittel der Welt gleichsam entgegenzuschreien für das, was so stark schon im Anzug ist und was immer stärker und stärker werden wird. Was auf seinem Felde in dem Verbreiten geistiger Wahrheiten in einer Sphäre sein muß, die wie die Natur schafft, das wird zur Krebsbildung, wenn es in der geschilderten Weise in die Kultur eintritt.»

113 *der Dornacher Bau, das Goetheanum:* Zentrum der Anthroposophischen Bewegung in Dornach bei Basel, Hochschule für Geisteswissenschaft; künstlerisch in Holz gestalteter Doppelkuppelbau, erbaut 1913–1922 unter der künstlerischen Leitung Rudolf Steiners. Der im Innern noch nicht ganz fertiggestellte, aber seit 1920 in Betrieb genommene Bau wurde in der Silvesternacht 1922/23 durch Brand vernichtet. Für einen zweiten Bau schuf Rudolf Steiner das Außenmodell; er wurde 1928/1929 fertiggestellt. Vgl. Rudolf Steiner, «Der Baugedanke des Goetheanum», Bibl.-Nr. 290, Gesamtausgabe Stuttgart 1958.

115 *Leonardo da Vinci*, 1452–1519.

Raffaelo Santi, 1483–1520.

botokudisch: Wurde in der Bedeutung von «ungebildet» gebraucht. Die Botokuden waren ein primitiver Indianerstamm in Ostbrasilien.

116 *als ich jahrelang Lehrer an einer Arbeiterbildungsschule war:* Siehe Hinweis zu S. 31.

120 *in meiner «Philosophie der Freiheit»:* Vgl. Rudolf Steiner, «Die Philosophie der Freiheit. Grundzüge einer modernen Weltanschauung. Seelische Beobachtungsresultate nach naturwissenschaftlicher Methode» (1894), Bibl.-Nr. 4, Gesamtausgabe Dornach 1973.

die Idee Woodrow Wilsons von der Freiheit: Vgl. Woodrow Wilson, «Die neue Freiheit», a. a. O., bes. Kap. 12: «Die Befreiung der Lebenskräfte»; siehe auch Hinweis zu S. 18.

123 *Das versuchte ich namentlich in meinem Buche «Wie erlangt man Erkenntnisse der höheren Welten?» und in den anderen Büchern:* «Wie erlangt man Erkenntnisse der höheren Welten?» (1904), Bibl.-Nr. 10, Gesamtausgabe Dornach 1975; «Theosophie. Einführung in übersinnliche Welterkenntnis und Menschenbestimmung» (1904),

Bibl.-Nr. 9, Gesamtausgabe Dornach 1973; «Die Stufen der höheren Erkenntnis» (1905), Bibl.-Nr. 12, Gesamtausgabe Dornach 1977; «Die Geheimwissenschaft im Umriß» (1910), Bibl.-Nr. 13, Gesamtausgabe Dornach 1977; «Ein Weg zur Selbsterkenntnis des Menschen» (1912), Bibl.-Nr. 16, Gesamtausgabe Dornach 1968; «Die Schwelle der geistigen Welt» (1913), Bibl.-Nr. 17, Gesamtausgabe Dornach 1972 (diese Bände sind auch als Taschenbuchausgaben erschienen).

127 *ich habe in meinem Buche «Von Seelenrätseln» ... gezeigt, ... daß zwischen den Sinnesnerven und den sogenannten motorischen Willensnerven ein prinzipieller Unterschied nicht besteht:* Siehe Rudolf Steiner, «Von Seelenrätseln», a. a. O., IV. Skizzenhafte Erweiterungen des Inhalts dieser Schrift, 6: «Die physischen und die geistigen Abhängigkeiten der Menschen-Wesenheit».

Tabes: Tabes dorsali (lat.), Rückenmarksschwindsucht.

128 *Michelangelo Buonarroti,* 1475–1564.

«Wem die Natur ...»: Vgl. Goethe, «Sprüche in Prosa», S. 494 und Rudolf Steiners Fußnote in Band V von «Goethes Naturwissenschaftliche Schriften», herausgegeben und kommentiert von Rudolf Steiner in Kürschners «Deutsche National-Litteratur» (1897), Bibl.-Nr. 1 e, Nachdruck Dornach 1975.

129 *Dornacher Goetheanum:* Siehe Hinweis zu S. 113.

133 *in letzter Zeit, da mir die Aufgabe gestellt war, einen seminaristischen Kursus für Lehrer abzuhalten:* Der gesamte Kursus, der von Rudolf Steiner vor Lehrern der zukünftigen Waldorfschule in Stuttgart im August/September 1919 gehalten wurde, liegt innerhalb der Gesamtausgabe in den folgenden drei Bänden vor: «Allgemeine Menschenkunde als Grundlage der Pädagogik», Bibl.-Nr. 293, Dornach 1973 (auch als Taschenbuchausgabe); «Erziehungskunst. Methodisch-Didaktisches», Bibl.-Nr. 294, Dornach 1974 (auch als Taschenbuchausgabe); «Erziehungskunst. Seminarbesprechungen und Lehrplanvorträge», Bibl.-Nr. 295, Dornach 1977.

Waldorfschule in Stuttgart: Freie Waldorfschule. Einheitliche Volks- und höhere Schule, Stuttgart; begründet im September 1919 durch Kommerzienrat Dr. h.c. Emil Molt im Zusammenhang mit der Bewegung für soziale Dreigliederung. Anfänglich Unternehmen der Waldorf-Astoria-Zigarettenfabrik, Stuttgart. Ab Mai 1920 durch die Gründung des Waldorfschulvereins selbständig. Pädagogische Leitung Rudolf Steiner, Leiter der Verwaltung E. A. Karl Stockmeyer. Heute über 200 Schulen in der ganzen Welt.

136 *eurythmische Kunst:* Vgl. Rudolf Steiner, «Eurythmie – Die Offenbarung der sprechenden Seele. Eine Fortbildung der Goetheschen Metamorphosenanschauung im Bereich der menschlichen Bewegung», Bibl.-Nr. 277, Gesamtausgabe Dornach 1972; «Eurythmie als sichtbarer Gesang» (Ton-Eurythmie-Kurs), Bibl.-Nr. 278, Gesamtausgabe Dornach 1975; «Eurythmie als sichtbare Sprache» (Laut-Eurythmie-Kurs), Bibl.-Nr. 279, Gesamtausgabe Dornach 1968; «Was ist und will die neue Bewegungskunst Eurythmie?», Einzelausgabe Dornach 1972.

138 *in diesem Buch des Czernin:* Ottokar Graf von Czernin, 1872–1932, österreichischer Staatsmann, 1916 Außenminister, mußte 1918 zurücktreten. Er setzte sich für eine rasche Beendigung des Krieges ein. Das angeführte Zitat findet sich in seinem Werk «Im Weltkrieg», Berlin/Wien 1919, S. 372/73.

139 *in meiner kleinen Schrift:* «Wahrheit und Wissenschaft. Vorspiel einer Philosophie der Freiheit» (1892), Bibl.-Nr. 3, Gesamtausgabe Dornach 1958.

«Philosophie der Freiheit»: Siehe Hinweis zu S. 120.

«Friedrich Nietzsche. Ein Kämpfer gegen seine Zeit» (1895): Bibl.-Nr. 5, Gesamtausgabe Dornach 1963 (auch als Taschenbuchausgabe).

140 *die Wagner-Schopenhauersche Weltanschauung:* Vgl. Friedrich Nietzsche «Schopenhauer als Erzieher» (1874), «Richard Wagner in Bayreuth» (1876), «Der Fall Wagner. Ein Musikanten-Problem» (188 8) und «Nietzsche contra Wagner. Aktenstücke eines Psychologen» (erschien 1895 in der Gesamtausgabe zum ersten Mal; 1888 bereits gedruckt, aber nicht ausgegeben).

141 *was man findet als seine Idee von der «Wiederkunft des Gleichen» und als seine Idee vom «Übermenschen»:* Vgl. Friedrich Nietzsche, «Die Wiederkunft des Gleichen. Entwurf» (Sommer 1881), Leipzig 1897, und «Also sprach Zarathustra. Ein Buch für Alle und Keinen», erster Teil 1883, erste Gesamtausgabe 1892.

142 *Eugen Dühring*, 1833–1921, Philosoph, Naturforscher und Volkswirtschafter; er bekämpfte alle «Jenseitsreligionen», besonders das Christentum und das Judentum, aber auch die Gesellschaftsordnung seiner Zeit.

es ist in seinem «Kursus der Philosophie»: Eugen Dühring, «Kursus der Philosophie als streng wissenschaftlicher Weltanschauung und Lebensgestaltung», Leipzig 1875, S. 84 f. Siehe auch Rudolf Steiner, «Mein Lebensgang», a. a. O., Kap. XVIII, und den Aufsatz «Die ‹sogenannte› Wiederkunft des Gleichen von Nietzsche», in «Gesammelte Aufsätze zur Kultur- und Zeitgeschichte 1887–1901», Bibl.-Nr. 31, Gesamtausgabe Dornach 1966, S. 549 ff.

142 *Wenn Sie einmal sein Exemplar in die Hand nehmen im Nietzsche-Archiv: «Französische Moralforschung»:* Vgl. hierzu Jean-Marie Guyau, 1854–1888, französischer Philosoph; er verfaßte unter anderem das Werk «Esquisse d'une morale sans obligation ni sanction» (1885), das in deutscher Sprache unter dem Titel «Sittlichkeit ohne Pflicht» von Elisabeth Schwarz übersetzt wurde und mit einer biographisch-kritischen Einleitung von Alfred Fouillée und den *Randbemerkungen Friedrich Nietzsches* in Leipzig 1910 erschienen ist.

Ralph Waldo Emerson, 1803–1882, amerikanischer Philosoph und Dichter, Verbreiter des deutschen Idealismus und Transzendentalismus in Nordamerika; seine sehr populär gewordenen «Essays» verfaßte er zwischen 1840 und 1844.

Das können Sie entnehmen aus seinem «Antichrist»: Friedrich Nietzsche, «Der Antichrist. Versuch einer Kritik des Christentums». Das erste Buch des unvollendeten Werkes Nietzsches «Der Wille zur Macht». In der Gesamtausgabe 1895 zum ersten Mal gedruckt.

143 *Friedrich Wilhelm Schelling,* 1775–1854, der Philosoph der deutschen Romantik; siehe die «Philosophie der Mythologie und der Offenbarung» (veröffentlicht nach den Manuskripten seiner Berliner Vorlesungen in den letzten Bänden der 1856–1861 erschienenen Gesamtausgabe).

146 *daß sich da etwas zeigt, was auf das eigentlich Künstlerische auch der Dichtkunst zum Beispiel hinweist:* Siehe Rudolf Steiner / Marie Steiner-von Sivers, «Die Kunst der Rezitation und Deklamation», Bibl.-Nr. 281, Gesamtausgabe Dornach 1967, S. 125 ff.

150 *Staatsmänner könnte ich Ihnen anführen, die gesagt haben noch in diesem Frühling 1914 ...: Wir leben in den freundnachbarlichsten Beziehungen zu Petersburg:* Gemeint ist neben Bethmann Hollweg (deutscher Reichskanzler von 1909–1917) vor allem Gottlieb von Jagow, der von 1913–1916 Staatssekretär des Auswärtigen war. Siehe hierzu z. B. Rudolf Steiner, «Die soziale Frage als Bewußtseinsfrage», Bibl.-Nr. 189, Gesamtausgabe Dornach 1980, S. 137.

161 *Da haben wir einen heute sehr angesehenen Denker über das Wirtschaftsleben:* Robert Wilbrandt, «Sozialismus», Jena 1919.

164 *Scheitern müssen diese Versuche ...:* Wörtlich: «Und der Sozialismus wird, wenn jemals verwirklicht, als *Gesellschaftsbedürfnis* pflegen, was heute gepredigt, doch in der Welt ist: das Christentum.» (R. Wilbrandt, «Sozialismus», S. 338.)

165 *In meinen «Kernpunkten der sozialen Frage»:* Siehe a. a. O., S. 109 ff.

173 *Immanuel Kant,* 1724–1804. Siehe z. B. Rudolf Steiner, «Wahrheit und Wissenschaft», Bibl.-Nr. 3, Gesamtausgabe Dornach 1980; in der Vorrede zu diesem Buch schreibt Rudolf Steiner: «Die Philosophie der Gegenwart leidet an einem ungesunden Kant-Glauben. Die vorliegende Schrift soll ein Beitrag zu seiner Überwindung sein.»

175 *Ich habe in einer kleinen süddeutschen Stadt einmal einen Vortrag gehalten über die Weisheit des Christentums:* Am 21. November 1905 hielt Rudolf Steiner in Kolmar (jetzt zu Frankreich gehörend) einen öffentlichen Vortrag über das Thema: «Die Weisheitslehren des Christentums im Lichte der Theosophie.» Eine Nachschrift ist nicht vorhanden.

177 *Henry George,* 1839–1897, amerikanischer Nationalökonom; «Progress and poverty», New York 1880; deutsch: «Fortschritt und Armut», Berlin 1880, 2. Aufl. 1884.

die sogenannte «single tax»: Alleinige Steuer auf den Wert von Grund und Boden und anderer natürlicher Reichtumsquellen; der «impôt unique» der Physiokraten.

178 *Adolf Damaschke,* 1865–1935, Führer der deutschen Bodenreformer; vgl. sein Werk «Die Bodenreform. Der Weg zur sozialen Versöhnung», Berlin 1919.

203 *Und derselbe Mann, der hat gesagt:* Johann Gottlieb Fichte in seinem «Vorbericht» zu «Einige Vorlesungen über die Bestimmung des Gelehrten», Jena und Leipzig 1794: «... Daß Ideale in der wirklichen Welt sich nicht darstellen lassen, wissen wir andern vielleicht so gut, als sie, vielleicht besser. Wir behaupten nur, daß nach ihnen die Wirklichkeit beurteilt, und von denen, die dazu die Kraft in sich fühlen, modifiziert werden müsse. Gesetzt, sie könnten auch davon sich nicht überzeugen, so verlieren sie dabei, nachdem sie sind, was sie sind, sehr wenig; und die Menschheit verliert nichts dabei. Es wird dadurch bloß das klar, daß nur auf sie nicht im Plane der Veredlung der Menschheit gerechnet ist. Diese wird ihren Weg ohne Zweifel fortsetzen; über jene wolle die gütige Natur walten, und ihnen zu rechter Zeit Regen und Sonnenschein, zuträgliche Nahrung und ungestörten Umlauf der Säfte, und dabei – kluge Gedanken verleihen!»

205 *Kaiser Karl I.,* 1887–1922, wurde nach der Ermordung seines Oheims Franz Ferdinand (1914) und nach dem Tode Kaiser Franz Josefs 1916 österreichischer Kaiser; zwei Jahre später mußte er abdanken.

211 *es ist einer der größten Irrtümer, wenn man gar definiert hat, daß irgendein Gut, das in der wirtschaftlichen Zirkulation ist, nur «kristalli-*

sierte Arbeit» sei: Vgl. Karl Marx, «Das Kapital. Kritik der politischen Ökonomie», Bd. I, 1. Abschn., 1. Kap., S. 4: «... Betrachten wir nun das Residuum der Arbeitsprodukte. Es ist nichts von ihnen übrig geblieben als die selbe gespenstige Gegenständlichkeit, eine bloße Gallerte unterschiedsloser menschlicher Arbeit, d. h. der Verausgabung menschlicher Arbeitskraft ohne Rücksicht auf die Form ihrer Verausgabung. Diese Dinge stellen nur noch dar, daß in ihrer Produktion menschliche Arbeitskraft verausgabt, menschliche Arbeit aufgehäuft ist. Als Kristalle dieser ihnen gemeinschaftlichen gesellschaftlichen Substanz sind die Werte – Warenwerte.»

Was ich als Überbewußtes auffassen würde, das finden Sie geschildert in meinem Buche «Wie erlangt man Erkenntnisse der höheren Welten?»: Siehe Hinweis zu S. 123.

214 *Aber da gilt eben der Goethesche Satz: Die Wahrheit liegt mitten drinnen ...:* Wörtlich: «Man sagt, zwischen zwei entgegengesetzten Meinungen liege die Wahrheit mitten inne. Keineswegs! Das Problem liegt dazwischen, das Unschaubare, das ewig tätige Leben in Ruhe gedacht.» (Sprüche in Prosa).

215 *die Goethesche Metamorphose:* Vgl. Goethes Schrift «Die Metamorphose der Pflanzen» (erster Druck 1790).

«Theosophische Gesellschaft»: Siehe dazu Rudolf Steiner, «Die okkulte Bewegung im neunzehnten Jahrhundert und ihre Beziehung zur Weltkultur», Bibl.-Nr. 254, Gesamtausgabe Dornach 1969, bes. den 2. Vortrag.

218 *Ich habe ... im Verlauf dieser furchtbaren Kriegskatastrophe ... manche verantwortlichen Menschen aufmerksam gemacht auf dasjenige, was eigentlich die Zeit fordert:* Siehe Hinweis zu S. 68/69.

PERSONENREGISTER

LITERATURHINWEIS

(GA = Rudolf Steiner Gesamtausgabe)

Zur Weiterführung und Vertiefung der Darstellungen des vorliegenden Bandes sei auf folgende Ausgaben von Rudolf Steiner verwiesen:

Schriften

Geisteswissenschaft und soziale Frage. Drei Aufsätze 1905/06. Einzelausgabe 5072.

Die Kernpunkte der sozialen Frage in den Lebensnotwendigkeiten der Gegenwart und Zukunft (1919). GA Bibl.-Nr. 23, Taschenbuchausgabe 6060.

Aufsätze über die Dreigliederung des sozialen Organismus und zur Zeitlage, 1915–1921. GA Bibl.-Nr. 24.

Vorträge

Die soziale Grundforderung unserer Zeit. In geänderter Zeitlage. 12 Vorträge, Dornach und Bern 1918. GA Bibl.-Nr. 186.

Die soziale Frage als Bewußtseinsfrage. 8 Vorträge, Dornach 1919. GA Bibl.-Nr. 189.

Vergangenheits- und Zukunftsimpulse im sozialen Geschehen. 12 Vorträge, Dornach 1919. GA Bibl.-Nr. 190.

Soziales Verständnis aus geisteswissenschaftlicher Erkenntnis. 15 Vorträge, Dornach 1919. GA Bibl.-Nr. 191.

Geisteswissenschaftliche Behandlung sozialer und pädagogischer Fragen. 17 Vorträge, Stuttgart 1919. GA Bibl.-Nr. 192.

Die soziale Frage. 6 Vorträge, Zürich 1919. GA Bibl.-Nr. 228.

Die Erziehungsfrage als soziale Frage. Die spirituellen, geschichtlichen und sozialen Hintergründe der Waldorfschul-Pädagogik. 6 Vorträge, Dornach 1919. GA Bibl.-Nr. 296.

Neugestaltung des sozialen Organismus. 14 öffentliche Vorträge, Stuttgart 1919. GA Bibl.-Nr. 330/331.

Gedankenfreiheit und soziale Kräfte. Die sozialen Forderungen der Gegenwart und ihre praktische Verwirklichung. 6 Einzelvorträge in verschiedenen Städten 1919. GA Bibl.-Nr. 333.

Nationalökomischer Kurs. 14 Vorträge, gehalten für Studenten der Nationalökonomie, Dornach 1922. GA Bibl.-Nr. 340.

Nationalökonomisches Seminar. 6 Seminarbesprechungen mit den Teilnehmern am «Nationalökonomischen Kurs», Dornach 1922. GA Bibl.-Nr. 341.

Die Kardinalfrage des Wirtschaftslebens. Ein Vortrag, Kristiania (Oslo) 1921. Einzelausgabe 5074.

Der Mensch in der sozialen Ordnung. Individualität und Gemeinschaft. 3 Vorträge, Oxford 1922. Einzelausgabe 5197.

Neuorientierung des Erziehungswesens im Sinne eines freien Geisteslebens. 3 Vorträge über Volkspädagogik, Stuttgart 1919. Einzelausgabe 5411.

Das Lebenswerk, welches Rudolf Steiner der Nachwelt hinterlassen hat, dürfte nach Gehalt und Umfang innerhalb der Kulturwelt wohl ohne Beispiel dastehen. Seine Schriften – die Werke und Aufsätze – bilden die Grundlage für das, was er im Laufe seines Lebens in Vorträgen und Kursen seinen Zuhörern als «anthroposophisch orientierte Geisteswissenschaft» von immer neuen Aspekten aus darstellte und ausführte. Der größte Teil dieser rund sechstausend Vorträge ist in Nachschriften erhalten geblieben. Daneben entfaltete er auch auf künstlerischem Gebiet eine große Tätigkeit, welche ihren Höhepunkt in der Errichtung des ersten Goetheanumbaues in Dornach fand. So liegen eine große Anzahl malerischer, plastischer und architektonischer Arbeiten, Entwürfe und Skizzen von seiner Hand vor. Die durch ihn gegebenen Anregungen für die Erneuerung zahlreicher Lebensgebiete beginnen in der gegenwärtigen Zeit vermehrte Beachtung zu finden.

Seit dem Jahre 1956 wird durch die «Rudolf Steiner-Nachlaßverwaltung» an der Herausgabe der *«Rudolf Steiner Gesamtausgabe»* gearbeitet, die einen Umfang von etwa 330 Bänden erhalten wird. In den beiden ersten Abteilungen erscheinen die *Schriften* und das *Vortragswerk,* während in einer dritten Abteilung das *künstlerische Werk* in geeigneter Form zur Wiedergabe gelangt.

Einen systematischen Überblick über das Gesamtwerk gibt die 1961 erschienene Bibliographie: *«Rudolf Steiner. Das literarische und künstlerische Werk. Eine bibliographische Übersicht»*, auf welche sich die im folgenden verwendete Bezeichnung «Bibl.-Nr.» bezieht. Über den jeweiligen Stand der erschienenen Bände orientiert der Katalog des «Rudolf Steiner Verlages».

Chronologischer Lebensabriß

(zugleich Übersicht über die geschriebenen Werke)

1861	Am 27. Februar wird Rudolf Steiner in Kraljevec (damals Österreich-Ungarn, heute Jugoslawien) als Sohn eines Beamten der österreichischen Südbahn geboren. Seine Eltern stammen aus Niederösterreich. Er verlebt seine Kindheit und Jugend an verschiedenen Orten Österreichs.
1872	Besuch der Realschule in Wiener-Neustadt bis zum Abitur 1879.

1879	Studium an der Wiener Technischen Hochschule: Mathematik und Naturwissenschaft, zugleich Literatur, Philosophie und Geschichte. Grundlegendes Goethe-Studium.
1882	Erste schriftstellerische Tätigkeit.
1882–1897	Herausgabe von Goethes Naturwissenschaftlichen Schriften in Kürschners «Deutsche National-Litteratur», fünf Bände (Bibl.-Nr. 1 a-e). Eine selbständige Ausgabe der Einleitungen erschien 1925 unter dem Titel *Goethes Naturwissenschaftliche Schriften* (Bibl.-Nr. 1).
1884–1890	Privatlehrer bei einer Wiener Familie.
1886	Berufung zur Mitarbeit bei der Herausgabe der großen «Sophien-Ausgabe» von Goethes Werken. *Grundlinien einer Erkenntnistheorie der Goetheschen Weltanschauung mit besonderer Rücksicht auf Schiller* (Bibl.-Nr. 2).
1888	Herausgeber der «Deutschen Wochenschrift», Wien (Aufsätze daraus in Bibl.-Nr. 31). Vortrag im Wiener Goethe-Verein: *Goethe als Vater einer neuen Ästhetik* (in Bibl.-Nr. 30).
1890–1897	Weimar. Mitarbeit am Goethe- und Schiller-Archiv. Herausgeber von Goethes Naturwissenschaftlichen Schriften.
1891	Promotion zum Doktor der Philosophie an der Universität Rostock. 1892 erscheint die erweiterte Dissertation: *Wahrheit und Wissenschaft. Vorspiel einer «Philosophie der Freiheit»* (Bibl.-Nr. 3).
1894	*Die Philosophie der Freiheit. Grundzüge einer modernen Weltanschauung. Seelische Beobachtungsresultate nach naturwissenschaftlicher Methode* (Bibl.-Nr. 4).
1895	*Friedrich Nietzsche. Ein Kämpfer gegen seine Zeit* (Bibl.-Nr. 5).
1897	*Goethes Weltanschauung* (Bibl.-Nr. 6). Übersiedlung nach Berlin. Herausgabe des «Magazin für Literatur» und der «Dramaturgischen Blätter» zusammen mit O. E. Hartleben. (Aufsätze daraus in Bibl.-Nrn. 29-32.) Wirksamkeit in der «Freien literarischen Gesellschaft», der «Freien dramatischen Gesellschaft», im «Giordano Bruno-Bund», im Kreis der «Kommenden» u. a.
1899–1904	Lehrtätigkeit an der von W. Liebknecht gegründeten Berliner «Arbeiter-Bildungsschule».

1900/01 *Welt- und Lebensanschauungen im 19. Jahrhundert,* 1914 erweitert zu: *Die Rätsel der Philosophie* (Bibl.-Nr. 18). Beginn der anthroposophischen Vortragstätigkeit auf Einladung der Theosophischen Gesellschaft in Berlin. *Die Mystik im Aufgange des neuzeitlichen Geisteslebens* (Bibl.-Nr. 7).

1902–1912 Aufbau der Anthroposophie. Regelmäßige öffentliche Vortragstätigkeit in Berlin und ausgedehnte Vortragsreisen in ganz Europa. Marie von Sivers (ab 1914 Marie Steiner) wird seine ständige Mitarbeiterin.

1902 *Das Christentum als mystische Tatsache und die Mysterien des Altertums* (Bibl.-Nr. 8).

1903 Begründung und Herausgabe der Zeitschrift «Luzifer», später «*Lucifer-Gnosis*» (Aufsätze in Bibl.-Nr. 34).

1904 *Theosophie. Einführung in übersinnliche Welterkenntnis und Menschenbestimmung* (Bibl.-Nr. 9).

1904/05 *Wie erlangt man Erkenntnisse der höheren Welten?* (Bibl.-Nr. 10). *Aus der Akasha-Chronik* (Bibl.-Nr. 11). *Die Stufen der höheren Erkenntnis* (Bibl.-Nr. 12).

1910 *Die Geheimwissenschaft im Umriß* (Bibl.-Nr. 13).

1910–1913 In München werden die *Vier Mysteriendramen* (Bibl.-Nr. 14) uraufgeführt.

1911 *Die geistige Führung des Menschen und der Menschheit* (Bibl.-Nr. 15).

1912 *Anthroposophischer Seelenkalender. Wochensprüche* (in Bibl.-Nr. 40, und selbständige Ausgaben). *Ein Weg zur Selbsterkenntnis des Menschen* (Bibl.-Nr. 16).

1913 Trennung von der Theosophischen und Begründung der Anthroposophischen Gesellschaft.
Die Schwelle der geistigen Welt (Bibl.-Nr. 17).

1913–1923 Errichtung des in Holz als Doppelkuppelbau gestalteten ersten Goetheanum in Dornach/Schweiz.

1914–1923 Dornach und Berlin. In Vorträgen und Kursen in ganz Europa gibt Rudolf Steiner Anregungen für eine Erneuerung auf vielen Lebensgebieten: Kunst, Pädagogik, Naturwissenschaften, soziales Leben, Medizin, Theologie. Weiterbildung der 1912 inaugurierten neuen Bewegungskunst «Eurythmie».

1914 *Die Rätsel der Philosophie in ihrer Geschichte als Umriß dargestellt* (Bibl.-Nr. 18).

1916–1918 *Vom Menschenrätsel* (Bibl.-Nr. 20). *Von Seelenrätseln* (Bibl.-Nr. 21). *Goethes Geistesart in ihrer Offenbarung durch seinen «Faust» und durch das «Märchen von der Schlange und der Lilie»* (Bibl.-Nr. 22).

1919 Rudolf Steiner vertritt den Gedanken einer «Dreigliederung des sozialen Organismus» in Aufsätzen und Vorträgen, vor allem im süddeutschen Raum. *Die Kernpunkte der sozialen Frage in den Lebensnotwendigkeiten der Gegenwart und Zukunft* (Bibl.-Nr. 23). *Aufsätze über die Dreigliederung des sozialen Organismus* (Bibl.-Nr. 24). Im Herbst wird in Stuttgart die «Freie Waldorfschule» begründet, die Rudolf Steiner bis zu seinem Tode leitet.

1920 Beginnend mit dem Ersten anthroposophischen Hochschulkurs finden im noch nicht vollendeten Goetheanum fortan regelmäßig künstlerische und Vortragsveranstaltungen statt.

1921 Begründung der Wochenschrift «Das Goetheanum» mit regelmäßigen Aufsätzen und Beiträgen Rudolf Steiners (in Bibl.-Nr. 36).

1922 *Kosmologie, Religion und Philosophie* (Bibl.-Nr. 25).
In der Silvesternacht 1922/23 wird der Goetheanumbau durch Brand vernichtet. Für einen neuen in Beton konzipierten Bau kann Rudolf Steiner in der Folge nur noch ein erstes Außenmodell schaffen.

1923 Unausgesetzte Vortragstätigkeit, verbunden mit Reisen. Zu Weihnachten 1923 Neubegründung der «Anthroposophischen Gesellschaft» als «Allgemeine Anthroposophische Gesellschaft» unter der Leitung Rudolf Steiners.

1923–1925 Rudolf Steiner schreibt in wöchentlichen Folgen seine unvollendet gebliebene Selbstbiographie *Mein Lebensgang* (Bibl.-Nr. 28) sowie *Anthroposophische Leitsätze* (Bibl.-Nr. 26), und arbeitet mit Dr. Ita Wegman an dem Buch *Grundlegendes für eine Erweiterung der Heilkunst nach geisteswissenschaftlichen Erkenntnissen* (Bibl-Nr. 27).

1924 Steigerung der Vortragstätigkeit. Daneben zahlreiche Fachkurse. Letzte Vortragsreisen in Europa. Am 28. September letzte Ansprache zu den Mitgliedern. Beginn des Krankenlagers.

1925 Am 30. März stirbt Rudolf Steiner in Dornach.

RUDOLF STEINER GESAMTAUSGABE

Überblick über das literarische und künstlerische Werk

Erste Abteilung: Die Schriften

I. Werke

Goethes Naturwissenschaftliche Schriften, eingeleitet und kommentiert von R. Steiner, 5 Bände (Bibl.-Nr. 1a-e); separate Ausgabe der Einleitungen (Bibl.-Nr. 1)

Grundlinien einer Erkenntnistheorie der Goetheschen Weltanschauung (Bibl.-Nr. 2)

Wahrheit und Wissenschaft. Vorspiel einer «Philosophie der Freiheit» (Bibl.-Nr. 3)

Die Philosophie der Freiheit (Bibl.-Nr. 4)

Friedrich Nietzsche, ein Kämpfer gegen seine Zeit (Bibl.-Nr. 5)

Goethes Weltanschauung (Bibl.-Nr. 6)

Die Mystik im Aufgange des neuzeitlichen Geisteslebens und ihr Verhältnis zur modernen Weltanschauung (Bibl.-Nr. 7)

Das Christentum als mystische Tatsache und die Mysterien des Altertums (Bibl.-Nr. 8)

Theosophie. Einführung in übersinnliche Welterkenntnis und Menschenbestimmung (Bibl.-Nr. 9)

Wie erlangt man Erkenntnisse der höheren Welten? (Bibl.-Nr. 10)

Aus der Akasha-Chronik (Bibl.-Nr. 11)

Die Stufen der höheren Erkenntnis (Bibl.-Nr. 12)

Die Geheimwissenschaft im Umriß (Bibl.-Nr. 13)

Vier Mysteriendramen: Die Pforte der Einweihung – Die Prüfung der Seele Der Hüter der Schwelle – Der Seelen Erwachen (Bibl.-Nr. 14)

Die geistige Führung des Menschen und der Menschheit (Bibl.-Nr. 15)

Anthroposophischer Seelenkalender (in Bibl.-Nr. 40)

Ein Weg zur Selbsterkenntnis des Menschen (Bibl.-Nr. 16)

Die Schwelle der geistigen Welt (Bibl.-Nr. 17)

Die Rätsel der Philosophie in ihrer Geschichte als Umriß dargestellt (Bibl.-Nr. 18)

Vom Menschenrätsel (Bibl.-Nr. 20)

Von Seelenrätseln (Bibl.-Nr. 21)

Goethes Geistesart in ihrer Offenbarung durch seinen «Faust» und durch das «Märchen von der Schlange und der Lilie» (Bibl.-Nr. 22)

Die Kernpunkte der sozialen Frage in den Lebensnotwendigkeiten der Gegenwart und Zukunft (Bibl.-Nr. 23)

Aufsätze über die Dreigliederung des sozialen Organismus und zur Zeitlage 1915-1921 (Bibl.-Nr. 24)

Kosmologie, Religion und Philosophie (Bibl.-Nr. 25)

Anthroposophische Leitsätze (Bibl.-Nr. 26)

Grundlegendes für eine Erweiterung der Heilkunst nach geisteswissenschaftlichen Erkenntnissen. Von Dr. Rudolf Steiner und Dr. Ita Wegman (Bibl.-Nr. 27)

Mein Lebensgang (Bibl.-Nr. 28)

II. Gesammelte Aufsätze

Gesammelte Aufsätze zur Dramaturgie 1889-1901 (Bibl.-Nr. 29)

Methodische Grundlagen der Anthroposophie. Gesammelte Aufsätze zur Philosophie, Naturwissenschaft, Ästhetik und Seelenkunde 1884-1901 (Bibl.-Nr. 30)

Gesammelte Aufsätze zur Kultur- und Zeitgeschichte 1887-1901 (Bibl.-Nr. 31)

Gesammelte Aufsätze zur Literatur 1886-1902 (Bibl.-Nr. 32)

Biographien und biographische Skizzen 1894-1905 (Bibl.-Nr. 33)

Luzifer-Gnosis. Grundlegende Aufsätze zur Anthroposophie und Berichte aus der Zeitschrift «Luzifer» und «Lucifer-Gnosis» 1903-1908 (Bibl.Nr. 34)

Philosophie und Anthroposophie. Gesammelte Aufsätze 1904-1918 (Bibl.Nr. 35)

Der Goetheanumgedanke inmitten der Kulturkrisis der Gegenwart. Gesammelte Aufsätze aus der Wochenschrift «Das Goetheanum» 1921-1925 (Bibl.-Nr. 36)

III. Veröffentlichungen aus dem Nachlaß

Briefe – Wahrspruchworte – Bühnenbearbeitungen – Entwürfe zu den Vier Mysteriendramen 1910-1913 – Anthroposophie. Ein Fragment aus dem Jahre 1910 – Gesammelte Skizzen und Fragmente – Aus Notizbüchern und -blättern (Bibl.-Nrn. 38-47)

Zweite Abteilung: Das Vortragswerk

I. Öffentliche Vorträge

Die Berliner öffentlichen Vortragsreihen («Architektenhaus-Vorträge») 1903/04 bis 1917/18 (Bibl-Nrn. 51-67)

Öffentliche Vorträge, Vortragsreihen und Hochschulkurse an anderen Orten Europas 1906-1924 (Bibl.-Nrn. 68-84)

II. Vorträge vor Mitgliedern der Anthroposophischen Gesellschaft

Vorträge und Vortragszyklen allgemein-anthroposophischen Inhalts – Evangelien-Betrachtungen – Christologie – Geisteswissenschaftliche Menschenkunde – Kosmische und menschliche Geschichte – Die geistigen Hintergründe der sozialen Frage – Der Mensch in seinem Zusammenhang mit dem Kosmos – Karma-Betrachtungen (Bibl.-Nrn. 91-244)

Vorträge und Schriften zur Geschichte der anthroposophischen Bewegung und der Anthroposophischen Gesellschaft (Bibl.-Nrn. 251-263)

III. Vorträge und Kurse zu einzelnen Lebensgebieten

Vorträge über Kunst: Allgemein-Künstlerisches – Eurythmie – Sprachgestaltung und Dramatische Kunst – Musik – Bildende Künste – Kunstgeschichte (Bibl.-Nrn. 271-292)

Vorträge über Erziehung (Bibl.-Nrn. 293-311)

Vorträge über Medizin (Bibl.-Nrn. 312-319)

Vorträge über Naturwissenschaft (Bibl.-Nrn. 320-327)

Vorträge über das soziale Leben und die Dreigliederung des sozialen Organismus (Bibl.-Nrn. 328-341)

Vorträge für die Arbeiter am Goetheanumbau (Bibl.-Nrn. 347-354)

Dritte Abteilung: Das künstlerische Werk

Reproduktionen und Veröffentlichungen aus dem künstlerischen Nachlaß

Originalgetreue Wiedergaben von malerischen und graphischen Entwürfen und Skizzen Rudolf Steiners in Kunstmappen oder als Einzelblätter

Die Bände der Rudolf Steiner Gesamtausgabe sind innerhalb einzelner Gruppen einheitlich ausgestattet. Jeder Band ist einzeln erhältlich. Ausführliche Verzeichnisse können beim Verlag angefordert werden.